INHALT

Jin, Jiyan, Azadî. Frau, Leben Freiheit – Dafür kämpfen die Menschen im Iran in einer Protestbewegung, die Gilda Sahebi von verschiedenen Seiten näher beleuchtet: So erläutert sie u. a. die lange Geschichte der gewaltvollen Unterdrückung, geht auf die feministische Perspektive ein, zeigt, welche Rolle dem medizinischen Personal zukommt, wie Journalismus im Iran möglich ist, und stellt heraus, welche Rolle die Musik bei den Protesten spielt.

Für das Buch führte sie zudem ein Interview mit der im Iran verhafteten Menschenrechtsanwältin Nasrin Sotoudeh und lässt weitere Iraner*innen zu Wort kommen, etwa über das Justiz- und Gefängnissystem und die Unterdrückung von Minderheiten im Iran.

Gilda Sahebi, im Iran geboren und in Deutschland aufgewachsen, ist ausgebildete Ärztin und studierte Politikwissenschaftlerin. Sie arbeitet als freie Journalistin mit den Schwerpunkten Antisemitismus und Rassismus, Frauenrechte, Naher Osten und Wissenschaft. Sie ist Autorin für die »taz« und den »Spiegel« und arbeitet für die ARD. Der »Focus« ernannte sie 2022 zu einer der »100 Frauen des Jahres«, das »Medium Magazin« zur Politikjournalistin des Jahres. Zuletzt ist von ihr »Wie wir uns Rassismus beibringen. Eine Analyse deutscher Debatten« bei S. FISCHER erschienen. Gilda Sahebi lebt in Berlin.

Weitere Informationen finden Sie auf www.fischerverlage.de

Gilda Sahebi

»UNSER SCHWERT IST LIEBE«

DIE FEMINISTISCHE REVOLTE IM IRAN

FISCHER TASCHENBUCH

FSC
www.fsc.org
MIX
Papier | Fördert gute Waldnutzung
FSC® C083411

2. Auflage, 2026
Erschienen bei FISCHER Taschenbuch
Frankfurt am Main, September 2024

Satz: CPI books GmbH, Leck
Druck und Bindung: CPI books GmbH, Leck
ISBN 978-3-596-71112-3

Kontaktadresse nach EU-Produktsicherheitsverordnung:
produktsicherheit@fischerverlage.de

Für die Menschen im Iran

VORWORT

Als ich kurz davor war, das Buch abzuschließen, gerade die allerletzten Texte schrieb, da schickte mir Yasmin eine Nachricht. Es war Anfang Januar, Mittwochfrüh, 8 Uhr. »Morgen Gilda Joon, können wir kurz sprechen? Es geht um etwas Wichtiges.« Klar, schrieb ich. Yasmin Fattahiamin ist Studentin in Berlin und engagiert sich im Iran Detainees Report, einer internationalen zivilgesellschaftlichen Bewegung, die Informationen zu politischen Gefangenen im Iran sammelt und verifiziert. Yasmin hat die Namen der Getöteten seit dem 16. September recherchiert, die im Anhang dieses Buches zu finden sind. Sie rief an; sie klang bedrückt. Sie habe jetzt schon 150 Namen recherchiert, sagte sie. »Es sind so viele Tote aus Zahedan bisher. Und viele von ihnen haben denselben Nachnamen.« Das heißt, die Regimetruppen haben in Sistan Belutschistan ganze Familien ausgelöscht, dachte ich. »Was sollen wir machen?«, fragte Yasmin. Was sollte ich da antworten?

Als ich Weihnachten 2022 zu Hause war, erzählte mein Vater mir eine kleine Geschichte. Es war das Jahr 1975; mein Vater studierte in Teheran, kehrte aber jeden Sommer nach Hause nach Bojnord zurück. In der Nähe von Bojnord, in einem Dorf names Kalantar, hatte mein Großvater ein Stück Land. Dort verbrachte die Familie die drei Monate des Sommers. Mein Vater half bei der Arbeit, die auf den Feldern anfiel. Eines Tages sah er, wie Männer ins Dorf kamen; sie trugen andere Kleidung als die

Menschen im Dorf und hatten Schafe bei sich. »Woher kommt ihr?«, fragte mein Vater. »Aus Sistan Belutschistan«, antwortete einer der Männer. Mein Vater wunderte sich, dass sie so weit gereist waren, aus dem Süden bis in den Norden des Landes. Sie seien gekommen, sagten sie zu ihm, um ihre Schafe zu verkaufen. Dort, wo sie herkämen, habe niemand Geld, um ihnen die Tiere abzukaufen. »Wir haben weder Mehl noch Weizen«, sagten die Männer. »Wir können unsere Kinder nicht ernähren. Bei uns herrschen Hunger und Krankheit.« Mein Vater wurde wütend, erzählte er mir. Der Shah habe die Menschen in Sistan Belutschistan sehr schlecht behandelt, sagte er. Er habe es zugelassen, dass die Kinder des Landes in Armut und Hunger aufwuchsen. Ich hörte die Wut in der Stimme meines Vaters.

Es gibt viele Geschichten, die ich in diesem Buch nicht erzählt habe; die lange Geschichte der Unterdrückung der Menschen in Sistan Belutschistan ist eine davon. In der Kürze der Zeit ist es mir nicht gelungen, eine Person aus dieser Region des Iran zu finden, die ihre eigene Geschichte hätte aufschreiben können, die von Armut hätte erzählen können, aber auch von der Resilienz der Menschen. Davon, dass die Belutsch*innen seit Beginn der Protestbewegung im September 2022 jeden Freitag auf die Straßen gehen, dass sie sich nicht unterkriegen lassen, trotz der Gewalt, die sie durch dieses Regime und schon seit Jahrzehnten erfahren. Von Khodanur Lojei, einem jungen Belutschen, 27 Jahre alt, der Anfang Oktober 2022 getötet wurde und dessen Bilder um die Welt gingen. Wie er zur Folter an einen Laternenpfahl gefesselt wurde, das Glas Wasser gerade so weit weg, dass er es nicht erreichen konnte. Dieses Bild verblasst in meiner Erinnerung, wenn ich an die Videos von ihm denke, wie er in traditionellem

Gewand tanzt, lacht, wie er sich bewegt, so schön und grazil. Ein Sinnbild für die Menschen in Sistan Belutschistan, die, so erzählte mir ein Iraner einmal, zu den »liebenswürdigsten und großzügigsten Menschen des Iran gehören«.

Es gibt viele Geschichten, die ich nicht erzählen kann. Von den Afghan*innen im Land, die rassistisch unterdrückt und marginalisiert werden, von der grassierenden Armut, von der Wirtschaftskrise. Ich kann in diesem Buch nur eine Auswahl an Geschichten aus dem Iran erzählen, aus der Vergangenheit und von heute. Ein Heute, das sich minütlich verändert; ich erwähne Namen von Menschen, von denen ich nicht weiß, ob sie noch am Leben sein werden, wenn das Buch erscheint. Es ist ein Buch der Namen, der Geschichten einzelner Menschen, denn sie sind es, um die es geht. Dieses Regime will Erinnerungen auslöschen, an die Geschichte, aber besonders Erinnerungen an die Menschen, indem es sie zum Verstummen bringt, sie ins Gefängnis wirft oder sie tötet. Das Einzige, was man dem entgegensetzen kann, ist, ihre Geschichten zu erzählen, ihre Namen zu sagen, der Menschen, die gestorben sind, die Liebste verloren haben, die gekämpft haben. Und die weiterkämpfen. Denn das tun die Menschen im Iran: Sie kämpfen weiter. Weil sie etwas haben, *wofür* sie kämpfen. Während die Machthaber nur den Verlust der Macht fürchten. Die Songzeile »Unser Schwert ist Liebe« von Toomaj Salehi drückt genau das für mich aus. Sein jahrelanger Einsatz für Freiheit und Gleichberechtigung finden sich in seiner Musik, finden sich in diesen Worten wieder.

Was soll man machen?, war Yasmins Frage. Ihre Geschichten erzählen. Sie nicht mehr im Dunkeln verschwinden lassen. Nicht die Menschen vergessen noch ihre Geschichten. Es sind oft Geschichten der Gewalt und des Schmerzes, deswegen liegt über dem gesamten Buch eine Content Note. Hinter jeder Geschichte, die gewaltvoll ist, treten aber Hunderte, Tausende Lichter hervor. Einige Wochen nachdem die Proteste begonnen hatten, wurde ich gefragt: Wirst du nicht zynisch bei all dem Schmerz, über den du berichtest? Und ich dachte: Wie könnte ich zynisch werden? Ob im Iran oder anderswo auf der Welt: Es braucht nur ein kleines, winziges Licht, um das Dunkel zu erleuchten. Die Geschichte des Iran ist voller Lichter. Davon möchte ich erzählen.

EINE BEMERKUNG ZU DEN QUELLENANGABEN:
Aufgrund ihrer großen Anzahl ist nicht jedes einzelne Twitter- oder Instagram-Video mit Link festgehalten. Viele Informationen stammen aus Gesprächen oder Chats mit Menschen im Iran, auch zu diesen Informationen gibt es keine eigens angegebenen Quellen am Ende der Texte, die Herkunft der Informationen ist im laufenden Text erklärt. Die Quellen aus Webseiten, Nachrichtentexten, Büchern oder Filmen sind am Ende jedes Textes angegeben.

DER PROTEST

Am 2. Oktober wäre sie 17 Jahre alt geworden. Nika Shakarami, ein Teenager aus Teheran, deren Bild im Oktober 2022 um die Welt ging: Schwarze Haare, blond gefärbte Spitzen, schwarzer Eyeliner, schwarzes T-Shirt. Sie soll K-Pop-Fan gewesen sein, sich oft dunkel angezogen haben. Sie malte gerne und sie mochte es zu singen: Ein weit verbreitetes Video zeigt Nika Shakarami auf einer privaten Feier auf der Bühne, das Mikro mit beiden Händen gepackt; sie singt ein altes iranisches Lied, lacht dabei und albert herum. In der Nacht vom 20. auf den 21. September 2022 verschwindet Nika Shakarami. Etwa eine Woche später finden ihre Angehörigen das tote Mädchen in einer Leichenhalle. Nika Shakaramis Tod zeigt, mit welcher Perfidie und Brutalität die Machthaber selbst gegen die jüngsten Menschen in ihrem Staat vorgehen.

Es war dieselbe Brutalität, die den Tod jener Frau herbeibrachte, die ganz am Anfang der iranischen Protestbewegung steht: Jina Mahsa Amini. Die 22-jährige Kurdin lebte in Saqqez, einer Stadt im Westen Irans, in Kurdistan. Am 13. September, einem Dienstag, war sie zu Besuch in Teheran. Als sie von der sogenannten Sittenpolizei angehalten wurde, war sie gerade mit ihrem Bruder unterwegs. Diese »Sittenpolizei« besteht aus Frauen und Männern, die im Land umherfahren und Menschen, in erster Linie Frauen, einfangen, inhaftieren und misshandeln, die gegen die vermeintlichen Sitten des Landes verstoßen. Kaum eine

Frau, die keine Erfahrungen mit dieser Polizei gemacht hätte; wer in Iran als Frau das Haus verlässt, kann leicht zur Beute staatlicher Gewalten werden. So auch Jina Mahsa Amini. Die Sittenpolizei griff sie auf und nahm sie mit; ihre Kleidung und ihr Kopftuch hätten nicht den »Sitten« der Islamischen Republik entsprochen. Drei Tage später war sie tot. Geleakte CT-Aufnahmen und Fotos aus dem Krankenhaus zeigen starke Verletzungen im Kopfbereich. Die junge Frau muss massive Gewalt erfahren haben. Nachdem sie zunächst ins Koma gefallen war, starb sie am 16. September.

Bei Jina Mahsa Aminis Beerdigung im kurdischen Saqqez am Samstag, den 17. September beginnen sie: die Proteste, die die Islamische Republik in ihren Grundfesten erschüttern sollten. In diesem ersten Protestzug nehmen Frauen in Scharen ihre Kopftücher ab und schwenken sie in der Luft. So etwas gab es noch nie in der Geschichte des 1979 ausgerufenen Staates. Die Menschen, die im Trauerzug mitlaufen, verlauten jenen Ruf, der zum Markenzeichen dieser Bewegung wird: *Jin, Jiyan, Azadî* – Frau, Leben, Freiheit. Ein Ruf der kurdischen Frauenbewegung, den Kurdinnen in ihrem Kampf gegen den Islamischen Staat in die Schlacht trugen. *Zan, Zendegi, Azadi,* auf Farsi, rufen die Menschen – nicht nur die Frauen, sondern alle, Frauen, Männer, LGBTIQ-Personen – bald überall im Land. Es ist der Auftakt einer historischen feministischen Bewegung. Auch Nika Shakarami schließt sich dieser Bewegung an und gehört zu den ersten Menschen, die das Regime in seinem Versuch, die Proteste niederzuschlagen, tötet.

Während es laut CNN-Recherchen zufolge eindeutige Hinweise dafür gibt, dass Nika Shakarami am 21. September von bewaffneten Kräften des Regimes verhaftet, misshandelt und umgebracht wird, geben die staatlichen Behörden bekannt, das Mädchen habe Selbstmord begangen. Eine Geschichte, die der Staat immer wieder verkündet, um die eigenen Morde zu vertuschen: Die Getöteten seien krank gewesen oder hätten sich selbst umgebracht. Nachdem einige Wochen Proteste ins Land gehen, beginnen junge Menschen deswegen, vorsorglich Videos aufzunehmen: Nein, sie sind weder körperlich noch psychisch krank. Sie haben auch nicht vor, Suizid zu begehen. Diese Videos sollen später dazu dienen, die Lügen des Regimes zu widerlegen, falls sie getötet werden.

Auch über Jina Mahsa Amini verbreitet das Regime die Geschichte, sie habe eine Herzerkrankung gehabt, an der sie plötzlich verstorben sei. Eine Lüge, die das medizinische Personal der Pathologie nicht mittragen will. Ende Oktober wendet sich Mehran Fereydouni an die Öffentlichkeit: Der Forensiker erklärt, dass er und seine Kollegen Jina Mahsa Aminis offizielle Todesursache unter keinen Umständen anerkennen. Am 24. Oktober, kurz nach seinem öffentlichen Statement, wird er verhaftet.

Unter vielen Menschen macht bald der zynische Witz die Runde, wie seltsam es sei, dass plötzlich so viele junge Menschen schwer krank seien und eine Selbstmordwelle das Land erfasst habe. Sowohl Jina Mahsa Aminis als auch Nika Shakaramis Familie werden unter Druck gesetzt, die offizielle Version der Führung zu bestätigen. Diese beugen sich aber nicht, wie so viele andere Angehörige. Am 8. Oktober meldet sich der Vater eines anderen getöteten Mädchens in einem Twitter Space – Twitter wird schnell zu einer wichtigen Plattform des iranischen Widerstands – und wendet sich an die anderen anwesenden Oppositionellen, die Stimme tränenerstickt: »Sie hat sich nicht umgebracht. Sie hat sich nicht umgebracht.« Seine Stimme bricht. Dann sagt er: »Danke euch allen, die ihr für uns kämpft. Ich küsse eure Füße.«

Nika Shakarami wird zum Symbol einer ganzen Bewegung junger Menschen, die gegen das iranische Regime aufstehen. Der Oktober wird der Monat der iranischen GenZ – Generation Z, diejenigen, die um die Jahrtausendwende und in den Nullerjahren geboren sind, und die mit digitaler Agilität und progressivem Denken verbunden werden –, die ihren eigenen, kreativen Protest entwickelt: Schülerinnen, die mit offenem Haar nebeneinander stehen und einem Bild des Revolutionsführers Ali Khamenei den Mittelfinger entgegenstrecken; junge Mädchen, 14-, 15-jährig, ihre langen Haare zeigend, Hand in Hand, die auf die Tafel im Klassenzimmer schauen, auf die sie geschrieben haben: Für meine Schwester, deine Schwester, unsere Schwestern, eine Liedzeile aus dem inzwischen berühmt gewordenen Lied *Baraye* von Shervin Hajipour. Ein Video, das besonders weit verbreitet wird, zeigt eine große Gruppe Schülerinnen, die den obligatorischen Hijab abgelegt haben, auf dem Schulhof: Sie schreien, im Takt, immer wieder »bisharaf«, »Ehrloser«, man sieht den Schuldirektor, der keine Wahl hat, vor ihnen fliehen muss. Sie verjagen ihn. Für Jina Mahsa Amini und für Frau, Leben, Freiheit.

Am 8. Oktober gibt es eine nie dagewesene Aktion der Solidarität mit der Jugend Irans: Das iranische Staatsfernsehen wird gehackt. Sah man gerade noch den Revolutionsführer Ali Khamenei mit anderen Klerikern und Offizieren auf dem Bildschirm, so wird die Übertragung plötzlich unterbrochen, zu sehen ist stattdessen ein Foto von Khamenei. Darunter die Worte: »Das Blut unserer Jugend klebt an euren Händen« und, an die Menschen des Iran gerichtet, »Schließt euch uns an! Steht auf!«. Darunter Bilder getöteter Frauen wie Jina Mahsa Amini und Nika Shakarami.

Was den Widerstand der Jugend so besonders macht: Sie sind in diese Islamische Republik hineingeboren worden, sie kennen nichts anderes. Der Staat hat versucht, sie zu indoktrinieren, sie Gehorsam und Angst zu lehren, ihnen den Traum eines freien Lebens auszutreiben – doch er ist gescheitert: Diese jungen Menschen wissen ganz genau, was Freiheit ist. Und sie wissen, wer ihnen den Weg zur Freiheit versperrt. Am 10. Oktober publiziert die Nachrichtenagentur Reuters einen Bericht mit dem Zitat eines 17-jährigen iranischen Protestierenden: »Hey Welt, höre mich: Ich will eine Revolution. Ich will frei leben und ich bin bereit, dafür zu sterben. Anstatt jede Minute unter der Unterdrückung dieses Regimes zu sterben, bevorzuge ich es, durch die Kugeln der Sicherheitskräfte im Protest für die Freiheit zu sterben.«

Am 13. Oktober veröffentlicht Amnesty International einen Bericht über das Vorgehen der bewaffneten Kräfte gegen Minderjährige und Kinder. Bis Mitte Oktober hat das Regime bereits 23 Kinder getötet; Amnesty rechnet mit einer höheren Zahl unbestätigter Fälle. Es sind Polizisten und die berüchtigten Basij-Milizen, die die Proteste niederschlagen und die Menschen auf den Straßen des Landes töten. Sie gehen mit gnadenloser Härte auch gegen Kinder vor. Zakaria Khial, er war 16 Jahre alt: Zakaria wird in Piranshahr aus einer Entfernung von zwei Metern erschossen; während er verblutet, schlagen ihn die Regimekräfte so lange weiter, bis sie ihm Beine und Hände brechen. Mohammad Reza Sarvari war 14, er war afghanischer Abstammung: Ihm wird von hinten in den Kopf geschossen, als er versucht, vor den Regimeschergen zu fliehen. Siavash Mahmoudi war 16: Er wird in Teheran getötet. Nach seinem Tod kursiert ein Video seiner Mutter, in dem sie ein Bild von ihm hochhält und sagt: »Sie haben ihm in seinen Kopf geschossen. Ich bin stolz, die Mutter von Siavash Mahmoudi zu sein. Ich habe vor niemandem Angst. Sie [die Behörden] sagen mir, ich soll schweigen, aber ich werde nicht still sein.«

Die Menschen im Iran bleiben nicht still. Die Proteste nehmen im Oktober weiter zu, trotz der massiven Gewalt durch den Staat, in allen Provinzen, in allen Ecken und Enden des Landes. Es wird nicht nur demonstriert, es wird auch gestreikt: Generalstreik in Kurdistan, Ölarbeiter streiken, Lehrer, Händler und Studierende im ganzen Land. Es bilden sich zunehmend auch Formen des zivilen, des kreativen Widerstands. So legen immer mehr Frauen das Kopftuch ab – Frauen, die ohne den obligatorischen Hijab durch die Straßen gehen, werden zur Normalität. Ein Oppositioneller aus Teheran erzählt Mitte Oktober in einer Exil-Radiosendung, dass er morgens auf seinem Weg zur Arbeit 35 bis 40 Frauen sehe, die ohne Schleier unterwegs seien. Frauen, die ihren Hijab öffentlich ablegen, riskieren viel: Verstöße gegen die Zwangsverschleierung können im Iran mit Haft, Peitschenhieben und Misshandlung bestraft werden – oder mit dem Tod, wie im Fall von Jina Mahsa Amini.

Die Universitäten des Landes werden zu Zentren des Widerstands. Es gibt Massenproteste von Studierenden in Karaj, Isfahan, Arak, in verschiedenen Städten Kurdistans, Shiraz, Ahvaz, Täbris, Mashhad, Kerman, Yazd, Babol und an weiteren Orten. Auf Twitter, Telegram und Instagram verbreiten sich außerdem Videos unterschiedlicher Protestformen: In Teheran malen Studierende ihre Hände mit roter Farbe an und strecken ihre »blutverschmierten« Hände gemeinschaftlich in die Höhe. Ebenfalls in Teheran, an der Universität der Künste, stellen sich Studierende so auf, dass sie das Wort »Blut« (*khun* auf Farsi) formen, und rufen dabei: »Frau, Leben, Freiheit!« Beliebt wird der Protest in der Uni-Mensa: Männer und Frauen dürfen in der Mensa nicht zusammensitzen, die Speiseräume sind oft durch eine Wand getrennt. An vielen Universitäten des Landes setzen sich Studierende aller Geschlechter im Zeichen des Protests dennoch zusammen in die Mensa. Solche Aktionen werden von zahlreichen Berichten über willkürliche Verhaftungen Studierender und die Ausübung massiver Gewalt an Universitäten begleitet.

Ein weiteres Video aus den Sozialen Netzwerken zeigt weibliche und männliche Kunststudierende der Uni Teheran, die sich an den Händen halten, im Takt auf der Stelle treten und das alte Lied »Ey Iran« aus dem Jahr 1941 singen – das ist verboten, weil das Lied eine Erinnerung an die persische Geschichte ist, die die islamistische Führung konsequent auslöschen will. Aber auch unabhängig von dem Lied wäre diese Aktion verboten: Frauen dürfen in der Islamischen Republik nicht öffentlich singen noch tanzen. Also tun sie in dieser Protestbewegung genau das: Sie tanzen in der U-Bahn, auf den Straßen, bei den Protesten. Sie singen Protestlieder, derer in dieser Revolution – wie Menschen im Iran die Proteste bald nennen – viele neue geschrieben werden. Das wohl bekannteste ist das bereits erwähnte *Baraye*; der Musiker Shervin Hajipour hat die Melodie dazu komponiert. Den Text hat er aus Tweets zusammengesetzt, in denen Menschen aufgeschrieben haben, warum sie protestieren. *Baraye* ist persisch und bedeutet »für« oder »wegen«. So heißt es im Lied unter anderem, dass die Menschen für die afghanischen Kinder protestieren, die im Iran systematischer Unterdrückung ausgesetzt sind; sie protestieren wegen der Umweltzerstörung; sie protestieren für die Studierenden und ihre Zukunft; sie protestieren für *Zan, Zendegi, Azadi.*

Shervin Hajipour wird für das Verfassen dieses Songs festgenommen. Mit einer erzwungenen Entschuldigung und auf Kaution wird er Anfang Oktober freigelassen. Immer mehr Prominente aus Film, Kunst und Sport schließen sich im Oktober den Protesten an. So wie auch die Kletterin Elnaz Rekabi, die bei einer Sportmeisterschaft in Seoul ohne den verpflichtenden Hijab antritt. Das Video, wie sie sich mit ihrem schwarzen Zopf an der Kletterwand entlanghangelt, geht um die Welt. Auch Elnaz Rekabi wird schnell zum Schweigen gebracht. Sie wird vorzeitig nach Teheran zurückgeflogen, wo viele Menschen sie mit Jubelrufen am Flughafen erwarten. Elnaz Rekabi muss eine erzwungene Entschuldigung abgeben: Sie habe ihr Kopftuch in der Eile vergessen aufzuziehen, wie sie in einem Instagram-Post schreibt, der höchstwahrscheinlich nicht von ihr selbst verfasst wurde. Erzwungene Entschuldigungen sind ein bewährtes Mittel der iranischen Machthabenden. Das hält aber weitere Sportler nicht davon ab, es Elnaz Rekabi gleichzutun. Der zivile Widerstand im Sport wird zu einer wichtigen Protestform.

Elnaz Rekabi und Shervin Hajipour werden unter Druck gesetzt, aber zumindest vorerst nicht dauerhaft inhaftiert. Währenddessen füllen sich im Oktober die Gefängnisse des Landes mit politischen Gefangenen. Einen besonderen Platz nimmt dabei das Evin-Gefängnis in Teheran ein; es ist zwar nur eines unter vielen berüchtigten Gefängnissen im Iran, aber ein wichtiges Symbol für die Repression des Staates. Unter Iraner*innen gibt es zu Evin einen bekannten Spruch: Iran ist ein Gefängnis, Evin ist eine Universität. Denn in Evin wird die intellektuelle und oppositionelle Elite des Landes weggesperrt. Und deren Anwält*innen.

Auch zahllose Protestierende werden seit Beginn der Demonstrationen in das Evin-Gefängnis gebracht. Den Menschen werden jegliche Rechte vorenthalten, in Evin wird, wie in den anderem Gefängnissen des Landes, gefoltert und getötet. Weil so viele politische Gefangene in Evin einsitzen, gibt es Mitte Oktober einen Aufschrei, als folgende Meldung aus Teheran kommt: Das Gefängnis brennt. Die Nachrichten überschlagen sich, man sieht Videos in den Sozialen Netzwerken, wie Rauch und Flammen aus Evin aufsteigen. Gefangene werden verschleppt und getötet. Aus ganz Teheran fahren Menschen mitten in der Nacht mit ihren Autos zum Gefängnis, um ihre Solidarität mit den Inhaftierten zu zeigen – aber auch, um die Straßen zu verstopfen, damit Polizei und Milizen keine freie Fahrt haben. Sie wollen die Inhaftierten nicht allein lassen und bringen damit auch das eigene Leben in Gefahr. Wie viele Menschen in dieser Nacht sterben, wo die Gefangenen hingebracht werden, wird nicht aufgeklärt. Im Staatsfernsehen gibt es am nächsten Tag eine skurrile Szene: Die Nachrichtensprecherin erwähnt das Feuer in Evin: Es habe bei den Ereignissen in Evin 40 Tote gegeben. Dann entschuldigt sie sich, nein, es habe vier Tote gegeben.

Nur dank der vielen Menschen, die ihr Leben und ihre Freiheit riskieren, um all diese Videos und Zeugnisse der systematischen Menschenrechtsverletzungen der Weltöffentlichkeit zu übergeben, wird die Welt Zeugin der Proteste. Und trotzdem: Nur ein Bruchteil dessen, was seit September im Iran geschieht, gelangt an die Öffentlichkeit. Nur noch wenige Protestierende nehmen ihre Handys mit zu den Demonstrationen, für den Fall, dass sie gefangen genommen werden. Denn auf den Handys befinden sich Chats, Videos, Bilder, Profile, allesamt belastendes Material. Außerdem hat das Regime bereits seit der ersten Woche des Protests das Internet im Land gedrosselt, um es den Menschen schwerer zu machen, miteinander und mit der Außenwelt zu kommunizieren.

Es ist eine Protestbewegung, wie die Islamische Republik sie in den bald 44 Jahren ihres Bestehens nicht gesehen hat. Der britische Nachrichtensender BBC veröffentlicht Anfang Oktober eine Analyse Hunderter Videos aus den Sozialen Netzwerken, die zeigen, wie Frauen ihre Haare abschneiden, wie sie ihre Kopftücher verbrennen, wie Menschen gemeinsam auf den Straßen protestieren, singen und tanzen, wie Polizei und Milizen auf die Menschen feuern – und kommt zu dem Schluss: Eine solche Bewegung gab es noch nie. Ausmaß und Qualität würden sich enorm von allen Protesten unterscheiden, die es in den vergangenen Jahrzehnten gab.

Es ist auch eine Protestbewegung, wie es sie bisher noch nie gab, weil sich die verschiedenen Ethnien des Landes zum ersten Mal als Einheit verstehen. Die Proteste gingen in Kurdistan los; Jin, Jiyan, Azadî ist ein kurdischer Ruf – ein Ruf, dem sich das ganze Land anschloss. In Kurdistan, in Sistan Belutschistan, in den Gebieten der Minderheiten, zeigen die Menschen besonders viel Mut und Widerstand – denn hier schlägt das Regime am härtesten zu. Minderheiten werden von der iranischen Führung systematisch unterdrückt, es ist ein rassistisches Staatssystem, und die Hemmschwelle der Gewalt liegt noch niedriger als in anderen Landesteilen. Das Regime versucht, die Menschen auseinanderzudividieren – nur lassen die Menschen das nicht zu. Sie gehen für- und miteinander auf die Straßen. Für Kurdistan, für Sistan Belutschistan, für den Iran.

Ende September schreibt das Regime mit der Repression der Minderheiten ein besonders brutales Kapitel. Sistan Belutschistan ist eine der ärmsten Regionen im Iran; die Menschen werden schon seit Zeiten des Shahs systematisch unterdrückt und der Verarmung ausgesetzt. Am 30. September eröffnen Regimekräfte in Zahedan nach dem Freitagsgebet das Feuer gegen Gläubige und Protestierende an verschiedenen Orten der Stadt. In Videos sind reihenweise Leichen auf der Erde zu sehen. Mindestens 66, nach Schätzungen von Menschenrechtsorganisation bis zu 100 Menschen, werden innerhalb kürzester Zeit niedergemetzelt. Der 30. September 2022 wird fortan als »Blutiger Freitag« bezeichnet. Obwohl es in Sistan Belutschistan wegen der Armut weitaus weniger internetfähige Handys gibt als in anderen Landesteilen, gelangen Videos und Berichte von Zeug*innen an die Öffentlichkeit.

Im Oktober beginnen die ersten »Gerichtsprozesse« an den berüchtigten Revolutionsgerichten. Von Amnesty International als »Schauprozesse« bezeichnet, dienen diese gefilmten und in Teilen im Staatsfernsehen ausgestrahlten Gerichtsszenen vor allem der Einschüchterung. Die zwei Hauptanklagen gegen Protestierende lauten »Verdorbenheit auf Erden« und »Krieg gegen Gott« – im Falle einer Verurteilung droht die Todesstrafe. Die ersten Protestierenden erhalten Todesurteile. Darunter auch der Rapper Toomaj Salehi. Er wird am 30. Oktober in einer brutalen Aktion der Regimekräfte festgenommen. Noch kurz vor seiner Verhaftung hat er regimekritische Songs veröffentlicht, in denen er die Gewalt des Regimes verurteilt. Eine seiner Liedzeilen: »Unser Schwert ist Liebe«.

Am 26. Oktober begeht das Land den 40. Todestag von Jina Mahsa Amini. Das Regime trifft eine Reihe an Vorkehrungen – es versperrt Straßen, schließt Universitäten und Schulen, spricht Warnungen aus. Nichts davon bringt die Menschen davon ab, an diesem Tag zu großen

Protesten zusammenzukommen. Am 40. Tag nach einem Tod wieder gemeinsam zu trauern ist eine islamische Tradition, der in dieser Protestbewegung eine besondere Bedeutung zukommt. Sowohl Beerdigungen der vom Regime Getöteten als auch das Trauern am 40. Todestag werden seit September zu Protesten. Auch bei der Revolution 1979 war der 40. Todestag bedeutsam: Es wurde, so wie heute, protestiert. Die 40. Todestage wurden so zu einem Verstärker der Revolution.

So ist es auch bei Jina Mahsa Aminis 40. Todestag. Zehntausende, ein kurdischer Journalist spricht sogar von 100.000 Menschen, machen sich auf nach Saqqez, dem Heimatort von Jina Mahsa Amini, dem Ort, an dem sie begraben ist. Die Trauernden lassen sich von abgesperrten Straßen und von Regimekräften nicht abbringen; weil es ihnen unmöglich gemacht wird, mit Autos zu fahren, laufen die Menschen kilometerweit über Autobahnen, bis sie bei Jina Aminis Grab ankommen. Videos aus den Sozialen Medien zeigen die Menschen, wie sie in Gruppen rufen: »Habt keine Angst, habt keine Angst, wir sind alle zusammen!« Und: »Jin, Jiyan, Azadî!«

Menschen protestieren an diesem Tag im gesamten Land. An Schulen und Universitäten brechen Proteste aus; an der Frauen-Hochschule Alzahra in Teheran rufen die Studierenden »Basij, verschwinde, Basij, verschwinde!« Die Straßen und Einkaufszentren in Teheran sind voll von Protestierenden, Arbeiter*innen streiken. Arbeiter einer Raffinerie in Teheran streiken, Ladenbesitzer*innen und Bazaris schließen in vielen Städten ihre Geschäfte, unter anderem in Teheran, Shiraz und Arak. Sechs Wochen nach Beginn der Proteste zeigen die Protestierenden dem Regime: Wir meinen es ernst.

Spätestens an diesem Tag muss das iranische Regime

verstanden haben, dass der Großteil der Menschen im Iran seinen Sturz will. Waren die Niederschlagungen ohnehin schon von größter Brutalität, so läutet das Regime nun darüber hinaus die Phase der Todesurteile und der ständigen Angst vor der Hinrichtung Unschuldiger ein. Der Druck auf Familien Getöteter und politischer Gefangener, er wird zum reinsten Psychoterror.

Drei Tage nach dem 40. Todestag von Jina Amini macht das Regime noch einen lachhaften Versuch, die Proteste zu beenden. Hossein Salami, oberster Kommandeur der Revolutionsgarden, »befiehlt« den Menschen, nicht mehr zu protestieren: »Kommt nicht auf die Straßen. Heute ist der letzte Tag der Proteste«, sagt er in einer Ansprache. Dann fabuliert er weiter, die Proteste seien von den USA und den »Zionisten« orchestriert. Eines der beliebtesten Propaganda-Märchen des Regimes. Lachhaft der Versuch, weil sich viele Menschen fragen: Sie haben unsere Kinder getötet, unsere Frauen und Mädchen vergewaltigt. Was wollen sie mehr machen?

Am 1. November, nur zwei Tage nach Salamis »Warnung« gibt es riesige Proteste im Großen Bazar in Teheran. Videos zeigen Menschenmassen, die durch den Bazar laufen und im Takt alle miteinander rufen: »Habt keine Angst, habt keine Angst, wir sind alle zusammen!« Am selben Tag gibt es auch an der Behesht Universität in Teheran Proteste; die Menschenmassen rufen: »Wir wollen kein Regime, das Kinder tötet!« Das Regime, so scheint es, hat die Kontrolle verloren.

Am 30. Oktober wird Kumar Daroftadeh bei Protesten getötet. In seinem letzten Instagram-Post, bevor er von Regimekräften erschossen wurde, schreibt er: »Wir sind die Menschen des Nahen Ostens. Manche von uns werden im Krieg getötet, manche im Gefängnis, manche auf den Straßen, manche im Meer. Sogar [...] die Berge rächen sich an uns mit ihrer Einsamkeit. Denn Sterben ist unsere Berufung.« Kumar Daroftadeh wurde 16 Jahre alt. Hassan Daroftadeh, der Vater von Kumar, sagt gegenüber dem britischen *Guardian*, Kumar habe der Familie immer gesagt, er werde einmal ein »bedeutender Mann« sein. Stattdessen wurde er in Piranshahr ermordet; laut seinem Vater durch mehrere Kugeln aus nächster Nähe. »Er war nur ein kleiner Junge«, sagt sein Vater. Das Regime streitet, wie immer, ab, den Jungen umgebracht zu haben. Es seien »Ausländer« gewesen. »Ich weiß nicht«, sagt Kumars Vater, »wie der Offizier, der meinen Sohn getötet hat, seine eigenen Kinder umarmt. Ich weiß nicht, wie er nachts schläft.«

Am 1. November wird der 40. Todestag von Siavash Mahmoodi begangen; die Trauernden, die gleichsam Protestierende sind, rufen im Chor: »Vergewaltigung im Gefängnis – stand das auch im Koran?« All das Töten, das Foltern von Inhaftierten, von Minderjährigen, das Vergewaltigen von Gefangenen, über das man früher hinter vorgehaltener Hand gesprochen, sich entsetzt hat: Offen, mutig und wütend halten die Menschen dem Regime nun seine Verbrechen vor – und nutzen dafür jede Gelegenheit.

Gleichzeitig entsteht unter jungen Menschen ein neuer Trend: Meist zu zweit unterwegs, reißt eine*r von ihnen auf der Straße einem Mullah den Turban herunter, die*der andere filmt das Ganze, und dann rennen beide weg, in manchen Videos hört man noch ihr Lachen. Was wie ein jugendlicher Spaß wirkt – was es ja auch ist –, ist in Wahrheit mehr als das. Denn zum einen begeben sich diese jungen Menschen in Gefahr, wenn sie das machen. Wer erwischt wird, muss mit Haft rechnen und mit Schlimmerem; denn Todesurteile werden schon zu dieser Zeit aus den abstrusesten Gründen verhängt: Zum Beispiel gegen junge Männer, weil sie Süßigkeiten an Frauen verteilt haben, die kein Kopftuch tragen. Zum anderen zeigen diese Turban-Aktionen, wie sehr die Menschen ihre Furcht vor den Klerikern verloren haben. Respekt vor den Klerikern hatten die wenigsten Menschen im Iran, auch schon vor Beginn der Proteste 2022. Hinter den Mauern, im Privaten, schimpfen Iraner*innen bereits seit Jahren auf die Mullahs und ihre Gefährten. Aber Angst vor Strafe hat die Menschen bisher davon abgehalten, ihre Verachtung offen zu zeigen. Die Turban-Aktionen zeigen: Diese Zeiten sind vorbei.

Am 2. November wird bekannt, dass der 17-jährige Soheil Khoshdel wegen »Verdorbenheit auf Erden« zum Tode verurteilt wurde. Ein Kind. Sein Foto, das durch die Sozialen Medien geschickt wird, zeigt einen strahlenden Jungen, mit gestylten schwarzen Haaren und einem kleinen runden Ohrring.

Im November wird klar, dass das Regime es ernst meint mit den Todesurteilen. Die Stimmung wird noch angespannter, als sie es ohnehin schon war. Eine Freundin aus dem Iran schreibt in einer Textnachricht: »Wenn der Westen nicht hilft und das Regime es schafft, die Aufstände niederzuschlagen, wird das Regime viel brutaler werden, im Iran, in der Region und in der Welt. Die Situation wird dann so dramatisch wie nach der Machtübernahme 1979.«

In dieser Zeit Anfang November streut das Regime ein Foltervideo von Toomaj Salehi über die Sozialen Medien; es soll den Rapper gebrochen und schwach zeigen. Doch entgegen der Intention werden die Sympathien für ihn noch größer. Aus seinem Gefängnis in Isfahan dringen Informationen, dass Toomaj Salehi sich gegen Folter und seine Peiniger wehrt. Er soll noch aus seiner Zelle heraus so viele Antiregime-Slogans rufen, dass er in Einzelhaft gebracht wird, damit sich die Mitgefangenen nicht anschließen.

Die Veröffentlichung des Foltervideos von Toomaj Salehi legt eine absurde Logik offen, nach der die iranische Führung funktioniert: Sie glaubt, dass die »Schwäche« eines Menschen andere dazu bringen würde, diesen Menschen fallenzulassen. Gefühle wie Mitgefühl, Empathie, Zuneigung und Liebe existieren in dieser Logik schlicht nicht. Dass die Machthaber die Kraft dieser positiven Emotionen nicht verstehen – das könnte ihnen noch zum Verhängnis werden. Denn sowohl die Menschen im Iran als auch die Iraner*innen in der Diaspora spielen das Spiel des Regimes nicht mit und verbreiten das Folter-Video nicht, um Toomaj Salehi zu schützen. Es ist schwierig bis unmöglich, das Video noch irgendwo zu finden. Die Aktion des Regimes hat nur zu einer überwältigenden Verbundenheit in der Opposition geführt.

Trotz der Warnungen, trotz der weiteren Gewaltausübung gehen sowohl die Proteste als auch die Streiks weiter. Erdölarbeiter, Händler*innen, Stahlarbeiter*innen – in allen Bereichen der Wirtschaft wird gestreikt. Mitte November gelingt es der iranischen Hacker-Gruppe »Black Reward«, die Audioaufnahme eines Gesprächs zwischen hohen Militärs der Revolutionsgarden und Regimeleuten zu hacken. Die Aufnahme wird auf YouTube veröffentlicht; sie dauert mehr als zwei Stunden und zeigt, wie sehr das Regime unter Druck steht. So wird in diesem Gespräch erstmals offensichtlich, wie weit die Streiks tatsächlich verbreitet sind: An einem einzigen Tag im November wurde in 21 der 31 Provinzen gestreikt, geben die Regimevertreter zu; 70 Prozent der Basare landesweit waren geschlossen. Die Gesprächspartner erklären außerdem, dass die vielen Frauen, die inzwischen ohne Kopftuch auf den Straßen unterwegs sind, ein Problem für die Islamische Republik darstellen. Als Lösung überlegen sie ernsthaft, Frauen in Tschadors – meist schwarze Ganzkörperschleier – an verschiedenen Stellen in der Öffentlichkeit zu platzieren. Als PR für das Regime sozusagen. Videos der darauffolgenden Wochen, zum Beispiel von einer Ansammlung von Tschador-Frauen an einer U-Bahn-Station, zeigen, dass der Plan anscheinend wirklich umgesetzt wird. Die Männer sagen außerdem offen: »Wir haben den medialen Krieg komplett verloren.« Damit meinen sie, davon kann man ausgehen, dass die vielen Verbrechen des Regimes in der Welt gesehen werden: Die Bilder der Getöteten, der Kinder, kursieren weltweit, die Namen der Opfer werden überall wiederholt. Das Regime, auch das wird in diesem geleakten Gespräch klar, sammelt Zahlen und Fakten über die Proteste: So gab es innerhalb weniger Tage Anfang November 123 Proteste mit etwa 7.000 Menschen, darunter viele Studierende und Arbeiter*innen. Was das Regime nach Aussagen der Anwesenden des Gesprächs besonders irritiert: Dass so viele Frauen an den Protesten teilnehmen. Bis zu 47 Prozent der Teilnehmenden seien Frauen, sagt einer der Männer. »Sogar« in einer Region wie Sistan Belutschistan. Als ob die Menschen in einem Minderheitengebiet genauso misogyn sein müssten wie das Regime selbst. Das Regime hat Angst, so wird in diesem Gespräch deutlich, dass die Freiheit von Frauen, ohne Kopftuch in die Öffentlichkeit zu gehen, sich »normalisiert«. Beliebte Oppositionelle machen der Führung besonders Sorgen. So sprechen sie über Hossein Ronaghi, der »viele Fans« habe; Oppositionelle wie er scheinen den Machthabern großes Kopfzerbrechen zu bereiten. Die Vermutung, dass das Regime sie wegen ihrer Beliebtheit nicht ohne weiteres tötet, bestätigt sich im geleakten Tape: Der Tod von jemandem wie Ronaghi könnte »zu einem weiteren Fall Mahsa Amini werden«, so heißt es im Gespräch – also weitere Proteste auslösen. Hossein Ronaghi ist einer der anerkanntesten Oppositionellen des Landes; zu jener Zeit im November ist er in Haft im Hungerstreik und schwebt in Lebensgefahr. Das Regime beschließt schließlich, ihm medizinische Hilfe zukommen zu lassen. Diese Entscheidung wird in der Runde im Audiotape für gut befunden.

Die Proteste gehen weiter, auf verschiedenste Weise: Ein Video zeigt einen jungen Mann und eine junge Frau, wie sie, das Mädchen unverschleiert, einen Paartanz machen. In aller Öffentlichkeit, auf der Straße; im Hintergrund groß und weiß der Azadi-Turm, der Freiheitsturm in Teheran. Frau und Mann in einem derart intimen Moment zu sehen, draußen, wissend, dass dieser Tanz Gefängnis, Peitschenhiebe und Schlimmeres bedeuten kann, macht diese Szene einmal mehr berührend. Eine Szene, die anderswo das Normalste der Welt wäre.

Was in diesen Tagen besonders auffällt: Der große Zusammenhalt der Menschen. Sie sind eins, gegen das Regime. Sie lächeln sich auf den Straßen konspirativ zu; ein Mann aus einer Stadt im Süden des Landes beschreibt es so: »Die ganze Stimmung auf den Straßen hat sich geändert. Wir sind alle viel netter zueinander, wir lächeln uns zu. Als ob wir alle zusammengehören.« Ein Video, das Mitte November in den Sozialen Medien kursiert, zeigt eine Szene in Teheran. Ein Mann wird von Zivilmilizen, *Lebas Shakhsi*, festgenommen. Die Milizen versuchen, ihn in ein Auto zu zerren. Dann bildet sich plötzliche eine riesige Menschentraube; die Herbeigelaufenen versuchen, den Mann aus den Klauen der Regimeschergen zu befreien. Ob es ihnen gelingt, wird nicht klar, weil das Video vorher abbricht.

Auch mit dem zivilen Ungehorsam geht es weiter: Das Wasserpolo-Team der Männer singt bei einem Turnier die Hymne nicht mit; Hunderte von Studierenden singen an der Sharif-Universität die »Hymne der Frau«. Immer mehr Frauen nehmen ihr Kopftuch öffentlich ab, unter ihnen viele Schauspieler*innen. So auch eine der bekanntesten Schauspielerinnen des Landes, Taraneh Alidoosti. Sie zeigt sich auf Instagram mit einem Schild, auf dem »Jin, Jiyan, Azadî« steht, auf Kurdisch. Damit wendet sie sich nicht nur gegen die Frauenfeindlichkeit des Staates. Sondern auch gegen seinen Rassismus. Die Minderheiten im Land trifft die Brutalität des Regimes noch um ein Vielfaches härter, auch wenn das kaum vorstellbar ist. Taraneh Alidoosti wird am 17. Dezember in Teheran, vor den Augen ihrer kleinen Tochter, verhaftet. Anfang Januar 2023 wird sie auf Kaution freigelassen. Die ersten Fotos von ihr direkt nach ihrer Freilassung zeigen sie ohne Kopftuch, wie sie mit einer Hand das Victory-Zeichen formt.

Am 19. November startet das Regime einen militärischen Angriff auf die kurdischen Gebiete. Es ist ein wahrer Krieg, den das Regime gegen unbewaffnete Menschen, gegen Familien, gegen Kinder, gegen Zivilist*innen führt. Und genau so soll es erscheinen: Wie ein Krieg. Seit der Islamischen Revolution 1979 erklärt die iranische Führung die Minderheiten im Land zu Feinden. Zu Separatisten, zu Terroristen, die sich vom Rest des Landes abspalten wollten. Nur um dieses Narrativ zu befeuern, dringen Revolutionsgarden mit militärischem Gerät in Kurdistan ein. Anders als im Rest des Landes werden in Sistan Belutschistan und in Kurdistan die Revolutionsgarden eingesetzt, die für ihre Grausamkeit berüchtigt sind. Die Führung will von den Protesten, vom Widerstand im Land ablenken, will auch dem Ausland weismachen, dass der Aufstand im Land nicht gegen das Regime gerichtet, sondern von Kurd*innen gesteuert sei, auch von Kurd*innen im Irak. Die Machthaber schalten den Menschen in kurdischen Städten wie Mahabad und Javanroud den Strom und das Internet ab, die Zeugnisse der Verbrechen sollen nicht nach außen dringen. Es kommen wenige, aber erschreckende Videos in der Öffentlichkeit an. Es ist das Verdienst der Menschen vor Ort, die diese Videos mitten im Angriff drehen und ihr Leben riskieren, dass die Welt erfährt, was in Kurdistan passiert. Dank kurdischer Menschenrechtsorganisationen werden Videos und Informationen über das Massaker verbreitet. Auf Videos, die von kurdischen Menschenrechtsorganisationen wie Hengaw ins Netz gestellt werden, hört man ununterbrochen Gewehrsalven; man sieht tote Körper auf den Straßen liegen; verwüstete Wohnungen und Häuser. Die Militärs dringen in Häuser von Unbeteiligten ein, zerstören alles, terrorisieren die Bewohner*innen, verhaften sie und bringen sie um.

Einer von ihnen ist Shahryar Mohammadi aus Bukan. Der junge Mann wird durch ein Foto bekannt, in dem er in einem Raum auf dem Teppich sitzt. Ein paar Meter entfernt von ihm die mit einer Decke abgedeckte Leiche seines Freundes Mohammad Hassanzadeh. Die Revolutionsgarden haben Mohammad getötet, als er und Shahryar auf den Straßen Bukans demonstrierten. Weil Shahryar Mohammadi verhindern will, dass Regimekräfte die Leiche seines Freundes klauen, hält er die ganze Nacht Wache. Seine Familie soll ihn beerdigen können. Kurze Zeit später wird Shahryar Mohammadi selbst ermordet. Nachdem die Revolutionsgarden ihn getötet haben, klauen sie seine Leiche.

Shahryars jüngerer Bruder Milad veröffentlicht nach dem Tod seines Bruders ein Selfie-Video. Man sieht ihm die Trauer deutlich an; seine Augen erscheinen müde, der Schmerz steht ihm ins Gesicht geschrieben. »An alle geliebten Iraner«, sagt Milad Mohammadi. »Mein Bruder ist für den gesamten Iran zum Märtyrer geworden. Ich bin nicht traurig. Ich weine nicht. Denn mein Bruder ist im Himmel.« Er legt seine Hand auf sein Herz. »Wir halten unseren Kopf hoch. Wir sind alle der Bruder von Shahryar Mohammadi und der anderen Märtyrer*innen. Wir sagen nicht, dass wir Kurd*innen sind und uns vom Iran trennen wollen. Nein, wir sind ein Iran. Und wir bleiben ein Iran. An die Menschen überall im Land: Habt keine Angst, habt keine Angst. Es wird nichts passieren. Wir werden Märtyrer*innen, wir werden mit Ehre Märtyrer*innen. Ich ehre alle Regionen des Iran, ich grüße die Turkmenen, Perser, Belutschen, Araber, ich sage allen: Wir wollen uns nicht vom Iran trennen. Wir sind Sunniten, aber wir lieben alle Menschen des Iran, es macht keinen Unterschied. Wir sind ein Iran. Mein Bruder hat sein Leben für alle gegeben, für euch, für mich, für alle. Für Frau, Leben, Freiheit. Ich ehre euch alle, habt keine Angst vor Kugeln, habt keine Angst vor Panzern.« Dann hebt er die Hand zum Victory-Zeichen: »Frau, Leben, Freiheit. Frau, Leben, Freiheit.«

Milad Mohammadi ist einer von unzähligen Angehörigen, die in dieser Zeit der Proteste die Toten ehren, weil sie für die Freiheit des Iran gestorben sind, für Frauen, für Leben, für Freiheit. Aus der Trauer, einen geliebten Menschen verloren zu haben, wird Kraft. Milad Mohammadi straft gleichzeitig das Regime Lügen, das der Welt vorgaukeln will, die Minderheiten im Land seien Separatisten und Terroristen, die den Zusammenhalt des Landes gefährdeten. Die wenigen Sätze von Milad Mohammadi sagen viel über die Stärke und Entschlossenheit der Menschen im Iran aus, egal welcher Volksgruppe, welcher Religion oder welchem Geschlecht sie angehören.

Das Regime kappt die Zugänge nach Kurdistan. Es sollen keine Lebensmittel, keine Medikamente, kein Verbandszeug dort ankommen. In Javanroud stehen die Menschen in Kliniken Schlange, um Blut zu spenden, trotz der Lebensgefahr. An vielen Orten im Rest des Landes sammeln Menschen lebenswichtige Medikamente und medizinische Güter, die über geheime Wege nach Kurdistan gebracht werden. Die Strategie des Regimes, die Menschen durch seinen Angriff auf die Kurd*innen zu spalten, schlägt fehl. Videos aus Teheran zeigen Menschen, die protestieren; ihre Rufe: »Mahabad, Kurdistan – Vorbild des gesamten Iran«, »Kurdistan – Licht und Auge des Iran«. Eine solche Einheit zwischen den verschiedenen Schichten, den verschiedenen Ethnien, hat es noch nie gegeben. Es ist etwas Neues in der Geschichte der Islamischen Republik.

Einige Schlaglichter auf die Ereignisse im November: In Rasht tanzen Dutzende Menschen zusammen auf der Straße, es ertönt iranische Tanzmusik. Als Iraner*in kennt man diese Partys gut – wenn Iraner*innen tanzen, gibt es kein Halten (*literally*, wer nicht tanzen will, wird auf die Tanzfläche gezerrt). Aber das draußen zu sehen, in der Öffentlichkeit, auf der Straße, wie in Rasht: außergewöhnlich schön. Die Lebensfreude der Menschen ist förmlich zu spüren. Sie hält nicht lange: Regimekräfte greifen die tanzende Menge an und treiben sie auseinander. Eine Frau sei dabei getötet worden, heißt es später.

Mitte November strömen Menschen mitten in der Nacht zu der Klinik, in die der Oppositionelle Hossein Ronaghi aus dem Gefängnis gebracht wird. Sie wollen ihre Unterstützung zeigen; und bringen sich damit selbst in Gefahr. Ronaghis Familie dankt ihnen für diese Geste der Zuneigung.

Die Bogenschützin Parmida Ghasemi geht bei der Siegerehrung ohne Kopftuch auf das Treppchen – vor ihr iranische Sportfunktionäre, die erst spät merken, was gerade passiert. Ihnen bleibt nichts anderes, als ihr hinterherzustarren, als sie das Treppchen ohne Kopftuch verlässt. Ein mutiger Akt zivilen Ungehorsams.

Der zehnjährige Kian Pirfalak aus Izeh wird getötet. Regimekräfte schießen auf ihn und seinen Vater. Kian stirbt, sein Vater überlebt und wird ins Krankenhaus gebracht, wo er wochenlang im Koma liegt. Kian Pirfalak ist ein pausbäckiger, aufgeweckter Junge; die Videos, die nach seinem Tod in den Sozialen Medien verbreitet werden, sind herzzerreißend. Man sieht, wie er ein selbstgebautes kleines Boot in eine Wanne mit Wasser setzt. Mit seiner kindlichen Stimme sagt er: »Im Namen des Gottes der Regenbögen«. Andere Videos zeigen ihn mit kleinen Maschinen, die er gebaut hat, er erklärt, welche Teile an den Gebilden sind. Kian Pirfalak wollte, wenn er groß ist, Ingenieur werden und mit Robotern arbeiten. An seinem 40. Todestag Ende Dezember kommen Hunderte von Menschen zusammen und protestieren gegen das Regime.

Regimeschergen greifen Passagiere in U-Bahnen in Teheran an. Mit Schlagstöcken ziehen sie durch die Wagen, die Menschen schreien und versuchen zu fliehen.

Die sogenannten Aban-Proteste (Aban ist der achte Monat im iranischen Kalender) jähren sich Mitte November zum dritten Mal. Im November 2019 hatte es zuletzt landesweite und massenhafte Proteste gegeben, in denen zum Sturz des Regimes aufgerufen wurde. Das Regime stellte damals das Internet komplett ab. Innerhalb weniger Tage massakrierte es, unbeachtet vom Rest der Welt, Hunderte von Menschen, darunter viele Minderjährige. Menschenrechtsorganisationen schätzen die Zahl der Toten auf 1.500. Damals gab es kaum Berichte über das Massaker; kaum politische Reaktionen. Die deutsche Bundesregierung beschränkte sich darauf, die Gewalt als »unverhältnismäßig« zu bezeichnen. Die Gewalt, die der Staat gegen Protestierende ausübte, hinterließ einen Schock bei vielen Menschen im Iran; ebenso das Wegschauen der Welt, was ermöglichte, dass die Machthaber wieder einmal ohne Strafen davonkamen. Das hinterließ bei vielen Menschen eine große Wut. Im November werden deswegen große, landesweite Proteste angekündigt, in Erinnerung an die Aban-Proteste. Drei Tage lang gibt es weit verbreitete Proteste, Widerstand und Streik. Das Regime geht wieder hart gegen die Menschen vor. Dieses Mal aber bekommt die Welt es mit.

Am 20. November beginnt die Fußball-WM in Katar, und es wird, man kann es nicht anders sagen, eine *shitshow*. Katar und die Islamische Republik stehen sich nah, spätestens seitdem das iranische Regime der Bruderdiktatur im Jahr 2017 und in den Jahren danach dabei half, eine Blockade durch Saudi-Arabien durchzustehen. Das iranische Regime schickte Lebensmittel nach Katar und war einer der wenigen Verbündeten der Monarchie in der Region. Ob Katars Aktionen bei der Fußball-WM eine Art Dank für diese Unterstützung waren, wer weiß das schon. In jedem Fall aber erweist sich das katarische Regime als sehr hilfreich für das iranische. Iranische Fans, die »Frau, Leben, Freiheit« rufen, werden von katarischen Regimekräften festgenommen, malträtiert und eingeschüchtert; selbst vor Kindern machen die Schergen nicht Halt. Die katarische Führung tut alles dafür, den Wunsch der iranischen

Machthaber zu erfüllen: Es sollen nur Bilder strahlender regimetreuer Fans – derer das iranische Regime Hunderte nach Katar schickt – in die Welt hinausgehen. »Frau, Leben, Freiheit« darf da keinen Platz haben. So schreien regimetreue Fans andere iranische Fans nieder, die im Stadion oppositionelle Slogans rufen. Sie bedrängen und schüchtern sie ein, greifen sie sogar an. Die katarischen »Sicherheitskräfte« schauen dabei zu. Es ist eine orchestrierte Aktion, geplant vom iranischen Regime, ausgeführt vom katarischen.

Und natürlich ist da noch die Geschichte mit dem iranischen Fußballteam, »team melli« auf Farsi. Einst in der fußballbegeisterten Bevölkerung sehr beliebt, wird es nun als Aushängeschild des Regimes empfunden. Kurz vor Beginn der Fußball-WM empfängt Staatspräsident Ebrahim Raisi – mitverantwortlich für die Massenmorde der 1980er Jahre – die Nationalelf. Auf Fotos sind sie mit Raisi zu sehen, wie sie sich vor ihm verbeugen, sich freundlich mit ihm ablichten lassen. Und das inmitten der landesweiten Proteste. Während die Spieler des Nationalteams nach Katar fahren, wird im Iran ihr ehemaliger Kapitän festgenommen, der Kurde Voria Ghafouri. Er war dem iranischen Regime zu kritisch. Einer von Ghafouris letzten Tweets vor seiner Festnahme: »Hört auf, Kurden zu töten! Kurden sind der Iran selbst.«

Und so gelingt es dem iranischen Team nicht, die Sympathien der Menschen im Iran zurückzugewinnen, auch wenn sie (nur) beim ersten Spiel die Hymne nicht mitsingen. Beim zweiten und dritten Spiel singen sie wieder mit. Natürlich darf man nicht vergessen, dass die Spieler durch das Regime unter großen Druck gesetzt werden. Dennoch: Was Mut betrifft, liegt die Latte im Iran inzwischen sehr hoch; wo so viele Menschen jeden Tag ihr Leben riskieren, für Freiheit und Gleichberechtigung. Als »team melli« gegen England und die USA verliert, gibt es in vielen Städten des Iran Jubelfeiern; in Teheran sieht man sogar, wie ein Mann mit der britischen Flagge auf dem Rücken auf einem Mofa durch die Straßen fährt. Zu sehr ist die iranische Nationalmannschaft für die Menschen im Iran inzwischen gleichzusetzen mit dem Regime. Aus »team melli« wird »team mullah«. Bei diesen Feiern erschießt das Regime weitere Menschen; darunter der 27-jährige Mehran Samak in Bandar Anzali. Regimekräfte schießen ihm in den Kopf, weil er in seinem Auto saß und hupte.

Währenddessen verkünden die Sportlerinnen Sara Baharundi und Pari Baharundi ihren Austritt aus der Snooker-Nationalmannschaft mit folgenden Worten: »Wir stehen nicht an der Seite der Menschen. Wir *sind* die Menschen. Für das zu Unrecht vergossene Blut, für die Gefangenen, für unsere Kinder, für die Freiheit.« Beide sind im Iran; allein mit diesem Statement riskieren sie viel.

Ende November wird eines von unzähligen Videos verzweifelter Eltern veröffentlicht, Eltern von inhaftierten, zum Tode verurteilten oder getöteten Kindern. In diesem Video Ende November wendet sich der Vater von Arash Sadeghi an die Öffentlichkeit. Er scheint schwer gezeichnet. »Es gibt Neuigkeiten aus dem Gefängnis«, sagt er. »Arash geht es nicht gut. Er bekommt seine Medikamente nicht. Wenn ihr ihm seine Medikamente nicht gebt, lasst sie sie uns wenigstens selbst kaufen«, fleht der Vater. Arash Sadeghi ist ein bekannter Menschenrechtsaktivist und führender Oppositioneller. Er und seine Familie haben durch das Regime schon vor den Protesten 2022 viel Leid erfahren. Arash Sadeghi war lange in Haft und erkrankte an Krebs, erhielt nie adäquate medizinische Versorgung. Er ist jung; im September 2022 wurde er 36. Viele Jahre hat er schon im Gefängnis verbracht. Im Jahr 2010 wurde er kurzzeitig aus der Haft entlassen. An einem Abend, den er damals bei seinem Großvater verbrachte, stürmten Regimekräfte seine Wohnung, auf der Suche nach ihm. Allerdings waren nur Sadeghis Mutter und seine Schwester in der Wohnung. Die Regimekräfte gingen mit solcher Brutalität vor, dass die Mutter einen Herzinfarkt bekam und starb. Ein Bild aus dem Herbst 2022 zeigt Arash Sadeghi abgemagert und dem Schein nach in sehr schlechtem Gesundheitszustand im Gefängnis. Weder bekommt er die für ihn lebensnotwendigen Medikamente, noch lassen es die Behörden zu, dass sein Vater sie ihm bringt. Das Video, das der Vater im November veröffentlicht, ändert daran nichts.

Anfang Dezember zeigt der Widerstand, wie gut er sich inzwischen organisiert hat: Es findet ein dreitägiger Generalstreik statt. In den Sozialen Medien werden unzählige Videos geteilt, in denen reihenweise geschlossene Geschäfte und leergefegte Straßen zu sehen sind, überall im Land. Ein Video zeigt eine Straße in Teheran, die zur Rushhour am Nachmittag gewöhnlich verstopft ist; nun fahren dort nur einzelne Autos entlang. Die kurdische Menschenrechtsorganisation Hengaw meldet, dass sich 19 Städte in Kurdistan dem Streik angeschlossen hätten. Im Netz und auf den Straßen gibt es zahlreiche Poster und Flugblätter, in denen dazu aufgerufen wird, bei den Protesten und dem Streik mitzumachen. Auch politische Gefangene rufen dazu auf, sich am landesweiten Generalstreik zu beteiligen. Drei Tage lang, vom 5. bis zum 7. Dezember, wird gestreikt, auf den Straßen, in den Einkaufszentren, in den Fabriken. Einen solchen Streik hat es in der Geschichte des Landes zuvor nicht gegeben: Streiks gab es höchstens lokal oder regional, nie flächendeckend. Nur in Kurdistan wurde seit September fast durchgehend gestreikt. Was der Streik zeigt: den großen Rückhalt der Protestbewegung in der Bevölkerung. Viele Menschen, die Angst haben, auf die Straßen zu gehen, die vielleicht zu alt sind, zu gebrechlich, können auf diese Weise ihre Unterstützung zeigen. Die leeren Straßen des Landes, die geschlossenen Läden und Betriebe: Es sind nicht »nur« die Menschen, die auf den Straßen protestieren, die das iranische Regime loswerden wollen. Es ist ein großer Teil des Landes.

Und so wundert es vielleicht nicht, dass in den frühen Morgenstunden des 8. Dezember, am Morgen nach dem letzten Streiktag, folgende Meldung die Menschen erreicht: Mohsen Shekari, 23 Jahre alt, Musiker, Gamer, Protestierender, wurde hingerichtet. Zwischen seinem Todesurteil und der Hinrichtung lagen nur wenige Wochen. Selbst für die steinzeitlichen Gesetze der Islamischen Republik ist das nicht alltäglich; normalerweise liegen zwischen einem Todesurteil und der Hinrichtung viele Monate, in denen Berufung eingelegt wird, Gerichte den Fall neu vorgelegt bekommen, Familien Gnade erbitten. Nicht im Fall von Mohsen Shekari. Seine Hinrichtung kommt ohne Vorwarnung, sein Name kursierte nicht in den Sozialen Medien. Die Behörden hatten der Familie gesagt – genauer: sie angelogen –, dass ihr Sohn Aussicht auf Freilassung hätte, wenn sie schweigen und seinen Fall nicht öffentlich machen würden. Natürlich, aus Angst, aus Verzweiflung, aus Hoffnung, folgten sie der Anweisung.

Es ist kein Zufall, dass die erste Hinrichtung eines Protestierenden unmittelbar nach dem Ende des landesweiten Generalstreiks, eines großen Erfolgs der Protestbewegung, erfolgt. Das Regime will bewusst an die Massenhinrichtungen im Jahr 1988 erinnern; es will zeigen, dass es alles tut, um den Widerstand zu brechen.

Nun ist der Tod eines Menschen nie schlimmer oder weniger schlimm aufgrund des Umstandes, unter dem er getötet wird. Der Tod eines Protestierenden, der von Regimeschergen auf der Straße erschossen wird, ist genauso bedrückend, traurig, schrecklich wie der Tod durch Hinrichtung. Der Unterschied ist, dass an dem Vorgang der Hinrichtung so viele Menschen beteiligt sind; Menschen, die Dokumente unterzeichnen; Wärter, die den zum Tode Verurteilten in Einzelhaft bringen, von wo es zur Exekution geht; Personen, die dem Verurteilten das letzte Mahl bringen; ihm die Augenbinde anlegen; ihn zum Kran führen, an dem er aufgehängt wird; die die Hinrichtung durchführen; die zuschauen. Es steckt so viel Grauen in jedem einzelnen Schritt, an dem so viele Personen beteiligt sind, dass eine Hinrichtung wohl zu den unmenschlichsten Akten der Menschheit gehört.

Der Schock sitzt tief, bei vielen Menschen im Iran. Sie haben es wirklich getan. Einen Protestierenden, einen von uns, hingerichtet. Nicht, dass das iranische Regime nicht schon Tausende Unschuldiger hingerichtet hätte; sowohl in der 1980er Jahren als auch in jeder anderen Zeit seiner Geschichte. Der Iran ist neben China das Land mit der weltweit höchsten Zahl an Hinrichtungen, gemessen an der Bevölkerungszahl. Auch Minderjährige hinzurichten, ist in diesem Staat normal.

Nur vier Tage später, am 12. Dezember, wird Majidreza Rahnavard hingerichtet; auch er 23 Jahre alt, Protestierender, aus Mashhad. Von seiner Hinrichtung veröffentlicht das Regime über die staatliche Nachrichtenagentur Mizan Fotos. Zu sehen ist eine gespenstische Szenerie im Morgengrauen, die Behörden haben Zuschauende herangekarrt, Angehörige der Basij-Milizen. Zu sehen ist ein lebloser Körper, der von einem Kran hängt; einem Kran, wie er auf Baustellen gehört, nicht auf Gefängnishöfe, um Menschen an ihm aufzuhängen. Die letzten Fotos von Majidreza Rahnavard werden am Abend vor seiner Hinrichtung von ihm gemacht, da lebt er noch. Seine Mutter durfte ihn besuchen. Sie stehen nebeneinander und lachen, halten sich gegenseitig im Arm. Die Mutter offensichtlich glücklich, dass sie ihren Sohn sehen darf. Als sie das Gefängnis verlässt, hofft sie auf seine Begnadigung. Am nächsten Morgen erhält sie einen Anruf vom Gefängnis, dass sie ihren Sohn umgebracht haben.

Wenige Tage nach Majidreza Rahnavards Tod findet sich in den Sozialen Medien ein Video, das ihn kurz vor seiner Hinrichtung zeigt. Er trägt eine Augenbinde, ein Mann fragt ihn, was er als letzten Wunsch aufgeschrieben hat. Majidreza Rahnavard sagt mit ruhiger Stimme: »[Ich habe aufgeschrieben] Wo sie mich begraben sollen, dass ich nicht will, dass sie weinen. Sie sollen nicht den Koran lesen und beten. Sie sollen glücklich sein. Frohe Lieder spielen.« In seinen Worten liegt keine Angst, keine Wut. Nur Licht.

Nach den Hinrichtungen von Mohsen Shekari und Majidreza Rahnavard gibt es Proteste in den Nachbarschaften in Mashhad und Teheran, wo die beiden gelebt haben. Die Wut der Protestierenden ist groß. Auf Videos hört man ihre Rufe: »Für jeden Menschen, den ihr tötet, stehen eintausend auf.« In Universitäten des Landes hängen Studierende die Bilder der Getöteten auf, neben ihren Bildern Rosenblüten und Kerzen. An einem dieser Orte hängt ein Schild »Das Blut der Jugend unseres Volkes«.

Mitte Dezember verbreitet sich in den Sozialen Medien ein Video vom 40. Todestag von Ali Rozbahani, der am 26. Oktober von Regimeschergen erschossen wurde. Sein jüngerer Bruder hält die Trauerrede, die eher einer

Kampfesrede gleicht. Von Menschen umgeben, am Grab seines älteren Bruders stehend (den er »Dadash« nennt, ein liebevoller Begriff auf Farsi für den älteren Bruder), ruft er in die Menge: »Wir sind 80 Millionen. Hinter jedem, der mit einem Stein in der Hand da steht, stehen 80 Millionen Menschen. Wir haben keine Angst vor euren Gewehren.«

Es folgt eine Zeit, in der es vor allem darum geht, weitere Hinrichtungen zu verhindern. Die Angst, dass weitere Unschuldige hingerichtet werden könnten, ist groß. Es bilden sich Netzwerke im Land, die Namen sammeln, mit Angehörigen in Kontakt stehen, westliche Journalist*innen und Aktivist*innen informieren. Die Menschen rücken noch enger zusammen. Mitte Dezember protestieren Häftlinge (!) in Karaj gegen die anstehende Hinrichtung vier ihrer Mitgefangenen. Die Beamten eröffnen das Feuer gegen die Inhaftierten, es gibt mehr als 100 Verletzte und mehrere Tote.

Anwält*innen und Journalist*innen werden systematisch inhaftiert. So auch die beiden Journalistinnen Elahe Mohammadi und Niloufar Hamedi. Niloufar Hamedi berichtete aus dem Krankenhaus, in dem Jina Mahsa Amini im Koma lag; Elahe Mohammadi reiste nach Saqqez, um über die Beerdigung der 22-jährigen Kurdin zu berichten. Ohne diese beiden Frauen würde die Welt die Wahrheit über den gewaltsamen Tod von Jina Amini nicht kennen. Sie wurden beide gleich zu Beginn der Proteste festgenommen. Beide sind im Sicherheitstrakt 209 im Evin-Gefängnis inhaftiert. Ihnen wird vorgeworfen, mit ausländischen Mächten in Verbindung zu stehen und spioniert zu haben. Verkündet werden diese abstrusen Vorwürfe von einer »Journalistin« des Regimes. Für das iranische Staatsfernsehen führen sie und andere Staatstreue laut

Deutscher Welle regelmäßig erzwungene »Geständnis-Interviews« mit politischen Gefangenen. Am 14. Dezember wird auch Mohammad Ali Kamfirouzi festgenommen; er ist der Anwalt von Niloufar Hamedi und Elahe Mohammadi. Im Januar wird er vorerst auf Kaution freigelassen.

Mohammad Mehdi Karami wird Anfang Dezember zum Tode verurteilt; der 22-Jährige, der professionell Karate kämpft und unzählige Medaillen gewonnen hat, die zu Hause die Wände schmücken, ruft aus dem Gefängnis seinen Vater an, so erzählt es der Vater, Mashallah Karami, in einem Interview mit der Tageszeitung *Etemad*. Der Junge sagt zu ihm: »Baba, ich habe die Todesstrafe. Bitte sag Maman nichts.« Mohammad Mehdi Karami macht sich Sorgen um seine Mutter, während er hingerichtet werden soll. Diese kindliche Unschuld, diese Liebe, die aus seinen Worten spricht – es erschüttert. Der Vater sagt im Zeitungsinterview: »Wenn Mehdi etwas passiert, wird unser Leben auch enden.« Die Eltern kommen aus einfachen Verhältnissen, der Vater ist Arbeiter. Sie sind es nicht gewöhnt, sich in Sozialen Medien zu bewegen oder in Kameras zu sprechen. Und trotzdem nehmen sie, wie so viele andere Eltern, ein Video auf. Sie sitzen auf dem Boden, auf einem Teppich. »Mein Sohn war die Nummer vier im [Karate-] Nationalteam des Iran«, sagt der Vater. »Ich bitte Sie, heben Sie das Todesurteil gegen meinen Sohn auf.« Ein Vertrauter berichtet, dass es Stunden gedauert hat, dieses Video, das 47 Sekunden lang ist, aufzunehmen. Die Eltern haben sich ihre Worte auf ein Papier geschrieben und sie immer wieder aufgesagt. Der Druck auf den beiden, unvorstellbar.

Die Sozialen Medien werden geflutet von Namen und Hashtags; in Deutschland beginnt eine Kampagne der politischen Patenschaften. Abgeordnete des Bundes und der

Länder nehmen sich einzelner politischer Gefangener an. Alle wissen: Aufmerksamkeit ist das Einzige, das Leben retten kann.

Mit den Gefühlen und den Ängsten der Familien wird unverhohlen gespielt. Ihnen wird gesagt, sie sollen schweigen, sie sollen mit niemandem über eine mögliche Hinrichtung sprechen. Todesurteile werden aufgehoben, nur um die Aufhebung am nächsten Tag zu dementieren; Meldungen über eine anstehende Hinrichtung werden gestreut, Inhaftierte in Einzelhaft gebracht; Anspannung und Angst sollen die Menschen zermürben.

Die Proteste gehen weiter. Weder die Hinrichtungen noch die Repression halten die Menschen davon ab, auf die Straßen zu gehen. In Zahedan, der Hauptstadt von Sistan Belutschistan, gibt es weiterhin jeden Freitag große Proteste. Im Dezember und Januar nimmt die Intensität der Proteste ab. Sie finden nicht mehr täglich statt, sondern an besonderen Tagen und Anlässen, wie beispielsweise am Jahrestag des Abschusses des ukrainischen Passagierflugzeuges PS752 am 8. Januar. Am 8. Januar 2020 hatte die Revolutionsgarde das Flugzeug abgeschossen.

Weiterhin werden Menschen getötet, bei Protesten, im Gefängnis, in Folterkellern. Regimekräfte geben die Leichen der Getöteten nicht an die Familien zurück, um Trauerfeiern und weitere Proteste zu verhindern. So beginnen Angehörige, anstatt die Leiche ihrer Liebsten zu begraben, Kleider im Sarg zu beerdigen, um ihren Tod trotzdem betrauern zu können. Familienmitglieder werden verhaftet, Häuser verwüstet; das Regime tut alles, um weitere Proteste und öffentliche Aussagen von Familien zu verhindern. Sippenhaft wird routiniert eingesetzt.

Eine Oppositionelle schreibt in dieser Zeit in einer privaten Nachricht: »Wenn wir sehen, wie sie unsere Leute auf den Straßen töten, wie sie sie inhaftieren und hinrichten, schämen wir uns, weil wir am Leben sind und in unserem eigenen Zuhause schlafen.« Deswegen protestiert sie weiter.

Währenddessen kehrt das Regime dazu zurück, den Hijab der Frauen wieder streng zu kontrollieren. Die »Sittenpolizei« war nach dem Tod von Jina Amini im September fast vollständig von den Straßen abgezogen worden. Das Regime, so scheint es, wollte die Wut nicht weiter anheizen. Anfang Januar mehren sich aber Meldungen, nach denen Frauen, die ohne Kopftuch durch die Straßen laufen – derer es sehr viele gibt –, in Läden, Banken und anderen Geschäften nicht bedient werden und nicht in Taxis mitgenommen werden dürfen. Das Regime will die Bevölkerung spalten; es lässt Geschäfte schließen, die den Regeln nicht folgen. Behörden schicken SMS an Taxifahrer, in denen die Fahrer darauf hingewiesen werden, dass sie zu einer bestimmten Uhrzeit an einem bestimmten Ort gesichtet wurden, wie sie eine Frau in ihrem Taxi mitgenommen haben, die ihr Kopftuch nicht »richtig« trug. Eine klare Drohung, diesen »Verstoß« nicht noch einmal zu begehen.

Am Morgen des 7. Januar werden Mohammad Mehdi Karami und Seyyed Mohammad Hosseini hingerichtet. Zwei weitere Protestierende, die auf Befehl des Regimes gehängt wurden.

Mohammad Mehdi Karami, der aus dem Gefängnis heraus seinen Vater gebeten hatte, der Mutter nichts von seinem Todesurteil zu erzählen, war noch kurz vor seiner Hinrichtung in einen Hungerstreik getreten, weil er keinen Zugang zu einem Anwalt bekam. Mehdi, das hat sein Vater immer wieder stolz erzählt, war Karate-Profi. Nach seinem Tod teilen Menschen Bilder von ihm, wie er in die

Kamera lacht, wie er seine muskulösen Arme, wahrscheinlich nach einem Wettkampf, in die Höhe streckt. Wenn man sein Bild sieht, sein junges Gesicht, glaubt man, in dem 22-Jährigen ein Kind zu erkennen, und fragt sich, wie das alles sein kann.

Seyyed Mohammad Karami hatte keine Eltern mehr; sie waren 15 Jahre zuvor gestorben. Er war 39, er war Martial-Arts-Lehrer, und Kinder unterrichtete er umsonst, obwohl er in einfachen Verhältnissen gelebt haben muss; er arbeitete in einer Geflügelfabrik. Er litt unter einer Angststörung, konnte *The Guardian* recherchieren. Seyyed Mohammad Hosseini versorgte und kümmerte sich um seinen Bruder, der drogenabhängig war. An dem Abend, als er festgenommen wurde, war er gerade auf dem Weg zum Friedhof, um seiner Eltern zu gedenken. Nach dem Tod von Seyyed Mohammad Hosseini werden Bilder und Videos von ihm veröffentlicht, wie er Kinder unterrichtet, Bilder von ihm in Kampfsportposen. Auch ein Instagrampost von ihm macht die Runde. Dort schreibt er: »Ich habe gelernt, Krieg gegen das Böse zu führen. Selbst unter den schwierigsten Umständen werde ich die Dunkelheit bekämpfen und auf das Licht zugehen.«

Nach der Beerdigung ging die Familie von Mohammad Mehdi Karami auch zum Grab von Seyyed Mohammad Hosseini. Es sei niemand bei seinem Grab gewesen, erzählt Mehdis Familie, und es lagen keine Blumen dort. Also legte Mehdis Familie Blumen auf Seyyeds Grab und zündete für ihn Kerzen an. Sie wurde nach seinem Tod auch zu seiner Familie.

Das iranische Regime kennt nur eine Politik: Pure, grausame, gnadenlose Gewalt. Sinnlose Gewalt. Wobei, einen einzigen Sinn gibt es: Die Führung an der Macht zu halten. Mit jeder weiteren Gewaltausübung aber stellen sich mehr Menschen gegen das Regime. Der größte Teil der Menschen im Iran will kein Regime, das Frauen und Minderheiten unterdrückt, Kinder tötet, Leid verursacht, in jedem noch so kleinen Winkel des Landes. Sie wünschen sich Freiheit. Demokratie. Niemand weiß, wie lange sie dafür kämpfen müssen. Wie viele Menschen noch dafür werden ihr Leben geben müssen. Es kann Monate dauern. Jahre. Aber das Regime hat schon verloren. Die Menschen. Seine Existenzberechtigung. Macht, Geld und Einfluss haben keine Chance gegen das, wofür die Menschen im Iran kämpfen: Frau, Leben, Freiheit. Und für die Liebe zueinander.

QUELLEN:

Parisa Hafezi: »Iran toughens crackdown as some oil workers reported to join protests«, Reuters, 10. 10. 22: https://www.reuters.com/article/iran-women-idCAKBN2R514V

Amnesty International: »Iran: Killings of children during youthful anti-establishment protests«, 9. 10. 22: https://www.amnesty.org/en/documents/mde13/6104/2022/en/

Nahayat Tizhoosh: »Iranian dissident rapper reportedly remains defiant under torture by regime«, CBC, 3. 12. 22: https://www.cbc.ca/news/world/toomaj-salehi-charges-1.6672801

Saeed Kamali Dehghan: »Iran's activists jailed and beaten for speaking out«, The Guardian, 23. 11. 12: https://www.theguardian.com/world/2012/nov/23/iran-activists-jailed-speaking-out

Patrick Wintour & Maryam Foumani: »Iran: mass strike starts amid mixed messages about abolishing morality police«, The Guardian, 5. 12. 22: https://www.theguardian.com/world/2022/dec/05/iran-strike-abolishment-morality-police

Farnaz Fassihi: »Iran Turns to Public Executions, Enraging an Already Protesting Public«, The New York Times, 12. 12. 22: https://www.nytimes.com/2022/12/12/world/middleeast/iran-protests-execution.html

Shabnam von Hein: »Teheran sperrt kritische Journalistinnen weg«, DW, 23. 11. 22: https://www.dw.com/de/teheran-sperrt-kritische-journalistinnen-weg/a-63863019

Alijani Ershad: »Zahedan's ‹Bloody Friday›: Reconstructing a massacre in Iran's Sistan and Baluchistan province«, The Observers, 17. 10. 22:

https://observers.france24.com/en/tv-shows/the-observers/20221017-iran-zahedan-police-basij-bloody-friday-massacre
Borzou Daragahi: »›This is a revolution‹: On potent 40th day after Mahsa Amini's death, protests erupt across Iran«, Independent, 26. 10. 22: https://www.independent.co.uk/news/world/middle-east/iran-mahsa-amini-protests-tehran-islamic-republic-b2211126.html
Deepa Parent & Ghoncheh Habibiazad: »Actor, doctor, engineer: stories of Iranians sentenced to death over killing at protest«, The Guardian, 30. 12. 22: https://www.theguardian.com/global-development/2022/dec/30/actor-doctor-engineer-stories-of-iranians-sentenced-to-death-over-killing-at-protest
Deepa Parent, Ghoncheh Habibiazad & Annie Kelly: »At least 58 Iranian children reportedly killed since anti-regime protests began«, The Guardian, 20. 11. 22: https://www.theguardian.com/global-development/2022/nov/20/iran-protests-children-killed-reports-mahsa-amini
Iran Human Rights Society: »We will inform you one day before the execution!«, 25. 12. 22: https://en.iranhrs.org/we-will-inform-you-one-day-before-the-execution/

DIE LETZTE REISE IN DEN IRAN

Es beginnt so: Kurz vor der Landung in Teheran verkünden die Flugbegleiter*innen über die Sprechanlage, dass es für die Frauen Zeit ist, ihr Kopftuch und ihren Manteau anzuziehen. Als ich das erste Mal meine Familie im Iran besuchte, war ich sieben Jahre alt, da brauchte ich beides nicht. Beim zweiten und letzten Mal war ich 14. Meine Mutter hatte mir Kopftuch und Manteau eingepackt. Ein iranischer Manteau sieht ein bisschen aus wie der Mantel von Inspektor Gadget. Die Farbe ist egal, wobei er nicht zu bunt sein sollte, eher grau und unscheinbar, aber er muss bis an die Knöchel reichen und langärmelig sein. Man darf als Frau, und auch als Mädchen, in der Öffentlichkeit keine Haut zeigen. Als ich im Flugzeug saß, war mir das alles egal. Die Aufregung darüber, meine Großeltern zu sehen, meine Tanten und Onkel, meine Cousins und Cousinen, war einfach zu groß. Nach sieben Jahren!

Mein jüngerer Bruder und ich hielten uns an der Hand, während meine Mutter uns durch die Sicherheitschecks und Passkontrollen lavierte, und dann war es so weit, der seit Wochen erwartete Moment: Da standen sie. Alle. Unsere Familie. Sie hatten Blumensträuße in der Hand und lachten. Wir drei stürmten von der einen Seite, die Familienhorde von der anderen Seite aufeinander zu, und dann wurde umarmt. Und geschrien. Und gedrückt. Und hochgehoben. Und geweint. Nicht so viel wie beim Abschied, aber trotzdem viel.

Die zwei Besuche im Iran waren kein Urlaub; sie waren ein Nachhausekommen. Überall um mich herum waren Kinder, Jugendliche, Menschen, immer Menschen. In Deutschland hatten wir kaum Familie, wenige iranische Freund*innen. In Deutschland war es meistens still; im Iran war es immer laut. Außer beim Mittagsschlaf nach dem Essen, der war heilig.

Meine Cousine und ich stiegen über die schlafenden Körper der Erwachsenen, die auf dem Boden herumlagen, es gab immer einen Onkel, der laut schnarchte, und suchten uns eine Beschäftigung, bis die Erwachsenen aufwachten und wir den Abend vorbereiten konnten. Abends hatten entweder wir Besuch, oder wir gingen zu einem Besuch, auf Farsi *mehmooni*. *Mehmoonis* sind mehr als ein Besuch; sie sind ein Ereignis. Aber bis es soweit war, setzten meine Cousine und ich uns in den Garten. Häuser im Iran haben meistens einen Garten, *hayat*, der von hohen Mauern umgeben ist, damit man wenigstens zu Hause Ruhe hat vor den Regeln und den Augen der Islamischen Republik. Der Garten meiner Großeltern war der einzige Ort im Iran, wo ich herumlaufen durfte, wie ich wollte, und gleichzeitig draußen in der Sonne war. Dort, im Garten, während die Erwachsenen schliefen, brachte mir meine Cousine bei, wie man im schiitischen Glauben betete, denn ich beobachtete immer meinen Opa und meine Oma, wie sie fünfmal am Tag beteten, und fragte mich, was sie dabei sagten; ich sah, wie sie ihre Lippen bewegten, aber ich verstand nur Gemurmel. Also knieten meine Cousine und ich uns im Garten auf die Erde, und sie brachte mir die Worte bei, »*besmellahe rahmane rahim* …«, ich habe die Worte nie mehr vergessen, wir beugten uns bis zum Boden und berührten ihn mit der Stirn, ich freute mich, weil ich das Gefühl hatte, meinen Großeltern dadurch nahe zu sein. Und wir fühlten uns so erwachsen dabei. Manchmal in diesen ruhigen Mittagsstunden setzten wir uns unter einen Baum, und dann fragte meine Cousine mich darüber aus, wie das denn sei in Deutschland. Stimmt es, dass man mit Jungs gemeinsam auf Partys geht? Hatte ich schon mal einen Jungen geküsst? Ich fühlte mich so reif, wenn ich ihr davon erzählte, verheimlichte aber, dass ich gar nicht auf Partys ging, dass ich auch noch keinen Alkohol getrunken hatte und dass ich das alles gar nicht so spannend fand. Ich verstand damals nicht, wie spannend man Dinge finden konnte, wenn man sie nicht hatte.

Und dann kam der Abend. In sechs Wochen Sommerferien gab es keinen Abend, an dem nicht noch weitere Familienmitglieder uns Gäste aus Deutschland zum *mehmooni* einluden. Lauter Menschen, die ich nicht kannte, aber mit denen ich verwandt war. Mindestens einmal während jedes *mehmooni* fragte ich meine Mutter: Sind das auch Verwandte von uns? Erst wurde gegessen. Wir Kinder luden unsere Teller voll und setzten uns auf die Terrasse oder irgendwo auf den Boden. Die Erwachsenen setzten sich auf die Stühle und balancierten die Teller auf ihren Knien, während sie sich unterhielten. Alle paar Minuten lief jemand an mir vorbei und kniff mir in die Wange, es war heiß, laut und voll, und ich lief zwischendurch immer wieder zu meinen Großeltern, um ihnen einen Kuss zu geben. Sie waren die Ehrengäste, als Oberhäupter der Familie, sie saßen auf ihren Stühlen ein bisschen wie auf einem Thron, und ich war irgendwie stolz, zu ihnen zu gehören.

Nach dem Essen halfen wir Kinder dabei, Obst und Chai an die Erwachsenen zu verteilen, mit den Tabletts auf den Händen liefen wir von Stuhl zu Stuhl und boten Tee und Melonen an. Die Erwachsenen bedankten sich überschwänglich, man hielt Smalltalk, wie geht es deinem Vater, das machst du toll, wie schön, dass du hier bist. Der musikalische Teil des Abends begann fließend. Es war immer ein Gast da, der ein Musikinstrument spielte und »zufällig« dabeihatte, und die Gespräche erstarben, während die ersten Klänge ertönten. Oft war auch eine Person dabei, die dazu sang. Das war der erste und einzige ruhige Moment eines solchen Abends, ich suchte mir meistens jemanden aus meiner Familie, in deren Arm ich mich hineinkuschelte, um den ruhigen Atem zu spüren und dabei der Musik zu lauschen. Erst war es ruhige Musik, manchmal traurig, gespielt auf einem *tar* oder einem *santoor*, alle wurden still, und ich fühlte mich beseelt und wusste nicht, ob man je glücklicher sein könnte als in diesem Moment.

Dann wurde die Musik schneller und kam aus einem Kassetten- oder einem CD-Player und aus Boxen, und alle tanzten in der Mitte des Raums, einer meiner entfernteren Onkel hatte beim Tanzen immer ein Tempo-Taschentuch in jeder Hand und wedelte mit ihnen herum, während Hosenträger seinen dicken Bauch hielten. Er war wie das Maskottchen jedes *mehmoonis*. Ich versuchte, so lange wie möglich dem Tanzen zu entkommen, weil ich dachte, ich kann das nicht so schön wie die anderen, aber irgendjemand winkte mich zum Tanzen herbei, und wenn ich zu lange mit dem Kopf schüttelte, kam die Person, meist eine meiner Cousinen, zu mir, griff nach meinen Händen und zog mich auf die Tanzfläche. Ich hatte keine Chance zu entkommen, aber eigentlich wollte ich auch nie entkommen, denn das Tanzen war für mich der Höhepunkt jedes *mehmooni*, und ich tanzte, bis ich dann irgendwo, auf einem Bett, auf einem Sofa, auf dem Boden, in den Schlaf fiel.

Eines Tages, es war gegen Ende der sechs Wochen Ferien, lief ich mit meiner Tante durch die Stadt. Wir hatten eingekauft und wollten zurück zum Auto. Ich hatte lange Haare zu jener Zeit, sie reichten mir fast bis zum Po, und ich war nicht gut darin, sie unter dem Kopftuch zu halten. Ich wusste, dass es dafür Techniken gab, zusammenbinden, feststecken und so weiter, aber ich wollte diese Techniken nicht lernen, weil ich das Kopftuch und den Manteau in den ersten Tagen zwar noch interessant fand, weil es so anders war und neu, aber bald nervte es mich, mich einpacken zu müssen, wenn ich das Haus verließ, und das bei fast 40 Grad. Einmal war ein kleines Kätzchen im Garten meiner Tante, winzig und jung und süß, und es flitzte nach draußen auf die Straße, als jemand das Tor öffnete. Ich hatte Angst, dass es überfahren wird, also rannte ich hinterher, jenseits der Gartenmauern, und erst als ich mitten auf dem Weg stand, bemerkte ich, dass ich im kurzen Rock und im Spaghettiträgertop draußen war. Ich wurde hektisch und stolperte fast, als ich zurück in den Garten rannte und das Tor zuschlug. Den Rest des Tages hatte ich Angst, dass jemand kommen würde, um mich abzuholen. Noch mehr Angst hatte ich aber um das Kätzchen und fragte mich, ob es wohl überfahren wurde.

An diesem Nachmittag also steckten meine Haare nicht ganz sauber unter dem Kopftuch, hier und da schaute eine Strähne heraus. Plötzlich baute sich ein Mann in Uniform vor uns auf und hielt uns an. Er fragte meine Tante, warum ich mein Kopftuch nicht richtig trug, und schimpfte mich eine Hure. Er schaute mich an, und ich sah pure Verachtung in seinem Blick. Erst wurde ich starr. Dann sah ich rot. Ich hatte keinen Gedanken in meinem Kopf, nur Wut. Rage. Ich schrie ihn an. Auf Deutsch. Farsi war für mich die Sprache der Liebenswürdigkeit, der Zugewandtheit und der Liebe, ich hatte im Iran noch nie eine Person getroffen, die gemein war oder böse, die mich nicht mit Freundlichkeit überschüttet hätte. Und somit hatte ich auf Farsi nie Schimpfwörter gelernt. Ich schrie ihn also an, was ihm einfiele und dass es ihn einen Scheiß anginge, wie ich mein Kopftuch trüge, er sei ein Arschloch, er solle sein Maul halten. Meine Tante redete auf mich und gleichzeitig auf den Mann ein, sie muss unendlich große Angst gehabt haben, dass er mich mitnimmt. Sie sagte, ich solle still sein, entschuldigte sich bei ihm, und zog mich Stück für Stück von ihm weg, während sie sich weiter entschuldigte. Ich verstummte, und als wir merkten, dass er uns gehen lassen würde, drehten wir uns um und liefen schnell weiter.

Mit 14 Jahren hatte ich nicht die Worte zu beschreiben, weshalb ich so wütend war; von außen betrachtet war es nur ein Mann, der mich beschimpfte. Er schlug mich nicht, er berührte mich nicht einmal. Eigentlich war nichts passiert. Und doch wurde ich wütend, mehr als wütend. Weil ich instinktiv wusste, wie falsch diese Begegnung war, die nicht einmal eine Minute dauerte. Weil ich wusste, was es bedeutet, wenn ein Mann einer Frau sagt, wie sie sich zu kleiden hat, wie sie aussehen soll. Wie sie mit ihrem Körper umzugehen hat, was sie zeigen darf und was nicht. Es bedeutet: Er darf meine Grenzen überschreiten, er darf in den intimsten Bereich hineinregieren, den ich habe: meinen Körper und meine Sexualität. Er sexualisiert mein Dasein, meine bloße Existenz, denn die allein reicht aus, um eine Verführung zu sein, die böse Eva, die Adam dazu bringt, zu sündigen. Es heißt auch, dass mein Dasein von einer grundsätzlichen Scham begleitet sein muss, ich soll mich schämen für meine Haare, meine Brüste, meinen Po, meinen weiblichen Körper. Ich soll mich nicht zeigen, wie ich bin, wie ich einem Kätzchen hinterherrenne, wie ich tanze, alles, was ich will, alles, was ich bin, ist falsch.

An diesen Moment vor vielen Jahren denke ich seit dem 16. September 2022 oft. Ich wurde nicht angefasst. Und doch werde ich diesen Übergriff nie vergessen. Was heißt es für eine Frau, wenn sie an den Haaren gezerrt und in einen Van geschleppt wird? Wenn sie in eines der »Umerziehungszentren« der Islamischen Republik gebracht wird, wo ihr all das »beigebracht« wird? Dass sie sich schämen soll? Dass sie eine Hure ist, weil sie nicht das tut, was die Männer wollen? Was macht es mit einer Frau, die geschlagen, vergewaltigt und misshandelt wird? Bei mir hat diese eine Minute schon eine Wunde hinterlassen; was macht dieses System mit Menschen, die jeden Tag darin leben?

Die Begegnung mit dem Milizionär hatte mein kindliches Bild vom Iran zerstört. Ich ahnte, dass jenseits der Gartenmauern eine Welt lag, die mich daran hindern würde, in den Garten meiner Großeltern zurückzukehren. Der Abschiedsschmerz jenes Sommers: Er begleitet mich. Bis heute.

ISLAMISCHE REPUBLIK: KEINE HERRSCHAFT OHNE GEWALT

Hunderte Individuen wurden willkürlich festgenommen, heißt es im Bericht von Amnesty International; sie wurden in »Gerichtsverfahren« abgeurteilt, die nur einige Minuten dauerten und so willkürlich waren, dass sie nicht als juristische Verfahren gewertet werden konnten. Die Prozesse wurden oft gefilmt. Die Angeklagten durften keine Anwalt*in haben, sie hatten keine Möglichkeit, sich angemessen zu verteidigen. Sie konnten keine Berufung einlegen, und der Grundsatzder Unschuldsvermutung wurde ausgesetzt. Die Hinrichtungen erfolgten bald nach der Verhängung der Todesurteile.

Außerdem wurden militärische Einheiten in die kurdischen Regionen geschickt, mit Panzer und Militärgerät fielen die iranischen Einheiten mit äußerster Brutalität in Kurdistan ein, um Widerständige zu töten und festzunehmen. Der gesamte Prozess von Inhaftierung, Investigation, Verurteilung und Ausführung von Kurd*innen und Oppositionellen wurde innerhalb eines einzigen Tages, manchmal innerhalb von Stunden abgeschlossen, so heißt es in dem Bericht.

Gegen alle, die sich kritisch äußerten, wurde brutal vorgegangen, schreibt Amnesty; sie wurden festgenommen, Berichte über Folter in den Gefängnissen machten schnell die Runde. Oppositionelle riefen zu Protesten auf, die gewaltsam niedergeschlagen wurden, friedlich Protestierende wurden auf den Straßen erschossen.

Dieser Amnesty-Bericht beschreibt nicht die Situation im Iran in den Jahren 2022 und 2023. Es geht um die ersten Jahre nach der Islamischen Revolution 1979. Zwischen Juni und Dezember 1981 wurden mehrere tausend Menschen hingerichtet – entweder ganz ohne Prozess oder nach Schauprozessen. Schon in den frühen Tagen der Islamischen Republik wurden Menschen nur aus dem Grund festgenommen und hingerichtet, weil sie gegen das Regime waren; dafür, dass sie Flugblätter verteilten oder Spenden für Familien von politischen Gefangenen sammelten. Die Familien der Hingerichteten wurden nicht informiert, sie erfuhren es durch Zeitungen oder hörten im Radio davon.

»Es war die Zeit der Hinrichtungen«, erinnert sich Roya (Name geändert). Sie lebt heute noch im Iran und arbeitet als Ärztin. Zur Zeit der Revolution 1979 war sie Anfang zwanzig und studierte an der Universität in Teheran. »Die Hinrichtungen wurden ganz lapidar in den Nachrichten verkündet. So und so viele Menschen wurden umgebracht. Sie nannten die Toten ›Ungläubige‹.« Roya erzählt, dass im Jahr vor der Revolution junge Menschen sehr politisiert waren. »An der Uni redete niemand mehr über die Uni. Alle waren aktiv, alle redeten über die Revolution, alle lasen Zeitung.« Dann kam Khomeini, er ließ die Universitäten schließen, erzählt sie. »Wir haben uns in der Uni eingeschlossen, damit sie unsere Uni nicht zumachen.« Sie hätten Glück gehabt; zu jener Zeit sei noch Abolhassan Banisadr Präsident gewesen. Banisadr war mit dem politischen System und der Gewaltherrschaft, die Khomeini und die Kleriker aufbauten, nicht einverstanden. »Sonst wären wir wahrscheinlich alle hingerichtet worden«, glaubt Roya. Banisadr wurde 1981 abgesetzt und floh nach Frankreich, wo er bis zu seinem Tod im Jahr 2021 lebte.

Es dauerte lang, bis Roya wieder studieren konnte. »Sie haben die Unis zwar wieder aufgemacht, aber die Leute mussten eine Art Gesinnungstest bestehen, bevor sie wieder studieren durften.« Erst nach zehn Jahren konnte Roya wieder an die Universität zurückkehren.

Roya hatte Glück; sie wurde nicht inhaftiert, sie überlebte diese gewaltvollen Jahre nach der Revolution.

Payam (Name geändert) war zu jener Zeit jünger als Roya. Auch er wollte sich beteiligen, interessierte sich für Politik. 1981, da war er 14 Jahre alt, schloss er sich einer der vielen linken Gruppen an, in denen sich vor allem junge Menschen organisierten. »Wir haben uns zu Hause getroffen«, erzählt er, »aber wir haben auch Dinge zusammen unternommen, wir waren Bergsteigen und haben uns Bücher vorgelesen.« Er scheint sich gerne daran zu erinnern; für einen jungen Menschen muss es damals eine aufregende Zeit gewesen sein. Man konnte sich beteiligen, man glaubte, etwas verändern zu können. Aber der Enthusiasmus hielt nicht lang. »Plötzlich waren alle Gruppen illegal, es war nicht mehr erlaubt, sich zu treffen.« Payam ging nicht mehr zu den Versammlungen, aber da war es schon zu spät. An einem Tag im Frühjahr 1982 war er mit seiner Mutter auf dem Weg zum Arzt; er hatte einen schmerzhaften Leistenbruch, der behandelt werden musste. Ihr Auto wurde gestoppt. Die Revolutionsgarden nahmen ihn mit. »Sie verbanden mir die Augen und die Hände, und ich wurde an eine Wand gestellt, zusammen mit anderen Jungs«, erinnert er sich. Sie wurden verhört und unter Druck gesetzt, so lange, bis sie »gestanden«. »Sie gaben mir ein Blatt Papier, und ich sollte aufschreiben, was ich getan hatte. Ich hatte Schmerzen wegen des Leistenbruchs, ich hatte Angst und musste weinen. Ich wollte nur, dass es vorbei war.« Nach zehn Tagen wurde Payam dem

Richter vorgeführt, einem Mullah. Payam erhielt ein Jahr Haft. Er ist mit den zehn Jungen, mit denen er in einer Zelle war, heute noch befreundet. Payam wurde nicht geschlagen, erzählt er, seine Mithäftlinge schon. »Sie wollten uns Angst machen, uns quälen. Einmal schickten sie uns mit verbundenen Augen in den Hof, da standen überall Töpfe mit heißem Wasser für Tee. Die Kinder sollten umherlaufen. Payam stieß an einen dieser Behälter mit heißem Wasser und wurde schwer verbrannt. Ich schrie vor Schmerzen«, mehr sagt Payam dazu nicht. Seine Familie bezahlte viel Geld dafür, dass der Junge für zwei Wochen freigelassen wurde, damit seine Wunden versorgt und der Leistenbruch operiert werden konnte. Danach musste er zurück ins Gefängnis.

Auch damals schon machte das neu installierte Regime von Ruhollah Khomeini nicht Halt vor Kindern. Unter den Menschen, die getötet und hingerichtet wurden, waren 12- und 13-Jährige. Der Teheraner Staatsanwalt Assadollah Lajevardi sagte im Jahr 1981: »Wenn ein 12-Jähriger dabei gesehen wird, wie er an einer bewaffneten Demonstration teilnimmt, wird er erschossen. Das Alter spielt keine Rolle.«

Das Regime, bestehend aus einer Klerikerkaste um Revolutionsführer Khomeini, wusste von Anfang an: Es kann seine Herrschaft ohne Gewalt nicht halten. Das gilt bis heute. Es durfte keinen Widerstand geben – der Schein, dass das gesamte Volk hinter der Führung stand, musste gewahrt werden. Auch das gilt nach wie vor. Das Referendum vom März 1979, auf das sich Khomeini und die Machthaber beriefen, war eine Täuschung: 99 Prozent der Menschen sollen für die Islamische Republik gestimmt haben. Zu jener frühen Zeit herrschte noch Euphorie darüber, dass man den Monarchen, der mit Gewalt regiert hatte (laut Amnesty International wurden allein zwischen 1972 und 1976 mehr als 300 Menschen nach Verurteilungen vor Militärgerichten hingerichtet), losgeworden war; in den Augen vieler Iraner*innen war die Revolution also, zumindest anfangs, erfolgreich. Im März 1979, knapp zwei Monate nach der Machtergreifung Khomeinis, waren viele sich nicht bewusst, wofür sie überhaupt stimmten. Zudem – abgesehen von Zweifeln daran, dass die Wahl mit rechten Dingen zugegangen war – war die Frage des Referendums irreführend: Die Wählenden sollten entscheiden, ob sie eine Islamische Republik wollten oder nicht. Implizit hieß das: Republik oder Monarchie. Es überrascht nicht, dass die meisten Menschen da für eine Republik stimmten, mit Khomeini als Anführer und als starkem Mann, der mit dem Volk gemeinsam den verhassten Shah vertrieben hatte. Die Kurd*innen im Übrigen boykottierten das Referendum. Aus ihrer Erfahrung der Unterdrückung ahnten sie früh, was kommen würde.

Und so, als die Menschen merkten, was passiert war, dass Khomeini mit einer extremistischen, man kann es nicht anders sagen, Mörderbande das Land gekapert hatte, war der Widerstand geboren. Und mit ihm die brutalen Methoden des Regimes, die sich bis heute halten.

Das war die Zeit, in der die berüchtigten Revolutionsgerichte entstanden. Sie wurden allein dafür geschaffen, genau diesen Widerstand zu brechen, die Revolution zu schützen. Die Propagandamaschinerie, die heute, nach 44 Jahren Islamischer Republik, fast wie von selbst läuft, fand damals ihren Anfang. Sadegh Khalkhali war in jener Phase Oberster Richter an den Revolutionsgerichten. Er war einer der am meisten gefürchteten Richter; sein Spitzname: »der Schlächter«. Er begründete die »Arbeitsweise« der Revolutionsgerichte mit – jene Gerichte, in denen auch 2022 und 2023 Protestierende ohne jegliche rechtsstaatlichen Maßstäbe zum Tode und zu härtesten Strafen verurteilt werden. Khalkhali begründete die fehlende Rechtsstaatlichkeit der Gerichte damals so: »Die Revolutionsgerichte sind aus dem Zorn des iranischen Volkes entstanden. In den Revolutionsgerichten ist kein Platz für Verteidiger, weil sie ständig Gesetze zitieren, um auf Zeit zu spielen, und das strapaziert die Geduld des Volkes.«

Es sei also das Volk, das verlange, die Revolution mit allen Mitteln zu schützen. Khalkhali bezeichnete seine Urteile denn auch als »Urteil und Gewissen von 35 Millionen Menschen« (die damalige Bevölkerung des Iran). Zu Khalkhalis Tod im Jahr 2003 erzählt der britische *Telegraph* eine »Anekdote« aus seinem Leben, die sowohl ihn gut charakterisiert als auch zeigt, in welchem Geist die Justiz der Islamischen Republik funktionierte und heute noch funktioniert. Eines von Khalkhalis ersten Opfern war Amir-Abbas Hoveida, Premierminister unter Reza Shah. Nachdem sein Todesurteil verkündet wurde, habe es zahlreiche Bitten aus dem Ausland gegeben, ihn zu begnadigen. Khalkhali soll einen Anruf erhalten haben, in dem man ihn anwies, die Hinrichtung vorerst zu stoppen. Er soll das Telefon beiseitegelegt haben und zum verurteilten Hoveida gegangen sein und ihn erschossen haben (oder einem anderen die Anweisung gegeben haben, es zu tun). Dann ging er zurück zum Telefon. »Tut mir leid«, soll er gesagt haben. »Aber das Urteil wurde schon vollstreckt.«

Menschen wie er sind nicht eine Ausnahme des Systems der Islamischen Republik, sie *sind* das System. Heute ist das zum Beispiel unter anderem Richter Salavati, genannt der »Richter des Todes« (es gibt viele solcher Richter). Er ist berüchtigt für seine gnadenlose Prozessführung und seine harten Urteile in der Sektion 15 des Revolutionsgerichts in Teheran.

Die Methoden, die das Regime in den Anfangsjahren seiner Herrschaft entwickelte, wurden zu einem brutalen Standardrepertoire, das es auspackte, wann immer Widerstand gegen die Gewaltherrschaft sichtbar wurde. Was »Widerstand« bedeutet, bestimmt natürlich das Regime – der Wunsch nach Freiheit und Menschenrechten ist in seiner Definition schon »Widerstand«. Hinrichtungen wurden zu einem Mittel der Politik. Gibt es in demokratischen Staaten Gesetzesänderungen, Bürger*innendialoge, PR-Kampagnen, wenn Unzufriedenheit mit Regierungspolitik herrscht, wird im Iran exekutiert. Möchte das iranische Regime, dass weniger Drogen im Umlauf sind, wird exekutiert. Will man stark erscheinen, wird exekutiert. Ist die Kriminalitätsrate hoch, wird exekutiert. Dass Minderjährige hingerichtet werden, gehört dazu. Menschen sind in diesem System keine Menschen, sondern eine potenzielle Gefahr, die beseitigt werden muss. Je jünger und mutmaßlich progressiver der Mensch, umso größer die Gefahr. So wundert es nicht, dass das Land weltweit pro Kopf die meisten Menschen hinrichtet.

Auch das System der Gefängnisfolter, der Zwangsgeständnisse und der unmenschlichen Haftbedingungen wurde in dieser Gründungszeit etabliert. Die schwedisch-iranische Filmemacherin Nahid Persson Sarvestani spricht in ihrem Dokufilm *My Stolen Revolution* mit verschiedenen Frauen, die damals in Haft waren. Soudabeh ist eine von ihnen. Die Künstlerin, die heute im Ausland lebt, veröffentlichte nach ihrer Haft ein Buch mit Bildern und Kunstwerken, die sie während ihrer Haftzeit erschaffen hat – mit Hilfe von einzelnen Haaren als Pinsel und Tee als Farbe. »Sie haben die Gefangenen in die Zellen reingedrückt, wenn kein Platz mehr war«, erzählt sie in Sarvestanis Film. Nachts sei es besonders schlimm gewesen, weil man keinen Platz hatte, um sich hinzulegen. Manche Inhaftierte hätten unter den Betten geschlafen. Wie hat sie das ausgehalten, dieses ganze Leid? Mit fester Stimme sagt sie: »Wir haben das ausgehalten, weil wir an unsere Ideale geglaubt haben. Wir waren entschlossen, das auszuhalten, ohne uns zu beschweren.«

Eine andere Frau, die Sarvestani in ihrem Film besucht, ist Azar. Als sie verhaftet wurde, musste sie ihre etwa einjährige Tochter Nina mit ins Gefängnis nehmen. »Ich wurde auf eine Liege gelegt«, erzählt Azar, die heute ebenfalls im Exil lebt. »Er [der Wärter] hielt Nina. Sie weinte, als sie meine Füße festbanden und begannen, mich zu schlagen. Nina war über meinem Kopf und weinte und schrie, so laut sie konnte: ›Nein, Mama, nein, Mama!‹« Der Wärter sagte ihr, sie solle endlich gestehen, ihre Tochter weine doch. Aber Azar schrie zurück: »Ich habe nichts zu sagen! Warum schlagt ihr mich?« Als Azar aus der Bewusstlosigkeit aufwachte, sei sie allein mit Nina in einer Zelle gewesen. Das Baby habe ihr über die Haare gestreichelt und ihr das Gesicht gerieben, erzählt sie. Eines Tages habe sie ihre Tochter Nina dabei beobachtet, wie sie ihre Puppe immer und immer wieder schlug und dabei sagte »Schurke! Sag es! Schurke!« Der Schmerz, den eine Mutter empfinden muss, wenn sie ihr Kind sieht, zutiefst traumatisiert, und nichts dagegen tun kann – er muss endlos sein.

Szenen, die Normalität in iranischen Gefängnissen sind. Szenen, die sich seit 1979 hunderttausendfach wiederholt, die sich seit September 2022 nur fortgesetzt haben.

Die nächste große Exekutionswelle folgte 1988. Im Buch *Voices of a Massacre: Untold Stories of Life and Death in Iran, 1988* von Nasser Mohajer berichtet die ehemalige

Oppositionelle Mahnaz Saida von ihrer Inhaftierung während der Zeit der Massenexekutionen im Sommer 1988. Sie war 1981 mit 15 Jahren festgenommen worden, weil sie mit den Volksmudschahedin (MKO) in Kontakt gestanden haben soll. Die Volksmudschahedin waren eine militante Oppositionsgruppe, die in den 1980er Jahren auch mit Gewalt gegen die Islamische Republik kämpfte. In den 1980er Jahren war ein großer Teil der Gefangenen in iranischen Gefängnissen aufgrund vermeintlicher oder tatsächlicher Verbindungen zu den MKO inhaftiert; das Regime betrachtet die MKO bis heute als einen seiner größten Feinde. Heute allerdings ist die Gruppe zu einer Sekte verkommen, hinter der nur noch wenige Iraner*innen stehen.

Nach fünf Jahren wurde Mahnaz freigelassen, musste sich aber wöchentlich bei einem Komitee melden, um über ihre Aktivitäten zu berichten; sie wurde auch zu ihrer Meinung zu nationalen und internationalen Nachrichten befragt, um ihre politischen Einstellungen zu überprüfen. Sie wollte nichts mehr mit Politik zu tun haben, sie hatte ihre politischen Aktivitäten aufgegeben. Das reichte dem Staat aber nicht. Bei einer ihrer Befragungen, Ende 1987, sagte der Vernehmer zu ihr: »Ich will dir sagen, dass wir ein Gemetzel planen. Wir haben einen Schlachtungs- und einen Säuberungsplan. Wir haben vor, dich umzubringen.« Der Beamte erklärte ihr, dass der Staat eine Liste von all den Leuten besäße, die nicht mit den neuen Machthabern kollaboriert hätten. Mahnaz versuchte daraufhin, aus dem Land zu fliehen, wurde aber festgenommen. Mit Tausenden anderen Menschen landete sie im Gefängnis. In *Voices of a Massacre* schildert sie, wie sie beobachtete, dass die Gefangenen jeden Tag weniger wurden; sie war in ständiger Todesangst, die nächste zu sein. Ein zermürbender Wechsel von Vernehmungen, Folter und Warten auf die Hinrichtung. »Ich konnte den Beginn des Gemetzels spüren«, schreibt Mahnaz.

Als Mahnaz Saida an einem Tag mit einer Mitgefangenen, die Azadeh hieß, in einem dieser Vorräume zur Hölle saß, sagte Azadeh zu ihr: »Wenn wir den Preis für die Befreiung unseres Volkes zahlen müssen, was sind unsere Leben dann wert? Geben wir unser Leben.« Diese Worte blieben für Mahnaz unvergesslich; so eine Gelassenheit und so eine Bereitschaft, schreibt Mahnaz, den eigenen Tod zu akzeptieren, nur für die *Hoffnung* auf Freiheit für das eigene Volk.

Man kommt nicht umhin, bei diesen Worten an die 16- und 17-jährigen Jugendlichen im Iran zu denken, die genau dies seit Beginn der Proteste im Jahr 2022 in ihren Instagram-Posts schreiben, auf den Straßen und in den Gefängnissen rufen: Dass sie bereit sind zu sterben, damit wenigstens die nächste Generation frei sein kann. Seit 1979 geben Menschen, jung und alt, im Iran ihr Leben, weil es keinen anderen Weg zu geben scheint, das Land zu befreien.

»Schau, Mahnaz, falls du am Leben bleibst, und ich hoffe, das wirst du, bezeuge, was passiert ist! Lege Zeugnis ab. Sag ihnen, wie sie uns in Gruppen weggebracht haben. Was sie uns angetan haben«, sagte Azadeh noch zu Mahnaz. Mahnaz überlebte. Und schrieb ihre Geschichte auf. Die nur eine von Zehntausenden ist. »Das abscheuliche Verbrechen«, so steht es in *Voices of a Massacre,* »begann am 28. Juli 1988 und dauerte bis Ende August desselben Jahres.«

Revolutionsführer Khomeini hatte ein Verdikt ausgesprochen, nach dem die *monafeqin* – eine hetzerische Bezeichnung für Angehörige der Mudschahedin, die beliebig auf alle Inhaftierten mit unliebsamen Meinungen ausgeweitet wurde – *mohareb* seien, also Krieger gegen Gott, und damit zum Tode verurteilt. Die Aktion passierte im Geheimen, alle Kommunikationswege zwischen den Gefangenen und der Außenwelt wurden gekappt. Die inhaftierten Menschen sollten keine Ahnung haben, was passierte. Obwohl sie ihre (Schau-) Prozesse und Verurteilungen schon hinter sich hatten, wurden sie aufs Neue befragt und dazu einem vierköpfigen Todeskomitee vorgeführt. Dieses Komitee bestand aus dem Kleriker Ali Nayyeri, dem Teheraner Generalstaatsanwalt Morteza Eshraghi, dem Vize-Generalstaatsanwalt Ebrahim Raisi und Mostafa Pourmohammadi aus dem Geheimdienstministerium. Die Gefangenen wussten nicht, was die richtigen und was die falschen Antworten auf die Fragen der vier Richter waren; sie wussten nicht, dass ihre Religionszugehörigkeit oder ihr Engagement in einer bestimmten Organisation sie an den Galgen bringen würde. Sie wussten nicht, dass eine »falsche« Antwort ihr Todesurteil bedeutete. Allein die Aussage, dass jemand nicht betete, reichte aus, um hingerichtet zu werden.

»Egal, zu welcher linken Gruppe, Organisation, Partei sie gehörten – Peykar, Razmandegan, Sarbedaran, Ranjbaran, Kumeleh, Sahand, Sazman-e Vahdat-e Komunisti, Feda'ian, Rahe Kargar [...] oder die Tudeh-Partei, sie wurden zum Platz des Betens gebracht und erhängt. Manche weinten und manche fluchten... Manche lächelten und warteten hoffnungslos auf die letzten Sekunden ihres Lebens«, schreibt der Historiker Nasser Mohajer in seinem Buch.

In *Voices of a Massacre* hat Mohajer Aussagen von Zeug*innen wie Mahnaz Saida zusammengetragen; die vielen einzelnen Erinnerungen und Dokumente, die trotz der Geheimhaltung und der Vernichtung von Beweisen fortgelebt haben, wurden für diesen Band dokumentiert. So hält Mohajer fest, dass die Inhaftierten der Abteilung 7 des Gohardasht-Gefängnisses bemerkten, wie eine Ladung dicker Seile durch den Hof transportiert wurde. Inhaftierte der Abteilung 8 sahen Stapel von Schlappen; am Tag darauf beobachteten sie einen Lastwagen, dessen Ladung mit einer Plane abgedeckt war. Revolutionsgarden fuhren mit und befestigten die Seile. Es kam den Häftlingen vor, als sei »eine Ladung Fleisch unter der Plane«. Nur die Inhaftierten der Abteilung 20 in Gohardasht konnten wegen der Lage ihrer Zellen sehen, was unter den Planen war: Revolutionsgarden trugen die toten Körper der Menschen zu den Lastwagen, die auf dem Gefängnishof geparkt waren.

Wie viele Menschen in dieser kurzen Zeit getötet wurden, weiß man bis heute nicht. Das iranische Regime tat alles dafür, jegliche Zeugnisse des Verbrechens verschwinden zu lassen – auch die Leichen. Schätzungen reichen von 5.000 bis zu mehr als 10.000 Ermordeten. Ausgeführt wurden die Morde im Teheraner Gefängnis Evin und im Gohardasht Gefängnis in Karaj. Erst Wochen später verstanden die Inhaftierten, die überlebt hatten, dass ihre Mitgefangenen nicht an einen anderen Ort gebracht, sondern ermordet worden waren.

Dieses Schweigen um das Massaker herum, schreibt Mohajer, sei der Grund, warum er dieses Buch geschrieben habe. Während das Tian'anmen-Massaker, die Verbrechen der argentinischen Militärregierung, die Massaker der Roten Khmer in Kambodscha oder die Massenmorde in Ruanda zumindest anerkannt seien, blieben die Verbrechen des iranischen Regimes in jeder Debatte und bei jedem Erinnern außen vor. Oder mit anderen Worten: Das iranische Regime hat Massenmorde begangen und wurde dafür nie auch nur kritisiert; einer der vier Mitglieder des Todeskomitees, Ebrahim Raisi, wurde 2021 sogar Staatspräsident und hat auf der internationalen Weltbühne seitdem unzählige Hände geschüttelt.

»Die Opfer dieser Massenhinrichtung wurden zweimal ermordet, das zweite Mal durch das Schweigen und die Anonymität, die ihre Hinrichtungen umgaben.« Das schrieb der iranische Schriftsteller Azar Nafisi im Jahr 2003. Diese Menschen, die im Juli 1988 einfach verschwanden, sie hatten Familien, sie hatten Freund*innen, Menschen, die nichts anderes hatten als das Wissen, dass eine Person, die sie liebten, weg war. Sie wussten nicht, wo, sie wussten nicht, warum. Das ist das Trauma, das im kollektiven Gedächtnis der Menschen im Iran verankert ist und das geweckt wird, wenn, wie im Oktober 2022, das Evin-Gefängnis brennt und es keine Nachrichten darüber gibt, wo die Gefangenen sind, ob sie noch leben und wo sie hingebracht wurden.

Die Rolle der Familien war bei den Massakern in den 1980er Jahren genauso zentral wie bei den Gewaltexzessen seit September 2022. So waren es in den Jahren nach 1988 die Familien der Inhaftierten und der ermordeten Menschen, die durchweg Rechenschaft eingefordert haben. Sie gingen zu den Gefängnissen, schreibt Amnesty International in seinem Bericht über die Massaker, brachten Kleidung, Essen, Medikamente. So wie bei den heutigen Gefangenen; so ging die Mutter von Mohammad Ghobadlou Anfang Januar 2023 zum Raja'i Shahr Gefängnis in Karaj, wo ihr Sohn inhaftiert war. Mohammad Ghobadlou war zum Tode verurteilt, und es gab Warnungen, dass er am nächsten Morgen hingerichtet werden könnte. Deswegen waren viele Menschen zum Gefängnis geströmt; sie riefen Parolen wie »Tötest du meinen Bruder, töte ich dich!«

und protestierten gegen die Hinrichtung. Die Mutter von Mohammad Ghobadlou stand in der Menge und hielt eine starke, eine laute Rede, unter zustimmenden Rufen von den Menschen um sie herum, sie sagte, schrie fast, warum die Vorwürfe gegen ihren Sohn konstruiert seien. Es waren die Worte einer verzweifelten, aber auch entschlossenen Mutter.

Am 17. August 1988, als die Exekutionen in vollem Gange waren, trafen sich die Familien der politischen Gefangenen zu einem Sitzstreik vor dem Justizpalast in Teheran. Ein Mitglied des Justizrates versprach den Familien, sie würden Kontakt zu ihren Angehörigen bekommen. Das Versprechen wurde nie eingelöst. Man kann davon ausgehen, dass viele der von den Familien gesuchten Inhaftierten zu diesem Zeitpunkt schon tot waren. Im November 1988 begannen die Familien, jeden Freitagmorgen nach Khavaran zu gehen. Khavaran war ein verlassener Ort im Südosten Teherans, wo die Behörden seit den frühen 1980er Jahren die Leichen der politischen Gefangenen begruben, genauer: verscharrten. Zu dieser Zeit wurden manche Familien durch die Behörden informiert, dass ihre Angehörigen hingerichtet wurden. Sie bekamen jedoch keine Informationen darüber, warum, wann und auch nicht, was mit der Leiche passiert war. In anderen Fällen versuchten Angehörige jahrelang herauszufinden, ob ihre Lieben noch lebten oder »nur« in einem der vielen Gefängnisse waren. Die Wahrheit erfuhren sie oft überhaupt nicht oder, wenn sie Glück hatten, durch ehemalige Gefangene und Überlebende. Die Toten zu bestatten, die Möglichkeit, Abschied zu nehmen, bekam niemand.

Im Dezember 1988 versammelten sich Angehörige wieder vor dem Justizpalast in Teheran. Sie versuchten, dem Justizminister eine Petition zu geben; die Wärter begannen, sie zu schlagen und vertrieben sie. Sie konnten ihren Brief nie abgeben: »Wir, Mütter, Väter und Angehörige der Opfer, fragen, warum unsere edlen Kinder so grausam massakriert wurden«, hieß es in dem Schreiben. Die nächsten Jahrzehnte waren es genau diese Familien, die Druck ausübten, die dafür sorgten, dass die Erinnerung an die Menschen, die diesem Regime zum Opfer gefallen waren, nicht mit ihnen starb. »Die Vorhut dieses Widerstands und des Kampfes waren Frauen: Die Mütter, die Ehefrauen, die Töchter und die Schwestern jener, die der Tyrannei getrotzt hatten,« schreibt der Historiker Nasser Mohajer. Und so entstand eine Gruppe von Frauen, die diesen Kampf bis heute führt: Die »Mütter von Khavaran«.

Eine der herausragenden Figuren der »Mütter« war Forough Lotfi. Ihr Sohn, Anourshivan, war sowohl unter dem Shah als auch in der Islamischen Republik politischer Gefangener. 1987 wurde er hingerichtet; er wurde in einem der Massengräber in Khavaran begraben. In *Voices of a Massacre* ist ein Interview mit Forough Lotfi abgedruckt, das 2006 in Köln mit ihr geführt wurde. Sie ist 2019 verstorben. »Anoush«, wie sie ihren Sohn nannte, »und seine Freunde wurden unter dem Shah Saboteure genannt; jetzt waren sie Terroristen«, so erinnert sie sich im Interview. An einem Tag war sie zum Gefängnis gegangen, um Anoush zu besuchen und ihm Geld zu bringen. Sie sagte dem Beamten, sie sei da, um ihren Sohn zu besuchen. Seine Antwort: »Warum? Anourshirvan ist tot. Er ist unter der Erde.« Sie fing an zu schreien und zu weinen. Ein Beamter fragte: »Warum machst du so eine Szene?« Die Beamten holten Revolutionsgardisten, die Forough Lotfi zum Schweigen bringen sollten. Die anderen Mütter sprangen ihr zur Seite. Schließlich musste sie aufgeben und nach Hause gehen. »Anoush hatte mich gebeten, mich nicht schwarz zu kleiden«, erzählt Forough Lotfi weiter. »Er hatte mich gebeten, Weiß zu tragen, das Symbol der Reinheit, und eine rote Blume, das Abzeichen der Märtyrer, an meinem Kleid zu befestigen.« Sie war fest entschlossen, ihren Sohn zu begraben. Sie fand heraus, welches Hemd er am letzten Tag seines Lebens getragen hatte und wo sie ihn verscharrt hatten. Also ging sie mit anderen Angehörigen mit einer kleinen Schaufel um 3 oder 4 Uhr morgens nach Khavaran. »Sie hatten die Leichen nicht sehr tief begraben«, erzählt sie im Interview. »Seine Hand und ein paar Teile seines Hemds lagen frei. Ich wusste, dass er es war; ich hatte das Hemd selbst für ihn gekauft. Ich sagte ›Das ist er!‹ und fiel in Ohnmacht.« Immer wieder wurde sie von Regimekräften unter Druck gesetzt, mit ihren Nachforschungen aufzuhören. Sie machte immer weiter. An ihrem Weg hatte sie keinen Zweifel. »Als Mutter eines Märtyrers und im Namen aller hinterbliebenen Mütter sage ich Folgendes: Bleibt vereint, damit wir etwas Positives für unser Land erreichen können. Nach all den Massakern und nach all dem Leid sollten wir vereint und aktiv sein, damit wir einen freien und blühenden Iran aufbauen können.«

Worte, die man auch in den Jahren 2022 und 2023 von Eltern getöteter Kinder hört.

Die Mütter führen den Kampf um Aufklärung nicht allein: Das Iran Tribunal spielt dabei eine wichtige Rolle. Das Tribunal bezeichnet sich als Graswurzelbewegung, die sich, inspiriert vom Einsatz der »Mütter von Khavaran«, 2007 gegründet hat. In dieser Organisation haben sich Familien der politischen Gefangenen vereinigt, und sie haben ein großes Ziel: Die Aufarbeitung der Massaker der 1980er Jahre und die Islamische Republik für ihre Verbrechen gegen die Menschlichkeit zur Verantwortung zu ziehen. Ohne die Arbeit der »Mütter von Khavaran«

und des Iran Tribunal gäbe es keinerlei Wissen über die Massaker der 1980er Jahre. Sie haben Beweise gesammelt, Zeug*innen angehört und deren Aussagen dokumentiert, sich international für die Anerkennung des Massenmords eingesetzt. Laut Schätzungen des Iran Tribunal wurden zwischen 1981 und 1988 mehr als 20.000 politische Gefangene exekutiert. Nur von 5.000 Ermordeten sind die Namen offiziell bekannt; das Tribunal hat weitere 16.000 Namen recherchiert.

Der iranische Staat hat 44 Jahre Erfahrung darin, Menschen mit Psychoterror unter Druck zu setzen. Sie zum Schweigen zu bringen, sie zu zermürben. Nach wie vor tut das Regime alles dafür, dass die Beweise für seine Verbrechen verschwinden. Damals wie heute werden Familien gezwungen zu lügen; ihnen werden die wahren Hintergründe des Todes ihrer Kinder vorenthalten. Geschwister werden gefangen genommen, Onkel und Tanten. Wie 1988 sind es auch 2023 die Mütter und Väter, die mit Bildern ihrer getöteten Kinder auf die Straßen gehen und erklären, dass ihre Söhne und Töchter zu Märtyrer*innen für die Freiheit des Iran geworden sind.

Die Inhaftierten, Hingerichteten und Ermordeten von heute, Nika, Mohsen, Jina, Hamid, Farzaneh, Toomaj, Saman, Niloufar, Elahe, Nahid, Majidreza und viele, viele mehr, sind die Nachkommen der politischen Gefangenen der 1980er Jahre. Sie führen den Kampf weiter, den die politischen Aktivist*innen in den 1980er Jahren, aber auch während der Widerstandsbewegungen 1999, 2009, 2017 und 2019 – und überhaupt durchgehend seit 1979, denn Widerstand gab es immer – geführt haben. Heute kennen wir ihre Namen, heute gibt es Hashtags, heute versuchen wir, an sie zu erinnern. Und trotzdem bleiben viele von ihnen, die meisten, ohne Namen. Anfang 2023 waren mehr als 19.000 politische Gefangene in Haft; sie erfahren Folter, Vergewaltigung, emotionale und körperliche Misshandlung, viele von ihnen bleiben anonym, vielleicht, weil der Druck auf die Familien zu groß ist, zu schweigen, vielleicht, weil sie aus Regionen wie Sistan Belutschistan stammen, wo die Armut so groß ist, dass die Familien nicht einfach Bilder ihrer Kinder über Twitter und Instagram teilen können, vielleicht, weil es keine Familie gibt. All diese Menschen sind es, die die Geschichte des Kampfes für Freiheit und Demokratie im Iran jeden Tag weiterschreiben.

Der 22-jährige Mohammad Mehdi Karami wurde zum Tode verurteilt, weil er im November 2022 einen Basij getötet haben soll. In Wirklichkeit war sein Verbrechen, gegen den Staat zu protestieren. Sein Urteil: »Verdorbenheit auf Erden«. Mehdi war jener Protestierende, der in seiner kindlichen Sorge um seine Mutter glaubte, sein Todesurteil vor ihr geheim halten zu können. Anfang Dezember berichtete das iranische Exil-Medium 1500tasvir, dass Mehdi, wie seine Familie ihn nannte, in der Haft so brutal geschlagen wurde, dass er das Bewusstsein verlor. Die Regimekräfte dachten, er sei tot, und wollten seinen Körper entsorgen. Da erst merkten sie, dass er noch am Leben war. Mehdi Karami berichtete aus der Haft außerdem, dass seine Peiniger seine Genitalien anfassten und ihm drohten, ihn zu vergewaltigen. Am 7. Januar 2023 wurde Mehdi hingerichtet.

Shadman Ahmadi war 33 Jahre alt, als er starb. Er war in einem Gefängnis in Kurdistan; auch er festgenommen wegen seiner Teilnahme an Protesten. Seine Familie berichtete, dass er in Haft stundenlang gefoltert wurde und an den Folgen der Misshandlungen am 8. Dezember 2022 starb. Kein Gerichtsverfahren, keine Chance freizukommen. Hinrichtung durch Folter.

Soha Mortezei, berichtete der Exil-Sender Iran International im Dezember 2022, nahm an den friedlichen Protesten teil und wurde ebenfalls verhaftet. Während sie zum Evin-Gefängnis gebracht wurde, wurde sie sexuell missbraucht. »Beamte banden Sohas rechte Hand an die Kopfstütze eines Sitzes und ihr rechtes Bein an einen anderen Sitz. Während sie dort hing, wurde sie geschlagen und von einer weiblichen Beamtin sexuell missbraucht«, heißt es im Bericht von Iran International.

Melika Gharegozlou, eine Teheraner Studentin, wurde am 2. Oktober 2022 festgenommen und in ein psychiatrisches Krankenhaus gebracht; dort wurde sie gefoltert.

Toomaj Salehi, Rapper, wurde Ende Oktober 2022 festgenommen; noch aus seinem Versteck heraus produzierte er Musik, in der er für die Freiheit des Landes und gegen die Diktatur rappte. Er wurde zum Tode verurteilt; immer mehr Berichte über Folter und Misshandlung im Dastgerd Gefängnis in Isfahan drangen nach außen. Unter Folter wurden ihm mehrere Finger gebrochen, wiederholt. Sein Bein und seine Rippen wurden gebrochen. Sein Auge wurde so schwer verletzt, dass er nicht mehr gut sehen konnte. Er wurde zum Tode verurteilt.

Es gibt zu viele solcher Geschichten, um sie hier alle erzählen zu können. Sie würden kein Buch füllen, sondern eine Bibliothek. Die Islamische Republik Iran produziert diese Geschichten seit ihrem Bestehen im Minutentakt. Lang, viel zu lang, ist sie damit durchgekommen. Sie hat Beweise verschwinden lassen, sie hat Menschen erpresst, getötet und gefoltert. Die Welt hat nie hingeschaut. Das iranische Regime konnte sich deswegen nicht nur halten; es konnte seine Macht, die nur auf Gewalt aufbaut, noch festigen.

Die Geschichte der Islamischen Republik ist nie aufgearbeitet worden. Die Massenhinrichtungen der 1980er Jahre, die Niederschlagung jeglichen Widerstandes seither. Zehntausende Menschen haben in den vergangenen 44 Jahren ihr Leben dafür gegeben, dass ihr Land frei wird. Zehntausende Namen, die wir nicht kennen. Der hier zitierte ausführliche Bericht von Amnesty International, der sich mit den Massenmorden der 1980er Jahre befasst, heißt »Blutdurchtränkte Geheimnisse«. Dass diese Verbrechen im Geheimen geschehen, das muss ein Ende haben. Wenn sie nicht verstanden, gesehen, erklärt werden, werden sie sich in die Unendlichkeit fortsetzen. Die Menschen im Iran brauchen Anerkennung in diesem Kampf. Ihr Mut, ihr Freiheitswille, ihre Opferbereitschaft muss gesehen werden. Wenn auch 40 Jahre zu spät. Aber: Wegsehen ist keine Option mehr. Für niemanden.

QUELLEN:

»Ayatollah Sadeq Khalkhali«, The Telegraph, 28. 11. 03: https://www.telegraph.co.uk/news/obituaries/1447921/Ayatollah-Sadeq-Khalkhali.html

Iran International Newsroom: »Iran Tortures, Sexually Abuses Detained Protesters: Reports«, Iran International, 12. 10. 22: https://www.iranintl.com/en/202212108015

»Iran: Blood-soaked secrets: Why Iran's 1988 prison massacres are ongoing crimes against humanity«, Amnesty Internatoinal, 4. 12. 18: https://www.amnesty.org/en/documents/mde13/9421/2018/en/

Nasser Mohajer: The Voices of a Massacre: Untold Stories of Life and Death in Iran, 1988, Oneworld Publications 2020

»My Stolen Revolution«, Dokumentarfilm von Nahid Persson Sarvestani, 2013

AUF DER FLUCHT

Meine Tante Suri, die Schwester meines Vaters, ihr Ehemann Ebrahim und ihre beiden Kinder – sie waren die einzigen Verwandten, die in unserer Nähe waren, als mein Bruder und ich aufwuchsen. Irgendwo in Deutschland, in Nordrhein-Westfalen, lebte noch mein *Amou* Ahmad, der Onkel meines Vaters, mit seiner Familie, aber sie waren von unserer Kleinstadt in Süddeutschland zu weit weg, als dass wir uns oft hätten sehen können.

Wir waren regelmäßig bei meiner Tante Suri und meinem Onkel Ebrahim zu Hause, es gab Chai, iranische Musik und persisches Essen, und mein Vater und mein Onkel sprachen viel über irgendwelche politischen Dinge, die ich nicht verstand. Manchmal wurden sie laut dabei. Ich war nie sicher, ob sie einer oder unterschiedlicher Meinung waren. Mein Cousin Babak und meine Cousine Jamak waren älter als mein Bruder und ich, sie gingen schon aus, da wusste ich noch gar nicht, was Partys waren. Ich schaute aber manchmal fasziniert dabei zu, wie meine Cousine ihre Nägel rot lackierte. Ich erinnere mich an den Geruch von Nagellack, wenn ich ein wenig neidisch in ihrem Zimmer stand und ihr zusah, wie sie sich ausgehfertig machte.

In meiner Kindheit hörte ich immer wieder bestimmte Sätze über meinen Onkel Ebrahim, solche Sätze, die man vergisst im Laufe der Zeit. Wenn man sie später hört, erinnert man sich an sie, dunkel, verschwommen, ohne dass man sie richtig in einen Zusammenhang bringen kann.

Das waren Sätze wie »*Amou* Ebrahim war Kommunist«, »Wir sind wegen *Amou* Ebrahim nach Deutschland gekommen« oder »*Amou* Ebrahim kann nie wieder zurück in den Iran«. *Amou*, so nennt man auf Farsi die Onkel väterlicherseits oder einfach jeden angeheirateten Mann oder älteren Freund der Familie.

Unser Leben war, als ich aufwuchs, so schlicht, oft schwierig, ein Migrantenleben in Deutschland eben, dass ich, als ich jünger war, nie so richtig glauben konnte, dass Menschen wie *Amou* Ebrahim oder mein Vater eine so aufregende Zeit des politischen Aktivismus hinter sich hatten. Fast schillernd erschien es mir im Vergleich zu einem Leben in einer Sozialwohnung, mit Geldproblemen und Hausaufgaben. Mein Vater erzählte mir oft, wie er den Gewehrsalven des Shahs entgegenlief und nur durch Zufall nicht getroffen wurde. Wie er nach der Revolution aktiv war, gegen das Regime, wie er gesucht wurde, wie er untertauchte, wie er floh. Mein Vater und mein Onkel, zwei Männer, beide klein, in Deutschland fast unscheinbar, im Iran mutige Idealisten.

Ich wollte die Geschichte meines Onkels genauer erfahren. Also fragte ich Ebrahim nach diesen Sätzen aus meiner Kindheit, die ich im Kopf hatte: Was ist damals passiert, in der Revolution und nach der Revolution?

Zur Zeit der Revolution 1979 arbeitete Ebrahim als Lehrer in Bojnord, im Nordosten des Landes, nicht weit von der Grenze zu Turkmenistan. Unsere Familien stammen aus Bojnord, damals ein ganz kleiner Ort, der inzwischen zu einer gar nicht so kleinen Stadt angewachsen ist. Ebrahim war schon mit meiner Tante verheiratet zu jener Zeit; meine Cousine Jamak war sechs Jahre alt, mein Cousin Babak war drei.

»In einer der Zeitungen wurde sehr schlecht über Khomeini gesprochen«, erinnert sich Ebrahim an die Anfänge der Revolution. »Dann gab es Unruhen in Qom, wo ein paar Leute von Truppen des Shahs umgebracht wurden.« Ich bin in unserem Gespräch immer wieder überrascht, wie gut sich Ebrahim mehr als 44 Jahre später noch an alles erinnert. Ich schaue später nach, was er meint: Am 6. Januar 1978 veröffentlichte die Zeitung *Ettela'at* auf ihrer ersten Seite einen Artikel, in dem der damals im irakischen Exil weilende Kleriker Ruhollah Khomeini herabgewürdigt wurde. Dieser Leitartikel war auf Anweisung des Königshauses geschrieben worden. Am 9. Januar schlossen die Bazaris in Qom, einer auch heute noch sehr religiösen Stadt, aus Wut über diesen Artikel ihre Geschäfte. Es gab Proteste mit Tausenden von Menschen; Shah-Truppen griffen sie an und töteten mindestens fünf von ihnen. »In Täbriz«, fährt Ebrahim fort, »wurde dann der 40. Todestag dieser Menschen begangen. Und dann gab es an vielen Orten Proteste.« Am 18. Februar wurde bei den Trauerfeierlichkeiten in Täbriz ein Student getötet, was noch mehr Wut auslöste; von März bis Mai 1978 ging die ständige Spirale aus Protest, Trauer und Gewalt weiter.

Der Shah reagierte mit Gewalt und verhängte das Kriegsrecht; die Wut der Menschen aber konnte er nicht mehr aufhalten. »Dann brannte das Kino.« »Das Kino« – das war der berühmte Brand im Cinema Rex in Abadan am 19. August 1978. 477 Menschen starben. Khomeini und die Opposition gaben dem brutalen Geheimdienst des Königs SAVAK die Schuld. Nach der Revolution stellte sich heraus, dass Islamisten hinter dem Brand steckten. Die Wut der Menschen wuchs nach dem Brand noch weiter an.

Auch im kleinen Bojnord gab es Proteste. Ebrahim wurde von der Lehrerschaft ausgewählt, gemeinsam mit fünf anderen Lehrer*innen diese Proteste zu organisieren. »Einer deiner Verwandten war auch unter diesen fünf«, erzählt er mir. Ich bin überrascht und frage ihn nach dem Namen. Dann sagt er einen Namen, den ich glaube, noch nie gehört zu haben (wahrscheinlich habe ich ihn schon mal gehört), und ich muss an meine Besuche im Iran denken, wenn alle paar Tage neue Verwandte auftauchten. Ebrahim und seine Kolleg*innen organisierten einen Schweigemarsch. Sie bastelten Schilder, auf die sie ihre Forderungen schrieben: Aufhebung der Zensur, eine freie Presse, Rede- und Meinungsfreiheit, Abzug des Geheimdienstes SAVAK von den Behörden, Krankenversicherung für Bauern und Arbeiter. »Unsere wichtigsten Forderungen waren, dass im ganzen Iran der Geheimdienst entmachtet werden soll und dass alle politischen Gefangenen, auch die Studierenden, freigelassen werden.« Es war vor allem ein Protest der Lehrer*innen, sagt er, auch Frauen waren dabei, aber Bazaris, Kleriker oder andere Einwohner*innen der Stadt liefen bei diesem ersten Protest nicht mit. Er organisierte weitere Proteste mit, die größer wurden und auf die Shah-Truppen scharf schossen. »Es gab sogar in Bojnord zwei Märtyrer«, erzählt Ebrahim, ein wenig aufgeregt, als ob es ihn auch nach Jahrzehnten noch wütend macht, dass damals auch im kleinen Bojnord zwei junge Menschen vom Shah getötet wurden. »*Shahid* Abadi und *Shahid* Hesari«, erinnert er sich, waren die Namen der zwei jungen Schüler, die erschossen wurden. *Shahid* bedeutet Märtyrer. »*Marg bar Shah* haben wir gerufen, *marg bar Shah*«, erzählt Ebrahim. Tod dem König. »Bojnord war nach Mashhad [in der Region] die erste Stadt, in der es Proteste gab. Und es gab überhaupt keine religiösen Rufe. Keine religiösen Parolen, *dokhtar joon*«, betont er, meine liebe Tochter. »Wir hatten zwar unter dem Shah gesellschaftliche Freiheiten«, sagt Ebrahim. »Aber es gab keinerlei politische Freiheiten.«

Das habe ich auch schon oft von meinem Vater gehört: Wir konnten nicht ahnen, was danach kommen würde. Wir wollten nur das Ende der Diktatur.

Am 3. Oktober 1978 wies die Führung im Irak Ruhollah Khomeini auf Bitten des Shahs aus dem Land aus. Nachdem Khomeini auch in Kuweit nicht aufgenommen wurde, reiste er weiter nach Frankreich. Der Shah hatte sich damit keinen Gefallen getan; in Frankreich war dem Oppositionsführer Khomeini politische und mediale Aufmerksamkeit sicher. Nun betrieb er die Absetzung des Shahs aus einem Vorort in Paris. Der Shah versuchte, die Menschen zu beruhigen. Im November sagte er in einer Fernsehansprache: »Ich habe die Stimme eurer Revolution gehört. Als König des Iran und als iranischer Bürger kann ich eure Revolution nur gutheißen.« Wohlfeile Worte, nach all den Brutalitäten seines Geheimdienstes, der Unterdrückung der Minderheiten, dem Raubbau am Land und den Menschenrechtsverbrechen seiner Schergen. Und so nahmen ihm die Menschen die plötzliche Einsicht nicht ab. Im Dezember 1978 erreichten die Proteste ihren Höhepunkt; im Januar 1979 verließ der Shah das Land. Am 1. Februar 1979 betrat Khomeini iranischen Boden und übernahm die Macht. Er hatte den Menschen die Revolution aus den Händen gerissen.

»Plötzlich hatten die Leute, die das System der Islamischen Republik wollten, Waffen in der Hand«, sagt Ebrahim. Gemeinsam mit Gleichgesinnten traf er sich regelmäßig, um über den Aufbau eines neuen, demokratischen Staats zu diskutieren. Sie hatten linke Ideen, vielleicht sogar kommunistische, sie lasen Bücher, sie organisierten sich. »Diese Leute, Anhänger von Khomeini, waren plötzlich Polizei und Staat.« Sie verboten alles, was nicht in ihr System passte. »Wenn sie sahen, dass linke Gruppen irgendwo einen Stand aufgestellt hatten und Bücher oder Flugblätter verteilten, zerstörten sie die Stände, verbrannten Bücher und schlugen die Menschen«, erzählt Ebrahim. Auch in Bojnord, wo er aktiv war, waren diese Schergen zugange; sie zerstörten Stände, an denen Ebrahim und seine Genoss*innen für politische Debatten und zum Lesen zusammenkamen. Die Regimeschergen griffen zunächst vor allem linke Truppen an, später auch Anhänger*innen der Volksmudschahedin. All das schon im ersten Jahr nach der Rückkehr von Khomeini nach Teheran.

Am 8. März 1979 gingen in Teheran Zehntausende Frauen auf die Straßen, um gegen den Verschleierungszwang zu protestieren. Am 30. und 31. März gab es ein Referendum, dessen einzige Alternative neben der Islamischen Republik die Shah-Diktatur war. Am 5. Mai wurden die Revolutionsgarden gegründet, die seitdem im Iran und weltweit gefürchtet sind. Am 25. Januar 1980 wurde der erste Staatspräsident gewählt: Abolhassan Banisadr. Wegen seines Engagements für Banisadr musste später auch mein Vater untertauchen und fliehen. Denn Banisadr war mit den brutalen Methoden des neuen Regimes nicht einverstanden und musste selbst 18 Monate nach seiner Wahl aus dem Iran flüchten.

»Ab dem Moment, ab dem Banisadr in Ungnade gefallen war, mussten wir alle abtauchen«, erzählt Ebrahim. Bis dahin, erinnert er sich, seien sie zumindest nicht festgenommen worden, denn sie waren ja auch für die Revolution gewesen. Für die Mullahs und für das Regime waren dann mit einem Mal aber alle, die irgendwie links waren, nur noch »Die Linken der Amerikaner«, also ausländische Agent*innen. Regimeschergen verteilten Flugblätter mit Namen der vermeintlichen Agent*innen. Auch Ebrahims Name stand plötzlich überall. Er wurde offiziell gesucht. »Ich konnte nicht mehr auf die Straße gehen. Wenn ich nachts das Versteck wechseln wollte, dann nur mit allergrößter Vorsicht.« Freund*innen und Verwandte halfen ihm, innerhalb von Bojnord von einem Ort zum nächsten zu gehen. Seine Kinder sah er da schon kaum noch. Nach zwei Monaten war klar: So geht es nicht weiter. Bojnord war zu klein, die Gefahr aufgespürt zu werden, zu groß. »Ich musste nach Teheran und mich dort verstecken. Eines Morgens holten mich Angehörige ganz früh mit dem Auto ab. Ich musste mich im Auto so verstecken, dass mich von außen niemand sehen konnte, falls wir an der Polizei vorbeifuhren.« Sie kamen an einen kleinen Ort, wo er eine Nacht verbrachte. Auch dort lebten Verwandte, die ihn aufnahmen. Von dort fuhr er mit dem Bus nach Teheran. »Es gab keinen bestimmten Ort, wo ich in Teheran hinkonnte.« Auch in Teheran übernachtete er bei Familienangehörigen und Freund*innen, alle ein bis zwei Nächte zog er weiter. Nach einiger Zeit bot ein Freund ihm an, ihm einen Job in Isfahan zu verschaffen – als Brückenbauer. Obwohl er vom Brückenbauen keine Ahnung hatte, ging er nach Isfahan, um dort am Bau der Ferdowsi-Brücke mitzuarbeiten. Er mischte Beton, er baute, er schleppte, er arbeitete. Ein Jahr lang. Daran, den Iran zu verlassen, dachte er kein einziges Mal.

»Es war eine katastrophale Zeit im Iran«, erzählt er. »Jeden Tag wurden Hunderte von Menschen hingerichtet. Es war eine sehr schwierige Zeit für mich.« In diesem einen Jahr gab es nur zwei Menschen, die wussten, dass er in Isfahan war: Mein Onkel Ahmad und seine Ehefrau Hooran, die Verwandten, die während meiner Kindheit in Nordrhein-Westfalen lebten. Nicht mal Suri, Ebrahims Ehefrau, wusste, wo er sich versteckte.

Die Nächte waren besonders schwer, erinnert er sich.

Weil er Angst hatte, dass in der Nacht plötzlich die Sepah, die Revolutionsgarden, die Schlafräume der Arbeiter durchsuchten und ihn gefangen nahmen, verbrachte er die Nächte nicht in seinem Bett. So ging er jeden Abend um 22 Uhr an den Ort auf dem Bau, wo der Beton gelagert wurde (Beton muss gepflegt werden oder so, das erklärt mir Ebrahim im Detail, aber ich frage nicht nach, was das genau heißt) und blieb dort bis um 4 Uhr in der Früh. Um Wache zu halten, sagt er, aber in Wahrheit, so erzählt er weiter, aus schierer Angst vor einer Festnahme.

Ein Jahr lang hält Ebrahim das durch. Dann plötzlich erhält er die Nachricht, dass seine Schwestern, Mandana und Nastaran, 15 und 13 Jahre alt, von der Islamischen Republik verhaftet wurden. Er müsse sofort weg, falls die Schwestern vielleicht doch wüssten, wo er ist, und unter Folter sein Versteck preisgeben würden, sagen seine Vorgesetzten. »Meine Schwestern waren auch in linken Gruppen aktiv. Deswegen wurden sie verhaftet.«

Ebrahim verließ Isfahan und kehrte nach Teheran zurück. Wieder zog er umher, von einer Wohnung zur nächsten. »Ich bin ihnen heute noch dankbar, dass sie mir geholfen haben«, sagt er mit weicher Stimme über die Menschen, die ihn versteckten. Er zählt die Namen jener Familienangehörigen auf, die ihn in dieser Zeit in Teheran versteckten. Alles Namen meiner Verwandten; Namen, die ich kenne. Nach einer Weile schließlich wusste er, dass er weiterziehen muss. Immer noch dachte er nicht daran, aus dem Iran zu fliehen. Einer seiner Freund*innen war Ingenieur. Dieser brachte Ebrahim bei sich zu Hause das Bauzeichnen bei. »Der Mann meiner Tante hatte eine Baufirma, dort könne ich arbeiten, bot er mir an.« Mit Grundkenntnissen des Bauzeichnens ausgerüstet und mit seinen Erfahrungen vom Brückenbau in Isfahan, ging er nach Malayer, einer Stadt etwa 400 Kilometer südwestlich von Teheran. Zu diesem Zeitpunkt war er schon seit zwei Jahren auf der Flucht. Zwei Jahre, in denen er seine Kinder Jamak und Babak nicht gesehen hatte.

Also arbeitete Ebrahim am Bau einer Sonderschule in Malayer; Ebrahim war als Vertreter der Baufirma entsandt. Er lebte dort in einem Arbeiterhaus, das allerdings von den Revolutionsgarden regelmäßig kontrolliert wurde. Um Ebrahim zu schützen, gab der Vorsteher des Hauses den Revolutionsgarden, wenn sie wieder einmal zur Kontrolle da waren, einen falschen Namen an. Sechs Monate blieb Ebrahim in Malayer. Schließlich aber wurde es auch dort zu heikel; zu groß die Gefahr, dass die Revolutionsgarden ihn doch finden würden, trotz falschen Namens. Nach einem halben Jahr ging er zurück nach Teheran.

Warum hast du bis dahin, während dieser Jahre im Untergrund, nicht daran gedacht, das Land zu verlassen?, frage ich ihn. »Wenn ich einen einzigen Ort finden würde, der sicher ist, will ich bleiben. Das habe ich damals gedacht«, antwortet er. »Ich wollte den Iran auf keinen Fall verlassen.« Er und Suri, seine Ehefrau, hatten nie Pässe beantragt, erzählt er. Sie hatten nie daran gedacht, ins Ausland zu gehen, nicht einmal auf Reisen. »Solange wir unser eigenes Land nicht gut kannten, wollten wir nirgendwo anders hin.« Und dann sagt er: »Wenn ich auch nur ein Mäuseloch im Iran gefunden hätte, das sicher gewesen wäre; ich hätte den Iran niemals verlassen.« Seit 40 Jahren war er nicht mehr im Land, denke ich mir, als er das erzählt. Was für eine Sehnsucht er in sich tragen muss.

Und so versteckte er sich, zurück in Teheran, wieder bei Freund*innen und Verwandten. »Ich brachte auch die Familien in Gefahr, die mich bei sich versteckten«, sagt er. »In genau dieser Zeit hielt Rafsanjani eine Rede«, erklärt er. Akbar Hashemi Rafsanjani war damals Parlamentspräsident. Später wurde er Staatspräsident. »Er sagte, dass alle, die Konterrevolutionäre bei sich verstecken, auch festgenommen und bestraft werden.« Schließlich war klar: Ebrahim muss weg. Ein paar unserer Familienangehörigen organisierten, dass er sich vorher noch von Suri und den Kindern verabschieden konnte. Suri, Jamak und Babak fuhren von Bojnord nach Teheran. Zum ersten Mal nach zweieinhalb Jahren sah er seine Familie wieder, in der Wohnung einer Verwandten. Jamak war inzwischen zehn Jahre alt, Babak sieben. »Babak hatte mich in den Arm genommen, er weinte«, erinnert sich Ebrahim. »Er wollte mich nicht loslassen. Er hatte seine Beine um mich geschlungen. Du musst auch mit uns mitkommen *baba*, sagte Babak.« Dann bricht meinem Onkel die Stimme. Ich habe auch einen Kloß im Hals.

Mit Hilfe von Freund*innen trieb Ebrahim einen Fluchthelfer auf. Der brachte ihn und einen anderen Flüchtenden, 18 Jahre alt, an die Grenze zur Türkei. Von dort ging es weiter über die Berge, zu Fuß, auf dem Pferd, teilweise im Auto und im Lastwagen. Die Wege waren schneebedeckt, Ebrahim wusste nicht, ob sie es schaffen würden. »Es war Dezember«, erzählt Ebrahim. »Ich dachte, ich würde es nicht überleben.« Nach einigen Tagen kamen sie an: In Van, einer überwiegend von Kurd*innen bewohnten Stadt im Osten der Türkei. Die Schwierigkeiten hörten hier aber nicht auf; er und einige andere iranische Geflüchtete wurden von der türkischen Geheimpolizei aufgegriffen und verhört. Sie wurden in einem Hotel untergebracht, das sie nicht verlassen durften. »Die Türkei hatte kurz zuvor 53 iranische Geflüchtete, die vor uns in Van waren, in die Islamische Republik abgeschoben.« Dass er sich an die genaue Zahl erinnert, denke ich mir, liegt wahrscheinlich an der Angst, die er bei dem Gedanken gehabt haben muss, in den Iran abgeschoben zu werden, wo auf ihn die Hinrichtung wartete. Also wandten sich er und die anderen Geflüchteten an die örtliche Presse. Es gelang ihnen, Kontakt zu einem Journalisten aufzunehmen, der Fotos von ihnen machte; ihre Geschichten erschienen in der Zeitung. Sie verfassten auch Appelle an Amnesty International.

Die Aufmerksamkeit half ihnen; sie konnten vorerst bleiben. Ebrahim erinnert sich an ein Restaurant in Van, das einem Kurden gehörte. Er sprach mit dem Besitzer – Ebrahim spricht Kirmancî, eine der kurdischen Sprachen – und verstand sich mit ihm sehr gut. Ebrahim erzählte dem Mann von seiner Situation, dass er und die anderen iranischen Geflüchteten darauf warteten, weiterzuziehen, und dass sie nur wenig Geld hatten. »Er hat mir dann 60 Prozent Rabatt auf das ganze Essen im Restaurant gegeben«, erzählt Ebrahim. »Jedes Mal, wenn ich dort aß, musste ich weniger als die Hälfte zahlen. Und nicht nur ich, sondern alle, die mich kannten. Sie sollten nur sagen, dass sie Ebrahim kannten, dann zahlten sie auch weniger.« Mit etwas zitternder Stimme sagt er noch: »Das ist eine Hilfe, die man nie mehr vergisst.«

Drei Monate musste Ebrahim in der Türkei warten, bis er endlich Richtung Europa fliegen konnte. Mit einem gefälschten Pass – er hatte ja nie einen beantragt – gelangte er nach Ostdeutschland, in die DDR. Über einen Übergang an der Friedrichstraße in Berlin erreichte er die Bundesrepublik. Vor Ort waren ein paar Iraner*innen, die ihm und anderen iranischen Geflüchteten halfen, von Ost- nach Westdeutschland zu kommen. Einer von ihnen sagte zu Ebrahim: »Wenn euch die Polizei anhält, sagt ihr nichts, nur ein einziges Wort: Asyl.«

Er hatte es geschafft. Was hast du in dem Moment

gefühlt, als du wusstest, dass du sicher bist?, frage ich. »Ich hatte nur ein einziges Gefühl«, antwortet er. »Ich war glücklich, dass niemand mit einem Gewehr auf mich zukommt, dass ich nicht verhaftet werde, dass ich nicht hingerichtet werde.« Wenn das Regime ihn in diesen zweieinhalb Jahren des Untertauchens gefangen hätte – seine Hinrichtung wäre sicher gewesen. Und dann sagt er noch: »Ich war glücklich, dass ich am Leben bin.«

Es dauerte noch mal zweieinhalb Jahre, bis Suri, Jamak und Babak nach Deutschland kommen durften. Das politische Asyl von Ebrahim wurde anerkannt.

Kurz nachdem Suri, die Schwester meines Vaters, nach Deutschland kam, musste auch mein Vater in den Untergrund gehen. Ungefähr drei Jahre lang konnte er sich vor dem Regime verstecken, bis sie ihn aufspürten. Wir lebten damals in Rasht, einer Stadt im Norden des Iran. Innerhalb weniger Stunden war mein Vater weg. Ich war eineinhalb Jahre alt. Er floh nach Deutschland, weil Ebrahim und Suri dort waren. Als ich anfing zu sprechen, nahm meine Mutter mit einem Kassettenrekorder meine Stimme auf und schickte die Kassette nach Deutschland zu meinem Vater. Meine Mutter ließ mich ein wenig Deutsch üben. »Ich heiße Gilda«, sage ich auf diesem Tonband mit schwerstem iranischem Akzent. Nach eineinhalb Jahren konnten meine Mutter und ich zu meinem Vater nach Deutschland fliegen. Und so kam es, dass wir später alle in derselben Kleinstadt in Süddeutschland lebten.

QUELLEN:

Timeline der Revolution: https://www.brookings.edu/blog/order-from-chaos/2019/01/24/the-iranian-revolution-a-timeline-of-events/

Letzte Rede des Shah: https://www.youtube.com/watch?v=PWwTshDIfuQ

DAS UNRECHTSSYSTEM

Afra

Afra (Pseudonym) lebt im Iran. Sie setzt sich seit Jahren ehrenamtlich für Gefangene in den Haftanstalten des Landes ein, auch während der Proteste. Wir stehen fast täglich im Austausch, und ich bewundere ihr großes Herz, ihr Mitgefühl für jede einzelne Person, um die es geht, und ihre Kraft. Afra geht zu allen Protesten, sogar mit Fieber. Sie sammelt Namen von Gefangenen und gibt sie an mich weiter, damit ich auf ihr Schicksal aufmerksam machen kann. »Vergiss Mohammad Ghobadlou nicht«, solche Sätze stehen in ihren Nachrichten. Ich bin dankbar, so viel von ihr zu lernen, und ich hoffe, dass ich ihr dieses Buch eines Tages selbst in die Hand geben darf.

Aus dem Persischen von Jutta Himmelreich

In iranischen Gefängnissen verbüßen insbesondere aus politischen Gründen inhaftierte Frauen ihre Haftstrafen unter erbärmlichen Bedingungen. Nur zweimal pro Woche gewährt man ihnen Hofgang, frische Luft für knappe zehn Minuten, und auch duschen dürfen sie nur zweimal wöchentlich. Wegen der Überbelegung – in jeweils zehn Quadratmeter umfassenden Zellen sind sieben bis acht Gefangene untergebracht – bleibt jeder einzelnen zum Duschen kaum Zeit.

Auf den Krankenstationen herrschen so unhygienische Bedingungen, dass die meisten Insassinnen sich Pilzinfektionen oder andere Krankheiten zuziehen. Auch die Tatsache, dass kaum Hygieneartikel zur Verfügung gestellt werden, begünstigt Erkrankungen. Wenn Frauen ihre Periode haben, müssen sie Damenbinden entweder kaufen oder sie sich durch gute Führung, sprich: durch ihre Bereitschaft, als Informantinnen zu fungieren oder Zwangsarbeit zu verrichten, verdienen – wobei man ihnen im Gegenzug jeweils eine Binde zugesteht, nicht etwa eine ganze Packung.

Solche Zustände machen nur einen Bruchteil der in iranischen Gefängnissen begangenen Menschenrechtsverletzungen aus.

Über die Körperverletzung und Vergewaltigung vor allem weiblicher Inhaftierter durch Gefängnispersonal kursieren seit Jahren Berichte, die auf eine hohe Dunkelziffer schließen lassen, weil viele Betroffene ihre schrecklichen Erlebnisse für sich behalten.

Mit Beginn der landesweiten Proteste im vergangenen Jahr häuften sich Berichte über die Körperverletzung und Vergewaltigung von Gefangenen in ihren Zellen, in Verhörräumen oder an anderen verdeckten Orten unter staatlicher Aufsicht.

Es gibt Fälle, in denen nach ihrer Festnahme vergewaltigte Personen zu Tode kamen, weil ihre Vergewaltiger die begangenen Taten zu vertuschen suchten. Hier würden allein Obduktionen Rückschlüsse auf Todesursachen erlauben. In der Islamischen Republik ist die Bedrohung von Opfern durch ihre Peiniger bis heute ein Werkzeug der Unterdrückung, das vor allem Frauen davon abhalten soll, für ihre Rechte einzutreten. Zur Niederschlagung der Straßenproteste kommen Kriegswaffen, Schrotflinten, Paintball-Druckluftgewehre, Blendgranaten, Wasserwerfer, Schlagstöcke, Taser und Stichwaffen zum Einsatz. Wer zusammengeschlagen wird – vor allem Frauen und Kinder –, trägt nicht selten Verletzungen davon. (Auch dass jemand sein Augenlicht auf einem Auge einbüßt oder sogar vollständig erblindet, kommt sehr häufig vor). Im Laufe der Proteste finden viele Menschen den Tod. Gleichzeitig nimmt die Regierung wahllos Studierende, Angehörige der Oberschicht, Ärzt*innen, Medienvertreter*innen, Kunstschaffende und viele einfache Leute fest, informiert deren Angehörige nicht, gewährt den Betroffenen keinen Rechtsbeistand und sperrt sie weg. Die Angehörigen festgenommener oder entführter Protestierender können nur hoffen, dass sie in einem grausigen, gesundheitsschädlichen Kerker sitzen. Weil sie andernfalls befürchten müssen, die Folterspuren aufweisenden Leichen ihrer Lieben irgendwann am Grunde von Gewässern, im unerschlossenen Umland großer und kleiner Städte oder in Bauruinen wiederzufinden.

Den vielen Formen staatlichen Drucks zum Trotz gehen die Proteste im In- und Ausland unvermindert weiter, weshalb die Machthaber heute wissen, die Menschen im Land haben den Glauben an die Reformierbarkeit dieser Regierung verloren, auch an eine Verbesserung ihrer Lage glauben sie nicht länger. Sie hoffen vielmehr auf eine große Revolution, die die Diktatur mit der Wurzel ausreißen und ihr ein für alle Mal ein Ende setzen soll. In höchster Gefahr verfällt die Islamische Republik in ihre alten Verhaltensmuster und greift auf ihre alte Waffe zurück: die Todesstrafe.

Protestierende Frauen, Männer und Kinder unter 18 Jahren werden festgenommen und der »Verdorbenheit auf Erden« oder der »Kriegführung gegen Gott« beschuldigt, obwohl sie nur für ihre Rechte eintreten und im Angesicht bewaffneter staatlicher Einsatzkräfte von ihrem Recht auf Selbstverteidigung Gebrauch machen – was im Grundgesetz der Islamischen Republik als Notwehr gilt. Indem sie Straßensperren errichten, sich hinter brennenden Müllcontainern verschanzen und auch andere Mittel der Gegenwehr einsetzen, die aus juristischer Sicht keine Vergehen darstellen, riskieren sie allerdings ihr Leben. Im Falle von Mohsen Shekari und Majidreza Rahnavard wurden gleich zwei Todesurteile im Eilverfahren vollstreckt, die im Iran und rund um den Globus Schock und Entsetzen ausgelöst haben. Solche Urteile werden hinter verschlossenen Gerichtssaaltüren verhängt, während man den Angeklagten frei gewählten Rechtsbeistand verweigert und die Anklageschriften nicht verliest. Aus heiterem Himmel setzt man nächste Angehörige davon in Kenntnis, dass ein Mitglied ihrer Familie kürzlich vor Gericht stand und am Folgetag hingerichtet werden wird. Mohsen Shekaris Angehörigen verwehrte man dessen Beerdigung. Von Mohsens Tod erfuhr seine Familie erst, nachdem seine Henker ihn bereits begraben hatten.

Gerichtsverfahren für nicht aus politischen Gründen zum Tode Verurteilte finden in Anwesenheit von Anwält*innen eigener Wahl statt, Angeklagte dürfen Einspruch gegen ihre Urteile einlegen und sich verteidigen, ebenso wie sie [nach islamischem Recht] Gelegenheit und Zeit bekommen, die Familien ihrer Opfer um Vergebung zu bitten und sich mit ihnen gegebenenfalls auf eine Entschädigungszahlung zu einigen, denn in solchen Fällen vergehen zwischen der Verkündung eines Urteils und dessen Vollstreckung mitunter Monate, wenn nicht gar Jahre. Bleibt ein Todesurteil bestehen, so ist die Familie des oder der Verurteilten umfassend zu informieren, vor der Vollstreckung wird eine Besuchserlaubnis erteilt, und der*die Verurteilte bekommt Gelegenheit, sich von den Angehörigen zu verabschieden. Erst dann wird die Hinrichtung vollzogen.

Bei politischen Häftlingen vergeht zwischen deren Verhaftung und der Vollstreckung eines Todesurteils kaum ein Monat. Und sie sehen im Laufe von knapp dreißig Tagen unter elenden Bedingungen, ohne rechtlichen Beistand, vor nicht standardgemäß verfahrenden Gerichten, nach durch Folter erzwungenen Geständnissen und in Einzelhaft ihrem Tod entgegen. Bisweilen, so heißt es, führt man Todeskandidat*innen zwecks psychischer Folter vor ihrer Hinrichtung mehrmals zum Galgen und bringt sie anschließend zurück in ihre Einzelzellen. Irgendwann wird das Todesurteil vollstreckt, ohne dass man die Angehörigen zuvor informiert, geschweige denn, ihnen im Vorfeld eine Besuchserlaubnis erteilt hätte.

Aus purer Machtgier hat die Islamische Republik alle ihre Gesetze und alle ihre Werte über Bord geworfen, tritt jegliche Menschenwürde in den Staub und ist zu einer der größten Diktaturen der Menschheitsgeschichte mutiert. Mit der Zustimmung und Unterstützung anderer Staaten werden Protestierende im In- und Ausland dieses menschenverachtende, frauenfeindliche Regime eines Tages auf den Müllhaufen der Geschichte befördern, und der Schlachtruf »*Zan, Zendegi, Azadi! – Frau, Leben, Freiheit!*« wird den Iran und mit ihm die globale Gemeinschaft schöner, sicherer und freier machen.

»DIESES REGIME FUSST AUF DER UNTERDRÜCKUNG DER FRAUEN«

Interview mit Nasrin Sotoudeh

Mit einem Mal ist sie vor mir am Bildschirm. Nasrin Sotoudeh. Es ist Heiligabend 2022; in der Woche zuvor haben wir uns für diesen Tag verabredet. Wenn ich nicht wüsste, was Nasrin Sotoudeh in ihrem Leben schon erlebt hat, es erschiene mir wie ein ganz normales Interview, wie ich sie schon unzählige Male geführt habe. Aber das ist kein normales Interview. Nasrin Sotoudeh ist zu jener Zeit, als wir sprechen, im Hafturlaub. Sie könnte jederzeit zurück ins Gefängnis gebracht werden, wo sie schon viele Jahre verbracht hat.

Als wir vor dem Interview besprachen, über welche Themen wir reden wollen, war ihr wichtig, dass wir über Menschenrechte und die Lage im Iran sprechen. Deswegen ist es nun mir überlassen, Nasrin Sotoudeh vorzustellen. Denn wer den Iran kennenlernen möchte, muss Nasrin Sotoudeh kennenlernen.

»Mein lieber Nima, in den letzten sechs Monaten habe ich mich zweimal dabei ertappt, dass ich unkontrolliert geweint habe. Das erste Mal, als mein Vater verstarb und ich nicht an seiner Beerdigung teilnehmen konnte, um zu trauern. Das zweite Mal an dem Tag, an dem du mich gebeten hast, nach Hause zu kommen, und ich nicht mit dir kommen konnte.«

Diese Worte schreibt Nasrin Sotoudeh im März 2011 in

einem Brief aus dem Gefängnis an ihren Sohn Nima. Im Gefängnis hat sie viele Briefe verfasst; an ihre Familie und manche auch an die Behörden des Landes. Diese Briefe hat sie kürzlich in einem Buch veröffentlicht: *Briefe aus dem Gefängnis.*

Als Nasrin Sotoudeh 2010 zum ersten Mal verhaftet wurde, war Nima noch ein Kleinkind. Mehraveh, die Tochter, ist acht Jahre älter als ihr Bruder; dass ihre Kinder den Großteil ihrer Kindheit ohne ihre Mutter verbringen mussten, scheint das einzige zu sein, was die Menschenrechtsanwältin belastet. Denn dass sie tun muss, was sie tut, daran zweifelt sie nicht. Die Juristin, das spürt man nicht nur an dem, was sie sagt, sondern auch an der Ruhe und der Bestimmtheit, die in ihren Worten liegen, glaubt an die Absolutheit der Rechte von Menschen. Rechte, die von keinem Staat der Welt beschnitten werden dürfen; deswegen kämpft sie seit Jahren für ihre Mandant*innen, für Frauen, für Kinder, für Minderheiten.

In der Einführung zur Veröffentlichung der *Briefe aus dem Gefängnis* schreibt sie von der Gewalt, die Minderheiten im Iran erleben, der Unterdrückung, der sie ausgesetzt sind. Sie schreibt über die Bedeutung der Intersektionalität, von einem »Balutschen, der Musiker ist«, »einem*r Protestierenden, die*der auch einer sexuellen Minderheit angehört«, von »einer Kurdin, die Sunnitin ist und Frau«. Genau für solche Fälle hat sie sich in ihrer Arbeit als Anwältin stets eingesetzt.

Nach der Grünen Bewegung im Jahr 2009 verteidigte sie Menschen, die im Zuge der Proteste festgenommen worden waren. Eine*r ihrer Mandant*innen war die Friedensnobelpreisträgerin Shirin Ebadi. Der Staat hatte das gesamte Eigentum von Shirin Ebadi beschlagnahmt, sogar das Haus ihres Vaters. Eine ZDF-Doku aus dem Jahr 2021 zeigt eine Szene aus dem Gerichtsprozess, in dem Nasrin Sotoudeh ihre Anwaltskollegin und Mandantin Ebadi verteidigt. Der Vertreter des Staats behauptet vor Gericht, Ebadi hätte 150.000 Dollar von den USA erhalten, sie sei den Amerikanern »hörig«. Sotoudeh besteht auf Beweisen, während die Männer im Gerichtssaal versuchen, sie zum Schweigen zu bringen. Ihr wird gesagt, sie störe die Ordnung, sie solle sich hinsetzen. Sie erhebt Einspruch, sie verlangt Beweise. Sie lässt sich nicht einschüchtern. Ein Problem für ein System, das in seinem Kern aus Gewalt und Einschüchterung besteht. Shirin Ebadi bezeichnet Nasrin Sotoudeh als »die Rechtsanwältin, die so viele von uns Menschenrechtler*innen anriefen, wenn die Regierung uns wieder einmal drangsalierte oder eine*n von uns oder eines unserer Familienmitglieder ins Gefängnis steckte«.

In ihrer jahrelangen Arbeit als Anwältin vertrat sie unter anderem die Frauenrechtsaktivistinnen Mansoureh Shojaee, Parvin Ardalan und Mahboubeh Abbasgholizadeh; die Journalisten Morteza Kazemian, Issa Saharkhiz und Omid Memarian, den Aktivisten Zia Nabavi und die Künstlerin Parastou Forouhar. Diese Aufzählung steht in der Begründung des Right Livelihood Award für die Verleihung des Preises im Jahr 2020 (siehe unten).

Nasrin Sotoudeh hat sich in ihrer Arbeit besonders für Menschen eingesetzt, die zu Tode verurteilt wurden, oft Minderjährige. Sie verteidigte eine Vielzahl an Minderjährigen, die einen Mord begangen haben sollen. In vielen Fällen konnte Nasrin Sotoudeh die Umwandlung der Todesstrafen in Haftstrafen erreichen. Sie ist eine ausgesprochene Gegnerin der Todesstrafe.

Bevor Nasrin Sotoudeh Anwältin werden durfte, arbeitete sie als Journalistin für verschiedene Reformzeitungen.

Der Staat hatte ihre Anwaltslizenz jahrelang blockiert; ihr Examen hatte sie 1995 abgelegt, zugelassen wurde sie erst im Jahr 2003. Seitdem arbeitet Nasrin Sotoudeh als Menschenrechtsanwältin. 2010 wurde sie zum ersten Mal verhaftet; ihr wurde unter anderem »Verbreitung von Propaganda gegen den Staat« vorgeworfen. Sie wurde zunächst zu elf Jahren Haft und 20 Jahren Berufsverbot verurteilt, nach dem Berufungsverfahren blieben eine Haftstrafe von sechs Jahren und ein zehnjähriges Berufsverbot. Die Anwältin musste viel Zeit in Einzelhaft verbringen, der Kontakt zu ihren Kindern und ihrem Ehemann wurde ihr über lange Phasen verweigert.

Nach internationaler Aufmerksamkeit und Empörung über den Umgang mit Nasrin Sotoudeh als Anwältin wurde sie 2013 vorzeitig aus der Haft entlassen. 2014 organisierte sie aus Protest gegen die Suspendierung ihrer Lizenz einen Sitzstreik vor der Anwaltskammer in Teheran; ihr Mann Reza Khandan schilderte gegenüber dem ZDF, dass sie vorhatte, diesen Sitzstreik über die gesamten verbliebenen Jahre ihres Verbots durchzusetzen. Sie wurde von vielen Menschen unterstützt, erzählt Nasrin Sotoudeh in der ZDF-Doku. Videos zeigen eine Ansammlung von Menschen, die im Schneeregen vor der Anwaltskammer stehen und Schilder hochhalten, auf denen steht »Recht auf Arbeit, Recht für Andersdenkende«. Sie erfuhr große Unterstützung von Bürger*innen, die sich dazu stellten, ihr Wasser brachten oder mit dem Auto vorbeifuhren, hupten und ihr zuriefen: »Mögest du siegen!« Auf einem Foto sieht man auch den Regisseur Jafar Panahi neben ihr auf der Treppe vor der Anwaltskammer sitzen. Es dauerte achteinhalb Monate, bis ihre Suspendierung aufgehoben wurde. Sie hatte gesiegt.

Nasrin Sotoudeh brauchte ihre Anwaltslizenz; an ihrer

Entschlossenheit, sich weiter für die Rechte unterdrückter Menschen im Iran einzusetzen, hatten weder Gefängnis noch Berufsverbot etwas geändert. 2018 begann eine neue Form des Protests im Iran: Frauen legten öffentlich ihren Hijab ab. Diese Frauen wurden fortan an als »Die Mädchen der Revolutionsstraße« bezeichnet. Das Regime reagierte wie immer: mit Gewalt. Sie wurden inhaftiert, misshandelt und angeklagt. Zum Beispiel wegen »Anstiftung zur Unmoral der Prostitution«. Nasrin Sotoudeh nannte das Abnehmen des Kopftuchs einen »Akt zivilen Ungehorsams« und verteidigte drei dieser Frauen vor Gericht. »Auf welcher Rechtsgrundlage basieren diese Strafen?«, fragt Nasrin Sotoudeh gegenüber dem ZDF. »Das ist eine wichtige Frage, die wir uns seit 40 Jahren stellen. Aber eine rechtliche Antwort haben wir nicht gefunden.« Und dann, als ob sie damals gewusst hätte, welche Debatten in den Jahren 2022 und 2023 geführt werden würden, sagt sie: »Selbst wenn heute verkündet würde, dass alle Frauen ihre Hijabs draußen abnehmen dürfen, hätte das für uns keinen Wert. Solange sie [die Machthaber] bestimmen, ob der Hijab obligatorisch ist oder eines Tages abgenommen werden kann, hängen wir mit unseren Entscheidungen von ihnen ab. Wenn wir es aber schaffen, unsere Kleidung frei wählen zu dürfen, wird das eine dauerhafte Freiheit sein. Deswegen ist mir ein solcher Fall wichtig.« Während sie spricht, nimmt sie ihr Kopftuch ab.

Im Juni 2018 wurde Nasrin Sotoudeh erneut festgenommen. Im März 2019 verkündete das Gericht ihr Urteil: 38,5 Jahre Haft und 148 Peitschenhiebe. »Wie konnten sie ihr eine solche Strafe auferlegen?«, fragt ihr Ehemann Reza Khandan im ZDF. »Vor allem die Verurteilung zu Peitschenhieben. Das ist eine beschämende Strafe und ein gnadenloser Akt.«

Während der Corona-Pandemie wurden aufgrund der katastrophalen hygienischen Bedingungen viele Gefangene vorübergehend aus der Haft entlassen; nicht aber Nasrin Sotoudeh. Wegen der schlechten Haftbedingungen trat sie laut der Internationalen Gesellschaft für Menschenrechte (IGFM) im August 2020 in einen 46-tägigen Hungerstreik.

Im Jahr 2020 verlieh der Deutsche Richterbund Nasrin Sotoudeh seinen Menschenrechtspreis. Ebenfalls im Jahr 2020 erhielt sie den Right Livelihood Award, auch bekannt als Alternativer Nobelpreis. Das *Time Magazin* ernannte Nasrin Sotoudeh zu einer der »100 einflussreichsten Personen 2021«.

Im Jahr 2011 schrieb Nasrin Sotoudeh in einem Brief aus dem Gefängnis an ihre Tochter Mehraveh: »Es war mein Wunsch, die Rechte vieler zu schützen, insbesondere die Rechte meiner Kinder und Deine Zukunft zu schützen. Es war dieser Wunsch, der mich dazu brachte, solche Fälle vor Gericht zu vertreten. Ich glaube, dass der Schmerz, den unsere Familie und die Familien meiner Mandant*innen in den letzten Jahren ertragen mussten, nicht umsonst war. Die Gerechtigkeit kommt genau zu einer Zeit, zu der die meisten die Hoffnung aufgegeben haben.«

Im Dezember 2022, als wir dieses Interview führen, ist Nasrin Sotoudeh im Hafturlaub. Ihr Mut, sogar in dieser Lage aktiv zu sein, für Menschenrechte zu kämpfen, egal, welche Konsequenzen es hat, macht demütig. Aber ihr Mut macht auch Hoffnung. Und nun das Interview.

QUELLEN:
Lebenslauf von Nasrin Sotoudeh, Right Livelihood Award: https://rightlivelihood.org/announcement/nasrin-sotoudeh/l3-de/
Briefe aus dem Gefängnis von Nasrin Sotoudeh, zum Downloaden: https://www.aasoo.org/fa/books/4166

ZDF-Dokumentation »Irans tapferste Frau: Nasrin Sotudeh im Kampf für die Freiheit«, September 2021: https://www.youtube.com/watch?v–AEyn49oNwck
Auswahl an Briefen, Amnesty International: https://www.amnesty.org/en/latest/campaigns/2019/05/nasrin-sotoudeh-letters-to-her-children-from-prison/

Aus dem Persischen transkribiert und übertragen von Jutta Himmelreich

In Ihrer Arbeit setzen Sie sich von Anfang an besonders für die Rechte von Frauen ein. Warum ist Ihnen das wichtig?

Mein Einsatz für Menschen- und insbesondere Frauenrechte hatte persönliche und soziale Motive, wobei mein Interesse für soziale Fragen sich erst im Laufe meines privaten Engagements ergeben hat. Privat motiviert hat mich in meinem beruflichen Umfeld die Beobachtung, dass beispielsweise im Ministerium für Stadtplanung, für das ich eine Weile tätig war, oder später bei einer Bank, ausschließlich Männer Direktorenposten innehatten, und dass immer Männer die Entscheidungen trafen. Dabei war in so manchem Fall offensichtlich, dass nicht nur ich, sondern auch viele meiner Kolleginnen für die jeweiligen Posten viel geeigneter waren, zum einen, weil sie sich nicht korrumpieren ließen, und zum andern, weil sie in ihren jeweiligen Arbeitsbereichen umfassende Kenntnisse und Berufserfahrung hatten. Trotzdem lag alle Verantwortung in den Händen der Männer. Wo ich mich sozial engagieren wollte, habe ich mich mit politischen Gruppierungen zusammengetan, und ich habe für die oppositionelle Zeitschrift *Daritjeh-ie Goftegu* Interviews gemacht. Aber selbst dort hatten die Männer Vorrang, auch hier hatten sie die Zügel in der Hand, auch hier trafen sie die Entscheidungen. Immer hatte ich in solchen Kreisen das Gefühl, ich ersticke. Und weil ich diesen Zustand unerträglich fand, habe ich mich eines Tages gefragt: »Wie kann ich dem abhelfen?« Damals war ich in einem sozialen Projekt für eine zivilgesellschaftliche Organisation und auch für die Zeitschrift *Daritjeh-ie Goftegu* tätig und in deren Redaktion die einzige Frau. Bevor ich, auf Vorschlag des erwähnten Projekts, für das ich tätig war, dazustieß, bestand die Redaktion aus sieben oder acht Männern. Damals ging mir durch den Kopf: »Jetzt, mit einem sozialen Projekt im Rücken, kann ich mich voll und ganz auf die Förderung von Frauenrechten konzentrieren.«

Im Winter 1992, im Februar, das weiß ich noch, stand wieder der Internationale Frauentag am 8. März kurz bevor. Der 8. März war damals unter Intellektuellen und Aktivist*innen im Iran noch nicht sehr bekannt. Aber ein Kollege aus der Zeitschriften-Redaktion rief mir in Erinnerung: »Der 8. März fällt [am 18. Esfand] fast mit dem 23. Esfand zusammen.« [An dem Tag feiert man in Iran das Ende der Winterzeit.] »Das trifft sich ja gut!«, fand ich. Und das war der Auftakt. Damals habe ich für *Daritjeh-ie Goftegu* fast alle namhaften Vertreterinnen der iranischen Frauenbewegung interviewt.

Mein erstes Interview mit Shirin Ebadi, im Winter 1992, markiert den Beginn meiner Freundschaft mit ihr. Auch Parvaneh Forouhar habe ich damals interviewt. [Anmerkung: Sechs Jahre später fanden sie und ihr Mann Dariush im Zuge der Kettenmorde der iranischen Regierung ihren grausamen Tod.] Parvaneh war eine einzigartige Frau, von großer innerer und äußerer Stärke. Auch mit der Geschichtsprofessorin Shirin Bayani kam ich damals ins Gespräch. Sie ist inzwischen zwar pensioniert, zum Glück haben wir sie noch in unseren Reihen. Nicht zuletzt seien

Mansoureh Ettehadieh und Turan Shahriari genannt, die ich interviewte. Es kam eine wirklich sehr, sehr gelungene Gesprächsreihe dabei heraus.

Aber was glauben Sie, wurde daraus? Am Ende hat die Redaktion beschlossen, die Interviews nicht zum Internationalen Frauentag zu veröffentlichen. Das Material wurde beiseitegelegt und nicht veröffentlicht, weil von verschiedenen Seiten Druck ausgeübt worden war. Mir wurde im Laufe meiner Arbeit immer klarer, wie wichtig und elementar die Rechte von Frauen sind. Ich wurde also allmählich aktiver im Bereich Frauenrechte, war zeitgleich aber immer auch mit Kinderrechten beschäftigt. Die Erfahrung hat gezeigt: Jede Gesellschaft, die sich mit Menschenrechten befasst, denkt in diesem Zusammenhang an Frauen zuletzt.

Das hat mich auf den Gedanken gebracht, dass das Thema Frauenrechte ganz eng mit anderen Aspekten der Menschenrechte verknüpft ist, nämlich mit Kinderrechten, mit Rechten der LGBTIQ-Gemeinschaft und vielen anderen. Alle diese Bereiche hängen unmittelbar miteinander zusammen. Folglich hat eine Gesellschaft, die Frauenrechte achtet, auf ihrem Weg in dieses Stadium gelernt, ein beträchtliches Maß an anderen Rechten ebenfalls zu achten.

Mir wurde im Laufe meiner Arbeit immer klarer, wie wenige Rechte unser Gemeinwesen den Frauen einräumt.

In traditionellen Gesellschaften wie der unseren, die auf dem Fundament und dem Fortbestand der Familie gründen, und in denen die Rechte der Frauen weitestgehend auf familiäre Angelegenheiten beschränkt sind, ist auch das Leben von Kindern in Gefahr, weil Männer Frauen und Kinder nach eigenem Gutdünken behandeln dürfen. Wie Sie wissen, hat das Thema Schleierzwang inzwischen große Bedeutung gewonnen.

Aber zunächst wollten Sie ja wissen, was mich zu meinem privaten und meinem öffentlichen Engagement für Menschen- und Frauenrechte motiviert hat.

Sie hatten erwähnt, dass Ihnen aufgefallen war: Überall hatten Männer das Sagen, waren Männer die Entscheidungsträger. Kolleginnen, Freundinnen von mir, die in den Iran gereist sind, berichteten nach ihrer Rückkehr, dass auch sexuelle Belästigung ein Thema sei. Kommt sie, Ihrer Ansicht, Ihrer Erfahrung nach, im Iran häufig vor?

Ganz allgemein lässt sich sagen, auch unsere Gesellschaft ist mit diesem Problem konfrontiert. Wobei man die unsere natürlich nicht mit Gesellschaften wie etwa der deutschen vergleichen sollte. Ob das Problem hier häufiger auftritt als anderswo, vermag ich nicht zu sagen, weil wir keine Zahlen haben. Ich weiß aber, dass es im Iran zu einem Problem geworden ist. Offizielle Sprachrohre thematisieren geschlechtsspezifische Aspekte im Alltagsleben der Menschen zu häufig. Dass Frauen sich bedecken, verschleiern müssen, damit Männer nicht sexuell erregt werden, dass ein Mann und eine Frau sich nicht zu zweit allein in einem Büroraum aufhalten dürfen. Sie sagen: Trennt sie in den Bussen, trennt sie in den Parks.

Wenn eine Familie morgens wach wird, aufsteht und ihren Alltag bestreitet, läuft vor ihrem inneren Auge tagein, tagaus der Film mit moralischen Ge- und Verboten ab. Mit diesem offiziellen Maßstab im Kopf trifft die Familie unablässig Entscheidungen: »Wie verhalte ich mich moralisch korrekt?«

Für mich war, wie Sie wissen, ein Motiv für mein Engagement als Juristin zudem der Tatbestand des Kindesmissbrauchs. Der nicht selten geschieht. Ich hatte viele Mandantinnen, viele Mandanten.

Und in diesem Kontext ist es schmerzhaft, dass die Gerichte sich aufs Heftigste gegen die Aufklärung solcher Fälle stemmen. Das ging sogar so weit, dass Richter gesagt haben: »Wenn die Kindesmutter sich hier noch einmal blicken lässt, lassen wir sie festnehmen.« In einem Fall wurde die Mutter eines betroffenen Kindes tatsächlich verurteilt, und ich hatte alle Hände voll zu tun, bis die verhängte Prügelstrafe ausgesetzt wurde.

Gewiss muss man auch dieses Thema systemimmanent betrachten, jede Gesellschaft steht vor ganz eigenen Herausforderungen. Aber wir müssen unseren Wahrheiten ins Gesicht sehen und die Probleme lösen.

Können Frauen sich ohne Weiteres an die Polizei wenden? Oder vor Gericht ziehen, wenn sie sexuell belästigt wurden? Haben sie dieses Recht überhaupt?

Es gab Fälle, in denen Frauen Anzeige erstattet haben und ein Richter beide Seiten zu Peitschenhieben verurteilt hat. [Nasrin Sotoudeh lacht bitter.] Ich vermute, Sie haben von Fällen gehört, in denen Frauen beteuern, dass sie ihren Vergewaltiger aus Notwehr getötet haben. Vor Gericht hat dieser Beweggrund keinen Bestand. Zudem entscheidet man in solchen Fällen nicht einheitlich. Ist die Beklagte verheiratet, und will man ihr besonders schaden, so besteht [nach islamischem Recht] – das Einverständnis aller Beteiligten und der Angehörigen des Todesopfers vorausgesetzt – die Möglichkeit, [die Todesstrafe abzuwenden und] eine andere Form der Bestrafung, beispielsweise die Steinigung, vorzusehen.

Werden Steinigungen tatsächlich noch ausgeführt?

Man setzt entsprechende Urteile zwar seit einigen Jahren nicht mehr um, aber man kann, wie Sie wissen, stattdessen die Todesstrafe verhängen. Seit ein paar Jahren haben sie die Gesetze geändert. Wobei Steinigungen übrigens nie [grundsätzlich] in der Kritik standen. Die offizielle Begründung für die Umwandlung eines Urteils lautet: »Es gilt, die Verhöhnung von Recht und Ordnung zu unterbinden.« Deshalb kann der Richter die Steinigung in ein Todesurteil umwandeln. Zur Wahrung von Recht und Ordnung, zum Schutz des Systems. [Damit das System vor Anfeindungen geschützt wird, die mit Steinigungen zusammenhängen könnten, es geht also um das »Image«.] Jemand hat einen Menschen umgebracht, also wird dessen Tod gerächt. Diese Denk- und Handlungsweise ist ein Makel jeder totalitären Herrschaft.

Sie arbeiten seit Jahren als Anwältin, wurden schon oft inhaftiert und verbüßen auch jetzt eine Gefängnisstrafe [im Moment im Hafturlaub]. Was motiviert Sie dazu, sich trotz allem weiterhin [für Menschen-, Frauen- und Kinderrechte] zu engagieren?

Diese Frage wird mir oft gestellt. Und man stellt sie sich ja auch selbst, besonders wenn man Kinder hat, und meine Kinder waren noch klein, als ich meine erste Gefängnisstrafe verbüßt habe. »Soll ich wirklich weitermachen? Wieso habe ich diesen Weg überhaupt eingeschlagen?« Lassen Sie mich mit einem Beispiel aus meiner Arbeitswelt antworten.

Mitanzusehen, was sich vor Gericht, insbesondere vor den Revolutionsgerichten [in den 1980er Jahren] abspielte, die grenzenlose Ungerechtigkeit, der beleidigende Umgang mit Leuten, deren einziges Vergehen darin bestand, die neue Regierung nicht anzuerkennen, anderer Ansicht zu sein als der jeweilige Richter, all das war mir nur schwer erträglich.

Besonders wütend machte mich der haarsträubende Umgang mit Frauen vor Gericht und dass [gegen Frauen] völlig überzogene Strafen verhängt wurden. Todesurteile etwa wurden viel zu oft ausgesprochen, in manchen Fällen konnten wir sie abwenden. Nicht ich allein, nein, dazu haben viele im Kampf für Menschenrechte Aktive beigetragen. Und das fast ausschließlich in ehrenamtlicher Arbeit. Der großen Gefahr [für Leib und Leben] wegen konnte man nicht in erster Linie an wirtschaftliche Aspekte denken. Das Risiko war größer als der finanzielle Nutzen.

Diese himmelschreiende Ungerechtigkeit hat mich nicht kalt gelassen. Wenn beispielsweise ein [seines Glaubens wegen verfolgter] Anhänger der Bahai-Religion auf mich zukam, oder eine Frau, die wegen des Verstoßes gegen die Kleiderordnung vor Gericht musste, oder ein politisch Verfolgter, der mit Oppositionsgruppen kooperiert hatte, dann konnte ich diesen Leuten einfach nicht sagen: »Nein, ich nehme Ihr Mandat nicht an, es ist mir zu gefährlich.« Mir war immer klar: Ich muss mich hier nach besten Kräften einsetzen. Ich kann nicht einfach wegschauen.

Lassen Sie mich ein weiteres persönliches Beispiel nennen, aus dem Winter 1999. Wo Khavaran ist, wissen Sie? Khavaran ist ein Friedhof in Teherans Süden, der früher Christen und Anhängern der Bahai-Religion vorbehalten war. Wenn Hinrichtungen in großem Ausmaß stattfanden, wurden viele Opfer in Khavaran beerdigt, in direkter Nachbarschaft zu diesem Friedhof für Christen und Bahai.

Viele Angehörige der Opfer wurden in Khavaran festgenommen [während sie dort trauerten]. Mit der Zeit kamen die meisten wieder auf freien Fuß, ein Ehepaar aber blieb in Haft. Die Ehefrau hatte mir – von ihrer Tochter und ihrem Sohn vermittelt – das Mandat erteilt, sie vor Gericht zu vertreten. Ihr Fall wurde vor der 26. Kammer des Revolutionsgerichts verhandelt. Am Verhandlungstag sah ich, wie diese Frau in den Gerichtssaal geführt wurde: Sie hatten ihre Hände gefesselt, und über ihrem eigenen Kopftuch trug sie einen schwergewichtigen, verdreckten Tschador. Damals waren die Ganzkörperschleier der Haftanstalten, mit dem Emblem der Justizbehörden versehen, aus einem sehr dichten Gewebe, das fast wie Kunststoffplanen wirkte und wirklich schwer war. Jahre später, zu meiner Haftzeit, waren diese Schleier leichter. Wobei ich einen solchen Tschador nie getragen habe. Die Angeklagte wurde also, an den Händen gefesselt und unter diesem schweren Gefängnis-Tschador, zur Urteilsverkündung geführt. Im Korridor vor dem Gerichtssaal hatte ich kurz zuvor bemerkt, dass zeitgleich eine andere Verhandlung angesetzt war. Die angeklagte Studentin war sehr still und gefasst, auch sie mit zusammengebundenen Händen und einem mächtigen Tschador. Mit gefesselten Händen kann man sich weder selbst in den Tschador hüllen, noch kann man ihn zurechtrücken. Als die junge Frau den Verhandlungssaal betrat, hörte ich, wie jemand sie anherrschte: »Rück gefälligst deinen Tschador anständig zurecht!«

Können Sie sich vorstellen, wie mich das getroffen hat? Ich hatte damals selbst noch nie im Gefängnis gesessen. Meine erste Haftstrafe verbüßte ich erst Jahre nach diesem Erlebnis. Der Anblick dieser jungen Studentin, zu sehen, wie man mit ihr umsprang ... das ging mir sehr nah. Ich war entsetzt, aber ich konnte meiner Mandantin [die auch einen solchen Schleier trug] nicht sagen, dass sie wegen des Ganzkörperschleiers Einspruch einlegen sollte. Denn ihr ging es dort nicht um den Hijab. So war es meine Pflicht, meine Mandantin vor Gericht bezüglich ihres eigentlichen Anliegens zu verteidigen und die Bedingungen für ihre Freilassung auszuhandeln. Die Szene mit der jungen Studentin hat mich aber zu dem Schwur bewogen, mich niemals unter einen Tschador zwingen zu lassen, sollte ich eines Tages in diese Lage kommen. An dem Tag fand übrigens die Verhandlung meiner Mandantin statt [und wurde zu Ende gebracht]. Sie wurde zum Glück freigesprochen und konnte weiterhin für ihre kleinen Kinder da sein, ihrem Alltag nachgehen.

Was ich damit sagen will: Selbst im Einsatz für öffentliche Belange kann man seine persönlichen Erfahrungen nie außer Acht lassen. Auch sie bescheren einem lebhafte, einprägsame Bilder, die die tägliche Arbeit beeinflussen.

Können Frauen unter diesem Regime überhaupt zu ihrem Recht gelangen?

Auf keinen Fall! Dazu kann ich nur eines sagen: Dieses Regime fußt buchstäblich auf der Unterdrückung der Frauen. Vom ersten Tag an hat auch eine der Parolen der neuen Machthaber der Revolutionsregierung – »Ya ru-ssari, ya tu-ssari!«, »Entweder Tuch auf den Kopf oder Schläge auf den Kopf!« – unmissverständlich klargestellt: Dieses Regime macht die Unterdrückung der Frauen zu seiner Daseinsgrundlage.

Es kamen auch schon viele Kinder um …

Ja, wenn bei den Protesten auch Kinder sterben, dann meist nicht durch vermeintliche Querschläger. Hier wird gezielt geschossen. Und auch hier wollen sie [die Machthaber] eine Botschaft senden: »Ich bin zum Erhalt meiner Macht bereit, wirklich jede rote Linie zu überschreiten.« Mit solchen Mitteln lassen sich Menschen demoralisieren, seelisch und psychisch tief treffen.

*Im Iran leben freiberuflich tätige Rechtsbeistände gefährlich. Seit Beginn der Proteste im September vergangenen Jahres wurden viele Jurist*innen inhaftiert. Wovor fürchtet sich das Regime?*

Kurz gesagt: Die Machthaber haben Angst vor der Herrschaft von Recht und Gesetz. Sie fürchten alles, was sie in Situationen bringen könnte, in denen sie sich an Recht und Gesetze halten müssen. Aus genau diesem Grund verstoßen sie gegen ihre eigenen Bestimmungen, die selbst wir für richtig halten.

... was aktuell an im Schnellverfahren vollstreckten Todesurteilen besonders offenkundig wird.

Sehen Sie, wir sagen dem Gesetzgeber: »Halten Sie sich wenigstens an das Recht auf einen Rechtsbeistand vor Gericht.« Im Strafrecht etwa werden die Rechte eines Angeklagten nur unzureichend beachtet, obwohl die Statuten unter anderem ausdrücklich das Recht auf Rechtsbeistand vorsehen.

Wer vor Gericht steht, darf seinen*ihren Rechtsbeistand selbst wählen. Aber die Regierung verletzt selbst diese Grundsätze. Ich nenne Ihnen ein anderes Beispiel:

Kaum war [1979] die Revolutionsregierung im Amt, kam der Schleierzwang. Das hieß dann: »Beachtung des Verhüllungsgebots im öffentlichen Raum«. Sprich: sobald man vor die Haustür geht. Auf der Straße, in Krankenhäusern, im öffentlichen Raum allgemein, hatten Frauen sich zu verschleiern.

Was ist unterdessen aber passiert? Frauen haben natürlich seit Jahren Fotos von sich zu Hause, auf denen sie unverschleiert zu sehen sind. Geht eine Frau heute zu einem Fotografen, weil sie ein Porträt von sich braucht, das sie unverschleiert zeigt, dann muss der Mann seinen Laden dicht machen, weil er dem Wunsch der Kundin entsprochen hat: Porträtaufnahmen ohne Kopftuch, ohne Tschador.

2008 wurde mir in Italien ein Preis [der International Human Rights Award] verliehen. Weil ich nicht ausreisen durfte, um ihn entgegenzunehmen, kam ein Filmteam in meine Kanzlei. Sie drehten ein Video, und meine Danksagung wurde vor Ort im Rahmen der Preisverleihung gezeigt. Weil ich auf diesem Video in meiner Kanzlei – wo ich ganz allein war! – keinen Hijab trug, wurde ich angeklagt und verurteilt.

Damals dachte ich: »Das macht nichts, egal welches Urteil sie mir geben.« Ich habe mich auch nicht verteidigt. Der Richter hat mich dann zu einer Geldstrafe verurteilt. Mit der Begründung, dass ich mich eines Vergehens schuldig gemacht hätte.

Obwohl Sie allein in der Kanzlei waren [es also kein öffentlicher Raum war].

Ja. Was ich damit sagen will: Die Machthaber missachten ihre eigenen Vorgaben zum Verhüllungsgebot. Kein Wunder also, dass viele aus politischen Gründen Verurteilte sich vergeblich auf Gesetze berufen, vergeblich auf die Einhaltung von Bestimmungen pochen.

Der Gesetzgeber redet nicht von den Buchstaben des Gesetzes, nein, er sagt: »Ich bin das Gesetz!« Das haben die

Richter und Justizbeamten der Nazis damals auch gesagt. »Wir sind das Gesetz.« Zur Bekräftigung hat der eine oder andere auch seine Schusswaffe sehen lassen, damit klar war: Ich bin das Gesetz.

Wenn die Regierung also ihre eigenen Vorschriften umgeht, dann tut sie das nicht versehentlich, nicht, weil sie's nicht besser wüsste. Nein, das geschieht ganz bewusst, weil sie damit bestimmte politische Ziele verfolgt.

Das klingt ja fast wie Gerichtstheater.

Ja, sie inszenieren ihre Auftritte. Sie schreiben sich auch ihre Drehbücher dafür.

Sie setzen sich seit vielen Jahren für die Abschaffung der Todesstrafe im Iran ein, und es ist Ihnen mehrfach gelungen, Todesurteile abzuwenden. Weshalb ist dem Regime die Todesstrafe so wichtig?

Sie spielt für die Regierung des Iran dieselbe Rolle, die sie für all jene Staaten spielt, die die Todesstrafe in der Vergangenheit verhängten oder heute noch verhängen.

Der größte Nutzen, den diese Staaten aus der Todesstrafe ziehen, ist die Angst, die sie in ihrem Schatten schüren können. Selbst im Zivilrecht. [...] Denken Sie beispielsweise an den illegalen Drogenhandel. An Tötungsdelikte. Oder an andere nicht politisch motivierte Straftaten. Auch hier sorgen vollstreckte Todesurteile für Angst und Schrecken. Deshalb zeigt sich auch – ob hierzulande oder in Staaten, in denen die Todesstrafe lange Zeit galt oder heute noch angewendet wird: Solche Urteile werden in Zeiten schwerer politischer oder ökonomischer Krisen häufiger vollstreckt als sonst. Man nutzt solche Krisen aus.

Und der Iran steckt zurzeit, ganz unverkennbar, in einer politischen Krise. Auch Sie haben vermutlich gehört, dass kürzlich, nach offiziellen Angaben, fünfzehn Belutschen hingerichtet wurden. Tatsächlich aber hat man dreißig Personen hingerichtet. Das waren Menschen, die bereits vor Ausbruch der heftigen Proteste in Belutschistan verurteilt worden waren, und nun hat man diese Urteile [sozusagen unterm Deckmantel der politischen Krise] rasch ausgeführt, um den Menschen in Belutschistan, wo gerade viel protestiert wird, aufs Schmerzlichste klarzumachen, wer hier am längeren Hebel sitzt. Das ist der eine Sinn und Nutzen solcher Strafen.

Der zweite ergibt sich, wenn man die tiefe Wirtschaftskrise betrachtet, in der der Iran vor Jahren steckte. Im Grunde befindet sich unser Land ja in einer Dauerkrise. Damals aber kam es zu einem unerwartet starken Preisanstieg bei Gold und beim US-Dollar. Und urplötzlich wurde der iranischen Öffentlichkeit ein Mann präsentiert, Soltan-e Sekkeh, der Goldmünzenkönig genannt, und zum Schafott geführt. [Vermutlich war ein erheblicher Anteil der Münzen im Wert von vielen Milliarden auf dem freien Markt im Umlauf und damit dem ausschließlichen Einfluss der Regierung entzogen.] Diesem Mann wurde die Schuld am Preisanstieg angelastet. Das könnte eine – höchst fadenscheinige – Begründung für dieses unverhoffte Todesurteil gewesen sein.

Während dieser schweren Wirtschaftskrise war ich, bei weitem nicht die einzige, in Haft, und wir durften fernsehen, zumindest inländische Programme. Weshalb ich sehen konnte, wie der Mann zu seiner Hinrichtung gefahren wurde. Sie hatten seine Augen verbunden, im Auto filmten sie ihn und sie stellten ihm Fragen. Dort sagte er: »Ja, es stimmt, ich hatte viele Goldmünzen.«

Was ist daran verwerflich? Soll der Besitz von Münzen als Verbrechen gelten? Ob er sie auf unlauteren Wegen erworben hat, entzieht sich meiner Kenntnis. In seine Akte hatte ich keinen Einblick. Aber eines weiß ich: Wo die Todesstrafe vollstreckt wird, fallen ihr auch viele unschuldige Menschen zum Opfer.

[Auf die folgenden Fragen hat Nasrin Sotoudeh schriftlich geantwortet. Bianca Gackstatter hat sie aus dem Persischen übersetzt.]

Erlaubt das Rechtswesen, Personen unter 18 Jahren hinzurichten?

Ja, leider sind nach der iranischen Gesetzgebung Mädchen ab neun und Jungen ab 15 Jahren der Gefahr von Strafe und Hinrichtung ausgesetzt. Dieses Gesetz stellt eine der größten Herausforderungen für die Menschenrechte während der letzten vier Jahrzehnte dar. In diesem Zusammenhang wurden viele Anwält*innen beschuldigt, sich gegen das Regime zu stellen, und inhaftiert.

Als Folge des Engagements von Anwält*innen sowie Menschenrechtsaktivist*innen wurde das Gesetz zur Hinrichtung von Personen unter 18 Jahren zwar geändert. Allerdings wurde dadurch die Todesstrafe für Minderjährige nicht grundsätzlich verboten. Todesurteile werden also auch weiterhin verkündet und vollstreckt.

Welche Veränderungen bräuchte es im Iran, um mehr Gleichberechtigung zu erlangen?

Zunächst einmal sollte sich die öffentliche Haltung im Hinblick auf die Trennung der Geschlechter verändern, was teilweise auch schon geschehen ist. Im nächsten

Schritt sollte die Religion aus den Bereichen des öffentlichen Lebens zurückgedrängt werden und eine säkulare Regierung im Iran die Geschäfte übernehmen.

Welche Wünsche haben Sie bezüglich der Zukunft Irans?

Mein größter Wunsch ist es, dass die iranische Gesellschaft den Segen der Gleichberechtigung genießen könnte, um ein normales Leben in Frieden und Ruhe zu führen. Ich wünsche mir, dass auch unsere Gesellschaft sich an der größten demokratischen Errungenschaft, der Gleichberechtigung, erfreuen kann. Diese endlosen Trennungen der Menschen nach Geschlecht, ethnischer Zugehörigkeit, »Rasse«, Religion usw. sollten ein Ende finden. Ich wünsche mir, dass diese Unterscheidungen dem Denken zukünftiger Generationen grundlegend fremd sein mögen.

SEXUALISIERTE GEWALT IM IRAN: GESCHICHTEN, DIE ERZÄHLT WERDEN MÜSSEN

Sie habe es erst nicht glauben können, erzählt Azar. »Er band meine Hände an der Heizung fest. Dann machte er die Knöpfe meiner Bluse auf.« Zuerst dachte sie wirklich, er wolle ihr nur Angst machen, erinnert sie sich. »Ich drückte mich immer weiter nach hinten gegen die Heizung. Aber er öffnete weiter die Knöpfe meiner Bluse und zog seine Hose aus.« Ihre Augen seien verbunden gewesen, ihre Hände festgebunden. »Er hat es dann durchgezogen.«

Azar war in den frühen 1980er Jahren als politische Gefangene inhaftiert. In *My Stolen Revolution*, einem Dokumentarfilm der schwedisch-iranischen Filmemacherin Nahid Persson Sarvestani, wird die Geschichte von Azar und weiteren weiblichen politischen Gefangenen in der Frühzeit der iranischen Theokratie erzählt.

»Ich kann es nicht vergessen«, sagt Azar in der Doku. »Seine Hand, sein Körper. Alles, was er tat. Vielleicht ist für viele die Folter das Schlimmste. Für mich ist es nicht die Folter. Der Schmerz in meinen Füßen und in meinem Rücken, überall, ich erinnere mich überhaupt nicht mehr, was für eine Art von Schmerz das war. Obwohl ich nachts wach lag vor Schmerzen. In manchen Zeiten dachte ich, ich würde wegen dieser Schmerzen sterben. Aber ich erinnere mich nicht, ich habe diese Schmerzen vergessen. Den Schmerz der Vergewaltigung dagegen trage ich immer noch in mir.«

Azars Geschichte, ein ganzes Menschenleben, das vom Trauma gezeichnet ist, ist nur eine von Tausenden, Zehntausenden, wer weiß wie vielen Geschichten von Menschen, die in 44 Jahren Islamischer Republik vergewaltigt, sexuell misshandelt, Opfer jeglicher Art sexualisierter Gewalt wurden. Sexualisierte Gewalt gehört zur Islamischen Republik Iran wie eine Verfassung zu einem Staat. Sie ist eingeschrieben in die Gesetze, in die Rechtspraxis, in den Alltag dieses Staatsgebildes. Natürlich nicht explizit. Die Männer, die diese Republik gegründet, aufgebaut haben und bis heute führen, leugnen jegliche Vorwürfe sexualisierter Gewalt durch offizielle Stellen. Nach ihren Aussagen existiert so etwas nicht. Genauso wenig wie Homosexualität übrigens.

Deswegen muss man sich die Realität der Islamischen Republik anschauen. Frauen wurden bald nach der Machtübernahme von Ruhollah Khomeini in den Hijab gezwungen, in die Zwangsverschleierung. Sie wurden entrechtet, sie wurden entwertet. Wortwörtlich. Sie selbst, ihre Körper, ihre Weiblichkeit wurden sexualisiert. Sie waren nicht mehr als eine weltliche Verlockung für den Mann. Da scheint es logisch, dass ihnen verboten wurde, sich zu kleiden, wie sie wollten, zu singen und zu tanzen, alles wurde zum sexuellen Akt.

Diese staatliche Sexualisierung beschränkte sich aber nicht auf Frauen. Alles, was nicht in dieses System des religiösen Extremismus passte, wurde zur Sünde. »Verdorbenheit auf Erden« – nicht von ungefähr kommt dieses Urteil, das von Gerichten gefällt wird und das zur Hinrichtung führt.

»Was glauben Sie, was diese Minderheit, die in manchen Straßen mit dem Kopftuch winkt, will? ... Die einzige ›Freiheit‹, die sie wollen, ist, jede Nacht mit jemandem zu schlafen und sich wie Tiere zu benehmen«, so zitiert die staatsnahe Nachrichtenseite »*modara*« Hamid Rasaee, einen ehemaligen Parlamentsabgeordneten. Der islamische »Intellektuelle« Hossein Kachooyan sagte laut dem iranischen Exil-Medium *IranWire*, »Frau, Leben, Freiheit« bedeute in Wirklichkeit »Frau, Prostitution, Unzucht«.

Sexualisierte Gewalt als Mittel der Unterdrückung ist kein Zufallsprodukt der Islamischen Republik, sie ist fundamentaler Teil der Ideologie. Der Gründer des Gottesstaates, Ruhollah Khomeini, nannte Gegner*innen der Zwangsverschleierung und Frauen, die Freiheitsrechte einforderten, »Prostituierte«. Freiheit im westlichen Sinne, so der Revolutionsführer, sei »Verdorbenheit und Prostitution«. *IranWire* beschreibt in einem Artikel, dass Khomeini den Oppositionellen des neugegründeten Staates vorwarf, sie wollten nur zur »Nacktheit«, »moralischen Verdorbenheit« und »Prostitution« zurückkehren, die unter dem Shah existiert habe.

Das gilt eben nicht nur für Frauen: Jegliche Opposition gegen das Regime der Kleriker wird als verdorben betrachtet und sexualisiert. Der heutige Revolutionsführer Ali Khamenei warnt immer wieder, dass es Menschen im Staat gebe, die »Promiskuität und Prostitution« propagierten. Dieses Framing bedeutet in der Folge, dass inhaltliche Opposition gar nicht existieren darf: Sie wird von vornherein delegitimiert.

So ist »Freiheit« in diesem ideologischen Gerüst »westlich« begründeter moralischer Verfall. »Sie wollen, dass unsere Jugend ›frei‹ ist«, sagte Khomeini in einer Rede im Jahr 1979. »Sie wollen, dass Spielhöllen frei zugänglich sind, dass Schnapsläden frei zugänglich sind, dass Freudenhäuser frei zugänglich sind, dass Heroinhöhlen frei zugänglich sind, dass Opiumhöhlen frei zugänglich sind …«

In einer anderen Rede lässt er sich so über jene aus, die für Freiheit kämpfen: »Sie sahen die Freiheit [...] in Dingen, die alle verdorben waren. Sie sahen Freiheit in Frauen und Männern, die nackt im Meer schwimmen, sich in Prostitutionshäusern versammeln und, wie sie selbst sagen, tun, was sie wollen.«

In offiziellen Verlautbarungen des Regimes in den 1980er Jahren hieß es, Verteidigerinnen von Frauenrechten seien Unterstützerinnen von »sexueller Sklaverei«. Das heißt: Menschen, die sich für Freiheitsrechte einsetzen, Menschen, die sich gegen die Zwangsverschleierung wehren oder sie ablehnen, sind Freiwild. Vergewaltigung und sexualisierte Gewalt sind in diesem Weltbild folglich legitime Instrumente. Bei diesem ideologischen Unterbau, der gleichsam das Fundament des Staates bildet, spielt es keine Rolle, was in Gesetzen steht oder nicht steht. Entscheidend ist, was den Polizisten, Milizen, Gefängniswärtern und Staatsbeamten beigebracht wird: Gelangen euch Oppositionelle, Kriminelle, LGBTIQ-Personen, Frauen in die Hände – macht mit ihnen, was ihr wollt.

»Sex ist ein Instrument der Unterdrückung geworden«, sagte denn auch der Exil-Journalist Maziar Bahari in einem Interview mit CNN im Herbst 2022. »Deswegen sieht man solche Grausamkeiten in iranischen Gefängnissen, wo Leute, die verhören, die foltern, Perverse, [...] freie Bahn haben und die Gefangenen behandeln können, wie sie wollen, vor allem weibliche Gefangene.« Dank der Sozialen Medien und weil das eine von Frauen angeführte Bewegung sei, komme der sexuelle Aspekt nun endlich ans Tageslicht, so Bahari.

Genauso ist es. Zum ersten Mal seit dem Bestehen der Islamischen Republik erreichen Berichte sexualisierter Gewalt in Haftanstalten in Massen die Außenwelt. Damit kein falscher Eindruck entsteht: Im Iran wissen viele Menschen schon lange, was in den Gefängnissen vor sich geht. Auch in der Diaspora werden die Geschichten sexualisierter Gewalt seit vielen Jahren weitergetragen. Es gab aber kaum Medienberichte darüber, schon gar nicht in großen westlichen Medien. Das hat sich mit dieser Protestbewegung geändert.

Im November 2022 veröffentlichte der US-amerikanische Nachrichtensender CNN einen Report, in dem er darlegte, dass in den Gefängnissen und Haftanstalten der Islamischen Republik systematisch sexualisierte Gewalt ausgeübt wird. Nur durch Berichte von Augenzeug*innen, aus Gefängnissen und aus Kliniken, gelangen diese Zeugnisse nun an die Öffentlichkeit.

CNN schildert den Fall von Armita Abbasi, einer 20-jährigen Frau aus Karaj. Kurze Zeit nach ihrer »Festnahme« – Festnahmen kommen im Iran einer Verschleppung gleich – wurde sie in ein Krankenhaus in Karaj eingeliefert. Es waren medizinische Fachkräfte, die angesichts des Horrors, den sie empfanden, heimlich Informationen über Abbasis Fall weitergaben, unter Lebensgefahr wohlgemerkt. Sie blutet aus dem Rektum, schrieb eine Person. Das Mädchen muss mit massiver Krafteinwirkung vergewaltigt worden sein. Ihr Kopf sei rasiert worden, sie war verängstigt und habe gezittert. Die Person, die Armita Abbasi behandeln sollte, schrieb laut CNN: »Es ist nicht meine Absicht, Angst und Horror zu verbreiten. Aber das ist die Wahrheit. Es ist ein Verbrechen, und ich kann nicht schweigen. Mein Herz, das sie gesehen hat und sie nicht befreien konnte, macht mich wahnsinnig.« Denn die Regimekräfte ließen Armita Abbasi aus der Klinik verschwinden, bevor ihre Familie zu ihr konnte. Sie wurde zurück ins Gefängnis gebracht.

Die CNN-Reporter*innen sprachen mit Augenzeug*innen, die sich befreien und über die Grenze in den Irak fliehen konnten. Eine der Frauen, der die Flucht gelang, erzählt von ihren Erlebnissen in der Haft. Unter den Gefangenen seien viele Frauen, auch Jungs seien dabei gewesen, manche Kinder gerade mal 13 oder 14 Jahre alt. Sie alle seien brutal vergewaltigt worden, die Mädchen und Frauen verletze man schwerer. Die Befragungsräume seien die Orte, an denen vergewaltigt werde: »Ein Offizier nimmt ein hübsches Mädchen in einen Raum, um alleine mit ihr zu sein und sie vergewaltigen zu können.«

Sie erzählt von einem Geschwisterpaar, Teenager, die mit ihr im Gefängnis waren. Das Mädchen wurde mitgenommen. Als der Bruder zu ihr gehen wollte, um sie zu beschützen, wurde er zusammengeschlagen, bis er auf dem Boden lag und sich einnässte. Derweil habe man die Schreie seiner Schwester aus dem Nebenraum gehört.

IranWire berichtete Ende November von einer Sprachnachricht, die das Nachrichtenmedium von einer Gefangenen aus dem Urmia-Gefängnis im Nordwesten des Landes erhalten habe. Die Verfasserin der Nachricht schilderte, dass eine 22-jährige Frau, die in Urmia inhaftiert gewesen war, Suizid begangen habe, nachdem sie freigelassen wurde. Ihr Name war Afsaneh, sie war während der Proteste gefangen genommen worden. Sie habe ihren Mitgefangenen schreiend zu vermitteln versucht, dass sie während der Befragung mehrmals von Agenten des Geheimdienstes der Revolutionsgarden (IRGC) vergewaltigt wurde. Wegen ihres schlechten körperlichen und psychischen Zustands sei sie erst ins Krankenhaus gebracht und anschließend freigelassen worden.

IranWire sprach zudem mit einer ehemaligen Gefangenen des Urmia-Gefängnisses. Fatemeh Davand lebt inzwischen in der Türkei und hält Kontakt zu anderen früheren Häftlingen. »Mindestens acht junge Frauen, darunter ein 17-jähriges Mädchen, sagten aus, dass sie von Geheimdienstkräften der IRGC vergewaltigt wurden, bevor sie in das Gefängnis hineinkamen«, zitiert *IranWire* Davand.

Den Schilderungen der Aktivistin kann man entnehmen, dass Mädchen und Frauen, die bei den Protesten festgenommen wurden, im Urmia-Gefängnis systematisch vergewaltigt werden, noch bevor sie offiziell in der Haftanstalt aufgenommen sind. Ein 17-jähriges Mädchen habe einer Mitgefangenen die Telefonnummer ihrer Familie gegeben und sie gebeten, die Angehörigen anzurufen und ihnen zu sagen, dass sie in Haft sei und vergewaltigt werde. Eine andere Frau habe eine Nachricht auf ein Stück Papier geschrieben, wohl in der Hoffnung, dass sie an eine Person gelange, die helfen könnte: »Besorgt eine Packung Antibabypillen für die neu verhafteten Frauen.«

Fatemeh Davand berichtet auch von Frauen, die vor der aktuellen Protestbewegung im Urmia-Gefängnis in Haft waren. Eine Frau, die zu 15 Jahren Haft verurteilt wurde, habe ihr erzählt, wie »Vernehmungen« stattfänden: »Ein männlicher Vernehmungsbeamter steckte vor meinen Augen eine Flasche Soda in die Vagina meiner Freundin. Sie [...] bedrohten mich. Nachdem ich das gesehen hatte, rief ich: ›Ich werde alles tun, was Sie wollen, und alles gestehen, was Sie wollen.‹«

Zudem werde sexualisierte Gewalt durch die Beamten auch auf eine andere Weise als Druckmittel eingesetzt: Wenn Frauen zum Beispiel Hafturlaub beantragen. Sex gegen 10 Tage Hafturlaub, so berichtet es eine Gefangene: »Leila war eine meiner Freundinnen im Gefängnis, sie beantragte Hafturlaub, um ihre Kinder zu sehen.« Der Leiter der Verwaltungsabteilung sagte, ihr Antrag würde von einem Ausschuss geprüft. Er würde die endgültige Entscheidung treffen. »Er forderte Leila zum Sex auf«, so erinnert sich die Frau. »Sie lehnte ab und konnte nicht zu ihren Kindern.«

Der Exil-Sender Iran International berichtete Ende Dezember 2022 ebenfalls von Fällen sexualisierter Gewalt in Haft. Sowohl Männer als auch Frauen – und LGBTIQ-Personen, davon kann man ausgehen, auch wenn Iran International das nicht explizit erwähnt – seien dieser Gewalt ausgesetzt. Der Sender gibt die Beschreibung eines der Opfer wieder; sie war in einer Haftanstalt in Teheran. Sie und andere Personen, die mit ihr verhaftet wurden, wurden vor den Beamten nackt ausgezogen, im Genitalbereich betatscht, mit kaltem Wasser bespritzt und Elektroschocks ausgesetzt. Das Ziel dieser Tortur: Sie sollten sich bereit erklären, im Fernsehen »Geständnisse« abzulegen. Ihnen sei außerdem mit Vergewaltigung gedroht worden. Solche und ähnliche Berichte habe es laut Iran International aus Gefängnissen in vielen Städten des Landes gegeben, unter anderem aus Isfahan, Rasht, Teheran, Karaj, Bandar Abbas, Ahvaz, Täbris, Sanandaj, Amol und Mashhad.

Auch Human Rights Watch veröffentlichte Ende Dezember einen Bericht, in dem Gewalt gegen Protestierende in Kurdistan geschildert wurde. In Gebieten, in denen Minderheiten leben, gehen die Regimekräfte noch gewaltsamer und unbarmherziger vor als im Rest des Landes. Aus diesen Gebieten dringen oft weniger Informationen über Menschenrechtsverletzungen an die Öffentlichkeit; zudem wird dort das Internet noch stärker gedrosselt, außerdem ist die Armut größer. Es gibt weniger Handys, mit denen nach außen kommuniziert werden kann und mit denen Verbrechen dokumentiert werden können. Human Rights Watch berichtet aus kurdischen Gefängnissen von systematischer sexualisierter Gewalt; es ist davon auszugehen, dass die Fälle in Kurdistan, in Sistan Belutschistan und in anderen Minderheitsgebieten noch zahlreicher sind.

Im Dezember 2022 wandte sich Nargess Mohammadi, eine der bekanntesten Menschenrechtsaktivist*innen des Landes, mit einem Brief an die Öffentlichkeit – aus dem Evin-Gefängnis heraus, wo sie seit Jahren inhaftiert ist. Ihr Schreiben wurde auf ihrem Instagram-Account veröffentlicht. Mohammadi wandte sich in dem Schreiben an Javaid Rehman, den UN-Sonderberichterstatter für die Lage der Menschenrechte im Iran. »Die Übergriffe auf Frauen während der Haft und in den Haftanstalten sind Teil des Systems der Unterdrückung der Regierung gegen weibliche Demonstrant*innen und Kämpfer*innen«, schreibt Nargess Mohammadi. Seit Wochen seien Menschen landesweit für Demokratie und Menschenrechte auf den Straßen. »Frauen spielen eine wichtige Rolle in dieser Protestbewegung«, so Mohammadi, »und bei dem Versuch, sie zu unterdrücken, hat diese tyrannische und frauenfeindliche Regierung die Gewalt gegen Frauen verstärkt.« Sie berichtet, dass in den Wochen zuvor weibliche Gefangene aus verschiedenen ihr unbekannten Haftanstalten nach Evin gebracht worden seien; sie würden »schockierende« Geschichten von sexuellen Angriffen erzählen. Die Menschenrechtsaktivistin beschreibt in ihrem Brief, dass jegliche Versuche, die Vorfälle zu melden, vergeblich blieben und jegliche Beschwerden ignoriert würden. Auch Abgeordnete des iranischen Parlaments hätten von den Übergriffen gehört, sich aber nicht darum gekümmert. Mohammadi schildert die sexuellen Übergriffe gegen verschiedene Frauen, die festgenommen wurden, im Detail.

Nargess Mohammadi war sich bewusst, dass sie mit der Veröffentlichung ihrer Beobachtungen und ihres Wissens die betroffenen Frauen und deren Familien in Gefahr bringen könnte: »Die Wahrheit ist, dass die Beschreibung dieser schamlosen Übergriffe die Familien in Angst und Schrecken versetzen kann, aber andererseits würde das Verschweigen dieser Verbrechen dazu beitragen, dass diese repressiven Methoden gegen Frauen weiter angewandt werden.« Trotz der Gefahr, der die Aktivistin auch sich selbst mit der Veröffentlichung des Schreibens ausgesetzt hat, hat sie sich zu diesem Schritt entschlossen. Sie begründet das damit, dass die systematische Verletzung von Menschen- und Frauenrechten weltweit Beachtung finden muss. Über diese Verbrechen sollte »breit und kraftvoll berichtet werden«, so Mohammadi. Und weiter: »An dieser Stelle möchte ich betonen, dass Tapferkeit, Mut, Ausdauer und Kampf etwas bewirken und erreichen können, wenn sie von der Aufmerksamkeit der Medien und der Institutionen, die sich für die Menschenrechte einsetzen, begleitet werden, insbesondere in der gegenwärtigen Situation.«

Ihren Brief beendet Nargess Mohammadi, die sich seit vielen Jahren für die Rechte von Frauen im Iran einsetzt: »Als Bürgerrechtlerin und als Frau, die sich für eine friedliche Ablösung von einer religiösen, tyrannischen und frauenfeindlichen Regierung und für Menschenrechte und Freiheit einsetzt, und als Frau, die am 24. Dezember 2019 im Evin-Gefängnis selbst einen sexuellen Übergriff erlitten hat, glaube ich, dass wir, die mutigen, widerstandsfähigen, lebensfrohen und hoffnungsvollen Frauen des Iran, auf die Straßen gehen und trotz der repressiven und gewalttätigen Maßnahmen der Regierung und trotz der Gefahr von Übergriffen und sogar Vergewaltigungen weiter kämpfen werden. Wir werden nicht nachgeben, bis der Sieg errungen ist: Die Einführung von Demokratie, Frieden, Menschenrechten und ein Ende der Tyrannei.«

Dass sich heute mehr Betroffene trauen, mit ihren Geschichten an die Öffentlichkeit zu gehen, liegt auch daran, dass im Iran, wie in vielen anderen Ländern, eine progressive Debatte geführt wird. In den vergangenen Jahren hat sich im Iran, genauso wie im Westen, der Blick für sexuellen Missbrauch und sexuelle Übergriffe geschärft. Studierende und junge Menschen diskutieren über die #MeToo-Bewegung, über die Stellung der Frau in der Gesellschaft, im Alltag und im Beruf. Der Mut, sich zu wehren, die Scham nicht bei sich zu behalten, sondern sie richtigerweise bei den Täter*innen und den Menschen zu platzieren, die diese Übergriffe ausüben, ist gewachsen. Bewusstsein und Selbstbewusstsein sind größer geworden.

Sexuelle Übergriffe im Alltag und im Beruf, auch das gehört zum Leben in der Islamischen Republik. Das liegt nicht daran, dass die Männer im Iran misogyner seien als im Westen. Sondern daran, dass es keinerlei rechtliche Möglichkeiten gibt, sich zu wehren, anzuklagen, niemanden, die*der einem Beachtung schenken würde. Im Gegenteil, will man als Frau klagen, riskiert man, am Ende selbst zur Angeklagten zu werden.

In einem System wie der iranischen Theokratie gibt es schon strukturell Straffreiheit für sexuelle Übergriffe und sexualisierte Gewalt. Das betrifft natürlich in erster Linie und am schwersten die Betroffenen. Gleichzeitig leiden auch Männer darunter, wenn sie ihre Partner*innen, ihre Ehepartner*innen, ihre Schwestern, ihre Töchter und ihre Mütter nicht schützen können. Sie erleben mit, dass Unrecht passiert, dass geliebte Personen leiden und traumatisiert sind, aber sie haben keine rechtliche Handhabe, keine Möglichkeit, zu handeln, weil sie in einem Staat leben, in dem diese Art der Übergriffe nicht geächtet ist.

Und so sind es in dieser Protestbewegung auch Männer,

die für Frauenrechte protestieren, die »Frau, Leben, Freiheit« rufen und ihr Leben geben, damit Frauen und Minderheiten im Land frei sein können. Die Sozialen Netzwerke waren im Herbst 2022 voll von Videos, die Männer zeigten, wie sie Blumen an Frauen verteilten, die ohne Hijab durch die Städte liefen, mit den Worten: »Danke, dass du die Stadt mit deinen Haaren schöner machst.« Männer, die Süßigkeiten verteilten an Frauen, die mutig das Kopftuch ablegten. Männer, die mit den Frauen feministische Lieder an den Universitäten singen. Männer, die die Trennwand in der Uni-Mensa herunterreißen, die Männer und Frauen separieren soll. In einem patriarchalen und misogynen System wie der Islamischen Republik darf es keine Männer geben, die Sanftheit zeigen oder Zärtlichkeit, die feministisch sind, die weich sind. Der Druck, der auf Männern im Allgemeinen lastet, ist nicht annähernd mit dem Druck vergleichbar, dem Frauen und LGBTIQ-Personen ausgesetzt sind. Und doch gibt es das Mitgefühl, die Sehnsucht danach, mit der Person, die man liebt, Hand in Hand durch die Straßen laufen zu können, sie küssen zu können, sie streicheln zu können, natürlich, auch bei Männern. Auch viele von ihnen wünschen sich das Ende eines Systems, das Gewalt fördert und Liebe vernichtet. Eigentlich logisch. Auch die Menschen aus der LGBTIQ-Community setzen sich seit Jahren für Freiheit und Gleichberechtigung ein. Zwei von ihnen sind Zahra Sedighi-Hamadan und Elham Chobdar. Sedighi-Hamadan, Rufname Sareh, ist laut Amnesty International eine non-binäre Person; Sareh klärte über die Unterdrückung queerer Menschen im Iran auf und war ein*e wichtige*r LGBTIQ-Aktivist*in im Iran. Sareh und Elham wurden festgenommen. Anfang September wurden beide wegen »Verdorbenheit auf Erden« zum Tode verurteilt, ihnen wurden hanebüchene Vorwürfe gemacht. Der wahre Grund war, natürlich, der systematische Hass des Regimes gegen die LGBTIQ-Community. Laut CNN hatte Sareh zuvor versucht, aus dem Land zu fliehen. Sareh nahm ein Video auf und sagte folgende Worte: »Falls ich es schaffe, werde ich mich weiter um LGBTIQ-Menschen kümmern. Ich werde hinter ihnen stehen und meine Stimme erheben. Wenn ich es nicht schaffe, werde ich mein Leben für unsere Sache gegeben haben.«

Und so kämpfen die Menschen auf den Straßen, in den Gefängnissen, an den Universitäten, in den Bazars, und überhaupt überall im Land, dafür, dass die Gewalt ein Ende findet. Eines ist klar: Man muss über die Realität im Land sprechen, in allen quälenden Details. Erst jetzt wird das Ausmaß der sexualisierten Gewalt in der Islamischen Republik weltweit bekannt. Diese Geschichten müssen erzählt werden; sie dürfen nie, nie wieder im Untergrund verschwinden.

QUELLEN:

CNN Special Report: »How Iran's security forces use rape to quell protests«, CNN, 21. 11. 22: https://edition.cnn.com/interactive/2022/11/middleeast/iran-protests-sexual-assault/index.html

Samaneh Ghadarkhan: »Activist Reports Mass Sexual Abuse In Iran's Detention Centers«, IranWire, 30. 11. 22: https://iranwire.com/en/prisoners/110654-activist-reports-mass-sexual-abuse-in-irans-detention-centers/

Human Rights Watch: »Iran: Brutal Repression in Kurdistan Capital«, 21. 12. 22: https://www.hrw.org/news/2022/12/21/iran-brutal-repression-kurdistan-capital

Ehsan Mehrabi: »›They Don't Want Freedom, They Want Nudity and Sex‹: A History of Sexual Accusations by the Regime«, IranWire, 6. 10. 22: https://iranwire.com/en/politics/108346-they-dont-want-freedom-they-want-nudity-and-sex-a-history-of-sexual-accusations-by-the-regime/

WAS IM IRAN GESCHIEHT, IST FEMINISTISCHE WELTGESCHICHTE

In ihrem Buch *Mein Iran* erzählt Shirin Ebadi von jenem Morgen, als sie die Tageszeitung *Enghelab-e Eslami* – übersetzt: Islamische Revolution, kein besonders kreativer Name – aufschlug. Aus der Zeitung erfuhr die spätere Friedensnobelpreisträgerin, dass sich ihr Leben und das aller Frauen im Iran mit einem Schlage verändern würde. Denn in der Zeitung war der Entwurf des islamischen Strafgesetzbuches abgedruckt, eines neuen Gesetzeswerkes, das die vermeintlich islamischen Moralvorstellungen der neuen Machthaber umsetzen sollte. In ihrem Buch schreibt sie: »Die grauenvollen Gesetze, gegen die ich den Rest meines Lebens ankämpfen sollte, starrten vom Papier aus zurück.«

Sie zählt auf, was diese Gesetze beinhalteten: Das Leben einer Frau sollte nur noch die Hälfte eines Mannes wert sein. Stirbt eine Frau bei einem Autounfall, erhält ihre Familie nur halb so viel an finanzieller Entschädigung wie die Familie eines Mannes. Auch vor Gericht brauchte man von nun an zwei Frauen, um die Aussage eines Mannes aufzuwiegen. Frauen im Iran, so das Gesetzeswerk, benötigten außerdem die Erlaubnis ihres Mannes, um sich scheiden zu lassen. Und noch viel mehr. »Kurz gesagt, die Gesetze drehten die Uhr um 1400 Jahre zurück zu den frühen Tagen der Ausbreitung des Islam«, schreibt Shirin Ebadi in ihrem Buch.

So wie Shirin Ebadi wachten Millionen iranischer Frauen

von einem Tag auf den anderen in einer dystopischen Welt auf. So beschreibt Ebadi, dass, war sie einen Tag zuvor noch in einer gleichberechtigten Ehe mit ihrem Mann, sie nun zu einer »gesetzlichen Habe« wurde, während ihr Mann eine »Person« bleiben konnte. Die Zwangsverschleierung, um die es heute in der Diskussion um die Proteste im Iran so oft geht, war und ist nur die äußerliche Verkörperung der Demütigung und Entrechtung aller Frauen im Iran. Doch was heißt das für den moralischen und gesellschaftlichen Stellenwert eines Frauenlebens? Der Geistliche Sadeq Shirazi drückte es einmal so aus: Gott habe drei Arten von Tieren geschaffen. Zum einen Tiere, die dazu da seien, die Menschen zu transportieren, wie Pferde und Kamele. Zum zweiten Tiere, die erschaffen wurden, um die Menschen zu ernähren, wie Schafe, Ziegen und Kühe. Die dritte Art von Tieren seien die Frauen. Wie Schafe, Ziegen und Kühe seien sie geschaffen worden, damit Männer sie benutzen könnten. Sie sind also auch nur ganz normale »Nutztiere«, zur Befriedigung des Mannes. Gott habe diesen Tieren aber das Aussehen von Frauen gegeben, damit Männer keine Angst vor ihnen haben müssten.

Shirazi ist nicht irgendein Kleriker; er ist im Iran bekannt. Sein Blick auf Frauen ist repräsentativ für den Blick der theologischen Fundamentalisten. Dieser misogyne, hasserfüllte, menschenverachtende Blick auf Frauen ist Staatsdoktrin. Er führt dazu, dass Frauen als Objekte gelten und systematischer sexueller Gewalt ausgesetzt sind – ausgeführt von Menschen, denen Frauenhass beigebracht wird.

All das erklärt die Wut, die seit Mitte September 2022 auf den Straßen Irans zu sehen ist. Sie erklärt die Leidenschaft, mit der sich Frauen den Hijab vom Kopf nehmen, wegstecken, in der Luft schwingen, ins Feuer werfen.

Sie erklärt den Mut, der die Menschen, Frauen, Männer, LGBTIQ-Personen, protestieren lässt, wissend, dass es sie ihre Freiheit und ihr Leben kosten kann. Denn: Sie wissen, dass ihnen etwas weggenommen wurde. Etwas, das ihnen zusteht. Die systematische Unterdrückung der Frauen, die letztendlich alle Menschen in ihrer Freiheit beeinflusst und beschränkt, ist für die Menschen im Iran nichts Gottgegebenes oder gar »normal« – sondern sie ist die Folge von Entscheidungen einer Riege fundamentalistischer Kleriker.

Was im Iran geschieht, ist feministische Weltgeschichte. Und zwar unabhängig davon, wie der Fortlauf dieser Geschichte ist. Denn was die Frauen im Iran seit dem Herbst 2022 beweisen, ist, dass der innere Drang von Frauen nach Freiheit, nach sexueller Selbstbestimmung und ihr Anspruch auf die fundamentalen Frauenrechte nichts ist, was vom »Westen« kommt. Nach Jahrhunderten der Kolonisierung der Region des sogenannten Nahen Ostens wird in Europa und in Nordamerika noch immer das Bild von Gesellschaften gezeichnet, die rückständig seien. Diese Message erreicht uns nicht expressis verbis (außer sie kommt von ganz rechts). Sondern sie ist verpackt in Bildern, die uns über die *Tagesschau* erreichen und die Cover von Nachrichtenmagazinen schmücken. Auf denen man immer die chaotischen, vollbepackten Basare sieht, nie die modernen Büroräume. Auf denen man Frauen in unterwürfigen oder unscheinbaren Posen sieht, aber nie zupackend, entschlossen. Diese Message ist verpackt in politischen Debatten, zum Beispiel, wenn der ehemalige Außenminister Heiko Maas in einer Rede im Bundestag zum Abzug der Bundeswehr im Juni 2021 erklärt, was Deutschland in Afghanistan »erreicht« habe. Die afghanische Zivilgesellschaft sei »in dieser Zeit selbstbewusster«

und sich ihrer Rechte »bewusst« geworden. Menschenrechte seien in der Verfassung verankert, Frauen führten ein »viel freieres Leben«. Hier ist sie wieder, die implizite Message: Wir, der Westen, bringen denen, im Nahen Osten, Freiheit, Menschenrechte, Frauenrechte. *Wir* bringen *ihnen* etwas bei.

Nun zeigen es die Menschen, vor allem die Frauen, im Iran (und natürlich nicht nur dort!): Wir brauchen euch nicht, um zu verstehen, was Menschenrechte sind. Sie verstehen es nicht nur, sie setzen ihr Leben aufs Spiel, um diese endlich wieder zu erlangen. Das Netz ist geflutet von Bildern mit Schülerinnen, die zivilen Widerstand leisten. Auf Bildern sieht man, wie zuvor beschrieben, junge Schülerinnen von hinten, den Hijab abgenommen, die langen dunklen Haare über ihre Rücken fallend, wie sie sich an den Händen nehmen. Auf die Schultafel haben sie geschrieben: »Für meine Schwester, deine Schwester, unsere Schwestern«. Sisterhood in ihrer Bestform, gezeigt von Mädchen, die in einen Staat geboren sind, der ihnen genau das von klein auf verboten hat. Und trotzdem sind sie groß geworden, mit dem Wissen von Generationen von Frauen vor ihnen, dass der einzige Weg für Frauen, frei zu sein, die Solidarität mit- und untereinander ist.

So wie die Geschichte einer Schülerin aus dem ARD Weltspiegel. In ihrer Schulklasse nimmt sie ihren obligatorischen Hijab ab, und der Lehrer droht ihr, dafür von der Schule geworfen zu werden. Als er nach ihrem Namen fragt, antwortet sie: Mahsa Amini. Und dann stehen alle anderen Schülerinnen auf und sagen: Wir heißen auch Mahsa Amini.

Diese Solidarität, und das ist neu, zieht sich durch alle Altersgruppen, durch alle Ethnien, durch alle Schichten – und sogar durch alle Geschlechter: Frau, Leben, Freiheit, der »weiblichste und zivilisierteste Slogan, der Frauen und Männer von Teheran bis Kurdistan vereint«, so drückte es die Frauenrechtlerin Mansoureh Shojaee gegenüber dem *Handelsblatt* aus. Es ist, als ob 43 Jahre gewaltsames Patriarchat dieses fast schon ursprüngliche Wissen um die Stärke der Solidarität, der Sisterhood, nicht nur nicht haben ausmerzen können – sondern sie in diesen Frauen und Mädchen haben wachsen lassen. Der Tod von Jina Amini hat diese Kraft bei vielen Menschen entfesselt.

In der ganzen Region schauen Menschen wie gebannt auf das, was im Iran geschieht. Anders als wir im Westen sind sie dort nicht überrascht, *dass* die Iraner*innen für Frauenrechte, für Menschenrechte kämpfen. Sondern sie sind überrascht, dass es Wirkung zeigt, dass das Regime wackelt, und vor allem, dass die Menschen nicht aufhören zu kämpfen – egal, wie brutal die Proteste niedergeschlagen werden. Sie sehen, dass Regimekräfte auf der Straße wahllos auf Menschen und sogar in Häuser hineinschießen. Sie sehen, dass junge Mädchen, die den Hijab abnehmen, verhaftet werden, gefoltert, vergewaltigt und getötet.

Sie sehen aber auch, dass die Familien dieser jungen Menschen nicht still sind, sondern alle anderen dazu aufrufen, weiterzumachen. So wie die Mutter von Nika Shakarami, der bereits erwähnten 15-Jährigen, die brutal umgebracht und zuvor vermutlich gefoltert und vergewaltigt wurde. Ihre Mutter hielt am 2. Oktober, Nikas Geburtstag, und wenige Tage nach ihrem Tod, ein Bild ihrer Tochter in die Kamera und gratulierte ihr zu ihrem Geburtstag und sie war stolz, dass ihre Tochter »Märtyrerin« für die Freiheit geworden ist.

Die Menschen in der Region sehen, dass die Iraner*innen sich nicht niederknüppeln lassen, trotz der fast unvorstellbaren Gewalt, die das Regime seiner eigenen Bevölkerung antut. Die Protestbewegung im Iran zeigt schon jetzt, was für eine Kraft der Kampf für Rechte entfalten kann, die die Führungen dieser Länder, ob in Afghanistan oder im Iran, mit Verachtung abtun. Ende September fanden sich afghanische Frauen vor der iranischen Botschaft in Kabul ein, hielten Protestschilder hoch und riefen: »Frauen, Leben, Freiheit« und »Von Kabul bis Iran, sagt nein zur Diktatur!« France 24 zitiert eine der Frauen mit den Worten: »Wir müssen diesen schrecklichen Regierungen ein Ende setzen. Die Menschen hier sind der Verbrechen der Taliban auch müde. Wir sind sicher, dass unser Volk genauso aufstehen wird wie das iranische Volk.«

Man stelle sich vor, welche Kraft sich erst entfalten könnte, sollte das iranische Regime tatsächlich fallen.

Es könnte der Beginn eines Umbruchs in der Geschichte dieser Region sein, der dazu führt, dass die Menschen sich der Fesseln entledigen, die ihnen Kolonialismus und ein diktatorischer Machthaber nach dem anderen angelegt haben. Wie lange ein solcher Umbruch dauert, Monate, Jahre, Jahrzehnte, das kann niemand voraussagen. Eines ist sicher: Sie haben Kraft. Die Kraft, zu dem zurückzukehren, was alle Menschen sich wünschen, egal welcher Herkunft, egal welchen Geschlechts, egal welchen Orts: Freiheit, Gleichheit. Und Schwesterlichkeit.

QUELLE:
Shirin Ebadi: Mein Iran. Ein Leben zwischen Hoffnung und Revolution, München 2016.

Dieser Text ist eine leicht überarbeitete Version des zuerst am 12. Oktober 2022 auf dem migrationspolitischen Portal Heimatkunde der Heinrich-Böll-Stiftung erschienen Artikels (https://heimatkunde.boell.de).

DIE KURDIN IN MIR DARF HEIMAT FINDEN – JIN, JIYAN, AZADÎ

Schilan Kurdpoor

Schilan Kurdpoor bin ich zum ersten Mal auf einer Protestveranstaltung in Berlin begegnet; sie hatte ein glitzerndes, buntes Gewand an, auch ihre Haare waren geschmückt. Sie trug eine Rede über Jina Amini vor, die mich zu Tränen rührte. Als wir später sprachen, erzählte sie mir von ihrer kurdischen Herkunft. Zum zweiten Mal sah ich sie bei einer Trauerveranstaltung für Jina Amini, in einer Kapelle auf einem Berliner Friedhof. Lichter waren angezündet, der Raum war von Spiritualität erfüllt. Schilan Kurdpoor sprach darüber, was es heißt, Kurdin zu sein, über den Tod von Jina Amini und darüber, wie uns all diese Ereignisse näherbringen können. Ich bin ihr dankbar, dass sie ihre eigenen Erfahrungen und die ihrer Familie in diesem Buch geteilt hat. Wie immer, wenn sie erzählt, bin ich gerührt und inspiriert.

Die Suche nach Zugehörigkeit und dem »Wer bin ich eigentlich?« hat in der Geschichte der Menschheit für ständigen Wandel und verschiedenste Strömungen gesorgt. Der Diversität an Angeboten sind kaum Grenzen gesetzt. So ist auch die kurdische Identität sehr vielschichtig und komplex. Wer sie in eine Schublade stecken will, der scheitert. Um sie zu verstehen und friedvoll leben zu können, muss man vor allem eines sein: frei.

Meine erste Erinnerung daran, kurdisch zu sein, geht zurück in den Kindergarten. Zu jeder Faschingsparty gab es ein anderes kurdisches Kleid, das ich tragen sollte. Meistens waren die Kleider rot. Das steht für Lebensfreude und Lebendigkeit in der kurdischen Kultur. Manchmal habe ich noch Katzenschnurrhaare dazu ins Gesicht gemalt bekommen. Ein lustiges Tierkostüm gab es nie. Später konnte ich durchsetzen, zumindest ein westliches Tutukleid tragen zu dürfen und mal eine Prinzessin, mal eine Ballerina darzustellen. Das passte auch viel besser zu meinem bis dato vom Disney Channel geprägten Weltbild mit kurdischer Störfrequenz.

Im Grundschulalter ging meine Mutter mit mir regelmäßig in einen kurdischen Verein. Dort lernte ich kurdische Lieder und Tänze, die ich dann zu Newroz (kurdisches Neujahr zum Frühlingsbeginn) mit anderen Kindern aus dem Verein aufführen sollte. Die Lieder habe ich nicht vollständig verstanden, sie waren in dem kurdischen Dialekt Kurmanci. Wir sprechen Sorani. Ich gewöhnte mich aber schnell an den Dialekt und hinterfragte das auch nie. Kurdisch sein bedeutete bis zu diesem Zeitpunkt für mich, bunte, schillernde Kleider zu tragen und viel zu tanzen und zu singen, mal mehr, mal weniger freiwillig.

Diese Definition geriet ins Wanken, nachdem ich in die 7. Klasse kam. Mein Verliebtsein in einen türkischen Jungen wurde erwidert mit: »Selbst, wenn sie das letzte Mädchen auf Erden wäre, lieber würde ich sterben, als mit einer Kurdin zusammen zu sein.« Er und seine Freunde bezeichneten sich schon in diesem Alter als Bozkurts (auch geläufig als Graue Wölfe), eine national-faschistische Gruppe, die ihren Ursprung in der Türkei hat und für antikurdischen Faschismus bekannt ist. Noch im selben Jahr wurde ich von einem 1,80 Meter großen, kräftigen, halbtürkischen Mädchen aufgrund meiner kurdischen Herkunft verprügelt. Seit der Pubertät erlebte ich immer mal wieder Anfeindungen von Jugendlichen, die wenig Ahnung von Politik hatten, so wie ich auch, aber der Meinung waren, dass Kurd*innen Terroristen, Ehrenmörder oder Kopfabschneider sind. Narrative, die sie von ihren

Eltern übernommen hatten. Irgendetwas hatte sich seit diesen Vorfällen in mir verändert. Kurdisch sein war nicht mehr so bunt und schillernd, sondern düster und schmerzhaft. Ich wechselte die Schule und wurde vorsichtiger. Wenn es jedoch die Möglichkeit gab, wählte ich immer ein kurdisches Thema für Schulreferate. Der Drang darüber aufzuklären, wer wir sind, und selbst dabei immer wieder Neues zu lernen, besteht bis heute. Besonders getroffen haben mich die Reaktionen im Politik- oder Erdkundeunterricht. Sie kamen von Mitschüler*innen, mit denen ich mich eigentlich gut verstand, und waren geprägt von Ignoranz und Verabscheuung. Ich habe damals aber auch Freund*innen gefunden, denen ich bis heute verbunden bin, obwohl auch sie die rassistischen Narrative ihrer Familien kannten. Ich erzählte nicht mehr jedem, dass ich Kurdin bin. »Ich bin Iranerin, aber spreche kein Persisch«, war meine Antwort auf die Frage, WAS ich denn sei. Persisch sprechen zu können ist etwas, das erwartet wird, sobald du sagst, dass du Iranerin bist oder Kurdin aus dem Iran. Meine Mutter und ich wurden und werden oft gefragt, wieso ich kein Persisch spreche. Die Antwort bleibt gleich, Kurdisch ist meine Muttersprache. Ich bin in Deutschland geboren und aufgewachsen, so dass ich in der Schule weder Persisch, Türkisch oder Arabisch lernen musste. Von außen wurde mir immer wieder das Gefühl vermittelt, dass Kurdisch eine untergeordnete Sprache sei. Eine zweitrangige Sprache, die immer eine Zusatzsprache benötigt, sei es Türkisch, Persisch oder Arabisch. Generell werden jegliche Themen der Kurd*innen bis heute stark marginalisiert. Dabei sprechen wir von etwa 40 bis 60 Millionen Kurd*innen weltweit. Offiziell konnte uns keiner zählen. Ich habe viele kennengelernt, die erst im Jugendalter erfahren haben, dass sie Kurd*innen sind, weil ihre

Eltern sie schützen wollten. Auch ein Grund, weshalb die Zählungen schwierig sind. Viele sind assimiliert worden. Einige, die nur Türkisch (oder eine andere Sprache der angrenzenden Länder) sprechen, versuchen sich heute mühselig im Erwachsenenalter die kurdische Sprache anzueignen, um etwas aufzuarbeiten, das sich verloren anfühlt. Die kurdische Sprache auszurotten, war ein großes Ziel der Assimilierungspolitik der Staaten, auf die Kurd*innen aufgeteilt wurden. Am stärksten ausgeprägt ist diese Politik in der Türkei. Dort, wo die meisten Kurd*innen leben. Wenn ich mir aktuell die Nachrichten über politische Gefangene im Iran anschaue und lese: »Zara Mohammadi gelistet unter BBC Women 100 – im Jahr 2022: Zu fünf Jahren Haft verurteilt mit dem Vorwurf: ›Störung der nationalen Sicherheit‹, weil sie Kurdisch unterrichtet hat«, dann schaudert es mir am ganzen Körper. Ich bin Englischlehrerin. Wie kann es ein Verbrechen sein, eine Sprache zu unterrichten? Kurdisch als Verbrechen und das, obwohl in der iranischen Verfassung steht, dass Minderheiten ihre Sprache in staatlichen Schulen lernen dürfen. Die Geschichte und Liste der Dinge, für die Kurd*innen kriminalisiert werden, ist lang.

Das Sprachthema kam in meinem Leben nie so oft auf wie beim Kauf eines Döners. »Woher kommst du denn?«, lautet die Frage, wenn man den Döner auf Deutsch bestellt und nicht dem biodeutschen Phänotypus entspricht. Oftmals waren es Kurden. Wenn sie Türken waren, erwarteten sie meist, dass man als Kurdin in der Lage ist, Türkisch mit ihnen zu sprechen. »Warum sprichst du kein Türkisch?« Fast schon vorwurfsvoll, als würde man dagegen protestieren. Vielleicht tat ich das insgeheim auch, denn ich wusste mittlerweile, was »ohne Zwiebeln« auf Türkisch heißt.

Die ständige Identitätsklärung beim Dönerkauf nervte

irgendwann. Also fing ich auch da an zu sagen, dass ich Iranerin bin. »Tired of explaining«, wie meine Freundin Jasmin Shakeri es nennen würde. Es schlich sich immer mehr ein. Es schien einfacher, die kurdische Identität zu verleugnen, als zu ihr zu stehen. Aber das war nur der Schein. Etwas in mir wurde immer trauriger und zorniger darüber. Dieses Gefühl von nicht sein zu dürfen, nicht richtig zu sein, anders sein zu müssen, weil andere einen so haben wollen, den Anforderungen der anderen entsprechen zu müssen – all das war real, und ich konnte es nicht akzeptieren. Wenn man zu der kurdischen Identität steht, ist das meist überschattet von der Erfahrung, unterdrückt, zensiert und ausgeschlossen zu werden.

Das musste ich auch bitterlicherweise im Zuge der jetzigen Iran-Revolution erfahren. Immer wieder musste ich mir anhören, ich würde spalten, indem ich die Rolle der Kurd*innen betone und nicht über »alle« Iraner*innen spreche. Dabei bin ich eine der wenigen Stimmen, die das tut: für die Sichtbarkeit einer Minderheit im Iran zu sorgen, die überproportional von Hinrichtungen und Ermordungen betroffen ist. Außerdem ist Staatszugehörigkeit nicht gleich Identität – abgesehen davon bin ich Passdeutsche. Nicht jede*r definiert Kurdischsein so wie ich. Es gibt auch einige, die sich iranisch fühlen. Vor allem diejenigen, die beispielsweise in Teheran oder anderen großen Städten außerhalb von Kurdistan aufgewachsen sind. Minderheiten haben im Iran nicht dieselben Rechte wie Perser*innen, mir persönlich geht es auch darum, die Persian-Supremacy zu markieren. Perser*innen sind die vorherrschende und privilegierte Volksgruppe im Iran. So sind Kurd*innen im Iran beispielsweise nicht an der Macht beteiligt. Sie haben ein erheblich niedrigeres Pro-Kopf-Einkommen und einen deutlich schwierigeren Zugang zu

Bildung. Das trifft auf viele Minderheiten zu. Besonders hart betroffen sind die Belutschen, vor allem in Sistan und Belutschistan und afghanische Geflüchtete. Erfreulicherweise bin ich jedoch von Menschen umgeben, die es einfach respektieren und akzeptieren, wenn ich sage, ich bin Kurdin und keine Iranerin, auch Perserinnen. Sie verstehen, dass der identitäre Kampf der Kurd*innen sich nicht gegen sie richtet, sondern es ihnen um Anerkennung und Widerstand gegen Verleumdung geht.

Kurdin zu sein bedeutet, Traumata zu erleben und um Anerkennung der eigenen Identität zu kämpfen. Nicht wie es das westliche »Zu-sich-Stehen« definieren würde, sondern in einem Maße, das überlebenswichtig ist. Denn wenn wir nicht sagen sollen, dass wir Kurd*innen sind, dann gibt es uns nicht mehr! Für ein marginalisiertes Volk ist Sichtbarkeit überlebenswichtig.

Mein größtes traumatisches Erlebnis war, als ich zum ersten Mal von der Fluchtgeschichte meiner Mutter erfuhr. Ich war mit der Schule im Anti-Kriegsmuseum, und dort gab es eine Führung durch einen Bunker. Aus unerklärlichen Gründen wurde mir in diesem Bunker total übel. Meine Lehrerin fragte mich nach diesem Ausflug, wie denn meine Eltern eigentlich nach Deutschland gekommen sind. Mir fiel auf, dass ich mir die Frage bis dahin noch nie gestellt hatte. Zu Hause angekommen fragte ich nach, und meine Mutter erzählte mir folgende Geschichte:

»Nachdem ich mein Abitur gemacht hatte, wollte ich Kindergärtnerin werden. In der Stadt Bokan, in der wir lebten, konnte man keine Ausbildung absolvieren, also ging ich nach Urmia, und deine Oma begleitete mich. Die Stadt war hauptsächlich von Schiiten bewohnt, und wir mussten uns dort anders verhalten. Nicht schiitisch zu sein, war Anlass, diskriminiert zu werden, auch schon zu Shah-Zeiten. Deine Oma hieß ja Aisheh, was ein klassisch sunnitischer Name ist, und damit wir keine Probleme bekamen, nannten wir sie Aya. Unsere Wohnung war gegenüber der Ausbildungsstätte, und die Mädchen kamen oft vor unser Haus und riefen: »Aisheh, Aisheh komm raus!«, weil sie es lustig fanden. Deine Oma sprach so gut wie kein Persisch, das war bei den meisten ihrer Generation der Fall. Ich musste die Mädchen immer wieder darum bitten, es sein zu lassen, damit wir in Frieden dort leben konnten, bis ich meine Ausbildung beendet habe. Keiner sollte wissen, dass wir Sunnitinnen oder Kurdinnen sind, sonst hätten sie uns schikaniert und wir hätten Probleme bekommen, mit der Begründung, wir seien ›Ungläubige‹, dabei haben wir regelmäßig gebetet. Während meiner Ausbildung ging die Revolution los, und nach und nach fing das Shah-Regime an zu bröckeln.

Nach absolvierter Ausbildung sind wir zurück nach Bokan gegangen, und ich begann dort als Kindergärtnerin zu arbeiten. In den ersten sechs Monaten sprach ich mit den Kindern Kurdisch. Eines Tages führte mich der damalige iranische Geheimdienst SAVAK ab. Sie sagten, dass ich mit den Kindern Persisch sprechen muss, andernfalls würde ich Probleme bekommen. Ich habe eingewilligt, ihnen aber gleichzeitig gesagt, dass es schwierig ist, weil diese Kinder zu Hause kein Persisch sprechen. Ich fing also an, den Kindern mit großen Mühen eine neue Sprache beizubringen. Die Kinder haben wirklich vieles nicht verstanden, und für die Erziehung war das problematisch und anstrengend. Sie haben die Sprachen oft vermischt. Ein Kind fragte mich einmal, ob es in die Scheune gehen darf statt auf die Toilette, weil die Wörter so ähnlich klingen, da musste ich natürlich auch lachen. Kindliche Sprachfehler sind süß, aber die Gründe haben mich beschäftigt.

Die Revolution gegen das Shah-Regime war noch in vollem Gange. Eines Tages gingen wir in die Stadt Miandoab, um die

Proteste dort zu unterstützen. Wir waren mit fünf oder sechs Autos unterwegs, die sich zusammengeschlossen hatten. Dort angekommen, sahen wir einen Menschen an einem Baum hängen, der grade bei lebendigem Leibe verbrannt werden sollte. Er war Bahai. Die Bahai werden bis heute im Iran verfolgt. Wir waren nicht genug Leute, um irgendetwas gegen die Menschenmasse zu tun, die daran beteiligt war. Wenn wir uns dagegengestellt hätten, wäre auch unser Leben in Gefahr gewesen. Wir sind schnell zurückgekehrt zu unserem Auto. Damals war Khomeini noch nicht an der Macht, aber seine Anhänger führten bereits seine Ideen in Form von Gräueltaten aus.

Ungefähr sechs Monate nachdem ich angefangen hatte zu arbeiten, wurde der Shah gestürzt. Die kurdischen Parteien kehrten zurück aus dem Exil. Das Referendum, in dem es darum ging abzustimmen, Islamische Republik ja oder nein, boykottierten die Kurd*innen. Das war am 30. und 31. März 1979. Wir wussten von Anfang an, dass das nicht gutgehen kann, und akzeptierten Khomeini nicht als unseren Führer. Wir hatten unsere eigenen demokratischen Parteien. In der Zeit des Regimewechsels übernahmen kurdische Parteien in Kurdistan überwiegend die Kontrolle. Wir waren praktisch isoliert vom Rest des Landes. Wir hatten keine Staatsmacht, aber es war eine wirklich friedliche und schöne Zeit.

Khomeini kämpfte dagegen, verkündete am 16. August 1979 eine Fatwa und begann einen brutalen Krieg gegen das kurdische Volk. Wir wurden als Separatisten und Ungläubige bezeichnet. Das erlaubte ihm, uns zu ermorden, während alle anderen dabei zuschauten.

Ich war zu der Zeit bei deiner Tante in Mahabad. Eine benachbarte Familie hatte einen Keller. Wir und ungefähr fünf weitere Familien waren 17 Tage in diesem Keller gefangen. Um das mental zu überstehen, tanzten wir. Jeder brachte außerdem Vorräte mit. Zum Ende hin ernährten wir uns dann von trockenem Mehl. Als das auch aufgebraucht war und wir wirklich nichts mehr hatten, beschlossen wir, über die Berge aus der Stadt zu flüchten. Eine der Frauen hatte junge Zwillinge. Ich half ihr und nahm während der Flucht eines der Kinder auf meinen Arm. Ich hatte keine Ahnung, was das noch für Konsequenzen haben würde. Als wir ungefähr einen Kilometer aus der Stadt raus waren, sahen wir bewaffnete Männer aus den Bergen runterkommen. Sie zwangen uns, in die Knie zu gehen. Wir taten, was sie sagten, wir gingen auf die Knie. Sie nahmen sich die Jüngeren und Kinderlosen aus den Reihen, Mädchen und Jungen und erschossen sie vor unseren Augen und sagten, dass dasselbe mit uns geschieht, wenn wir weitergehen. Ich hatte das Zwillingskind auf dem Arm, so dass sie dachten, ich sei Mutter. Wenn ich dieses Kind nicht auf dem Arm gehabt hätte, wäre ich heute nicht mehr am Leben. Ich versuche mich oft daran zu erinnern, wer sie eigentlich waren, diejenigen, die erschossen wurden. Ich erinnere mich einfach nicht mehr. Wir kehrten also zurück. Nach einem Jahr Krieg hat Khomeini die kurdischen Städte unter Embargo gestellt. Wir haben weder Lebensmittel noch andere Güter erhalten. Wir hatten gar nichts. Diejenigen, die Azeri sprachen, wie dein Onkel Hassan, konnten ins nahegelegene Miandoab fahren, um einzukaufen. Wenn sie dort jedoch rausgefunden haben, dass jemand Kurde war, haben sie ihm nichts verkauft. In dieser Zeit versorgten uns hauptsächlich die Kurd*innen über die irakische Grenze. Die Grenze zwischen Iran und Irak war beidseitig unter kurdischer Kontrolle, so dass wir überleben konnten.

Die Islamische Republik besetzte die kurdischen Städte und brachte sie dann unter ihre Kontrolle. Ich musste in Urmia vorstellig werden und wurde dort ausgefragt. Als ich dort war, sagten sie zu mir, dass ich unter meinem Tschador keinen Manteau tragen würde. Deshalb würden sie mich feuern und ich dürfe von nun an nicht mehr als Kindergärtnerin arbeiten. Zu dieser

Zeit wurden Säuberungen durchgeführt und all diejenigen entlassen, die nicht systemtreu waren. Voller Wut riss ich meinen Tschador auf und sagte: »Ja, es stimmt! Ich trage keinen Manto drunter!« Und rannte weg. Dein Opa sagte irgendwann zu mir, es sei zu gefährlich für mich geworden. Sowohl weibliche Gefangene als auch Jungfrauen vor der Hinrichtung wurden vergewaltigt, und eine lächerliche Summe wurde an die Verwandtschaft als Brautgeld gezahlt. Das diente als Erniedrigung und Einschüchterung. Ab dieser Zeit begann meine Fluchtgeschichte. Ich versteckte mich einige Zeit bei meiner Freundin in einer anderen Stadt und schaffte es irgendwann, über Gewässer das Land zu verlassen. Dein Onkel und dein Großvater starben kurze Zeit darauf. Ich habe sie nie wiedergesehen.«

Als meine Mutter diese Geschichte erzählte, stand sie die ganze Zeit über. Sie war zu aufgeregt. Mal lief sie hin und her, begleitet durch ein wildes Gestikulieren, und zwischendurch ging sie auf die Knie, um zu demonstrieren, wie der Moment war, als sie niedergezwungen wurden. Mir kam das alles vor wie ein schlechtes Theaterstück. Ganz mulmig wurde mir dabei zu erfahren, wie das Leben meiner Mutter vor meiner Geburt aussah. Als würde ich eine ganz neue Frau kennenlernen. Eine, die viel stärker war, als ich mir je hätte vorstellen können. Ich frage mich bis heute, wie sie es schafft, so eine außergewöhnlich positive Einstellung zum Leben zu haben, nach all dem, was sie erlebt hat.

In der Pubertät wurde meine Identitätskrise immer stärker. Meine Mutter merkte, dass ich auf der Suche war. Als ich 14 war, sagte sie zu mir: »Ich werde dir jetzt zeigen, wo du herkommst. Wir fliegen nach Kurdistan.« Ich hatte keine Ahnung, was da auf mich zukommt, und pubertätsbedingt hatte ich auch nicht sonderliche Lust auf eine

Reise mit meiner Mutter. In den Sommerferien flogen wir also nach Damaskus (Syrien), dort blieben wir zwei Nächte und schauten uns die Stadt an. Anschließend ging es an die Grenze in die multiethnische Stadt Qamishlo, wo wir ungefähr eine Woche bei einer kurdischen Familie lebten. Als wir durch die Stadt gelaufen sind, gab es die verschiedensten Menschen zu beobachten. Es gab auch immer Gruppen, die durch ihren freizügigen Kleidungsstil auffielen. Auf meine Nachfrage, was es mit ihnen auf sich hat, erklärte man mir, dass das Christen seien. Anschließend fuhren wir mit einem Auto an die nordirakische Grenze. Wir kamen an eine Art See, wenn man dieses kleine Gewässer überhaupt so nennen durfte. Wir hatten unfassbar viel Gepäck dabei, weil meine Mutter sehr viele Geschenke für meine Tante, Cousins und Cousinen, die ich hier zum ersten Mal kennenlernen sollte, dabeihatte. Dann kam ein Paddelboot, in das das gesamte Gepäck geladen wurde. Ich hatte wirklich Angst, dass es untergehen wird. Auf der anderen Seite des Ufers hing eine in meiner Erinnerung riesengroße Plane mit der kurdischen Flagge, auf der stand: »Welcome to Kurdistan!« Ich erinnere mich an ein innerliches Feuerwerk. Jahrelang musste ich mir anhören, dass es kein Kurdistan gibt, und plötzlich steht es da ganz groß: »Welcome to Kurdistan!« All die Jahre, in denen mir suggeriert wurde, es gäbe kein Kurdistan und ich immer wieder ins Zweifeln kam, ob sie nicht vielleicht recht damit hatten. Hier war der Beweis. Es gibt Kurdistan. Damals war Saddam Hussein noch an der Macht, Kurdistan war nicht einmal autonom und dennoch isoliert. Die Grenzgebiete wurden auch hier von Kurd*innen kontrolliert. Die Währung war auch eine andere als die irakische. Eine, die nichts wert war. Man hätte auch nicht einfach so nach Bagdad fahren können. Es gab Beschränkungen und

Eingrenzungen. Es gab Kurdistan, nicht als Rechtsstaat, aber als Ort (seit 2005 anerkannt als autonome Region Kurdistan-Irak). Wir reisten durch Duhok, Sulaimaniyya, Hawler (arabisch Erbil) und einige Dörfer. Von Familien, die in extremer Armut lebten, bis hin zu hohen Politikern, bei denen uns Peschmerga bedienten, waren wir in den verschiedensten Haushalten eingeladen. Ich erlebte zum ersten Mal, dass meine Mutter und ich als weibliche Ehrengäste bei Politikern eingeladen waren und Männer uns bekochten und bedienten. Aber es schien total normal und natürlich. Einmal waren wir bei einer schwangeren Frau in einer Hütte eingeladen, die Frau hatte keine Schuhe. Meine Mutter ließ ihre Schuhe einfach dort und ging barfuß zurück in die Stadt. Die schönste Erinnerung dieser Reise war in Lalisch. Ein wirklich wunderschöner mystischer Ort, die Heiligenstätte der Êzîdîs (Jesid*innen). Es hatte so etwas Ursprüngliches, keine Schuhe, Waschen in Höhlen, Schlafen auf Felsen. Bei 50 Grad Hitze hätte man auf diesen Felsen Spiegeleier braten können. Dementsprechend bin ich rumgehüpft wie ein Reh und habe quietschende Geräusche gemacht. Die Êzîdî Mädchen fanden das lustig und hatten immer was zu lachen. Man konnte dort Wunschbänder anknoten. Das tat ich auch. Ich weiß nicht mehr, was ich mir damals gewünscht habe.

Ich weiß aber, was ich mir heute wünsche: Frieden für diejenigen, die Menschen aufgrund ihrer Identität, ihres Seins und ihrem Streben nach Freiheit unterdrücken, foltern, misshandeln und ermorden. Mögen sie Frieden finden und aufhören, sich wie Dämonen zu verhalten. Frieden all denjenigen, die Opfer dieser Gräueltaten sind. Ihr Zorn, allen voran der Zorn der Frauen des Mittleren Ostens und der Minderheiten, spielen eine beispielhafte Rolle im Befreiungskampf gegen das Patriarchat. Dieser

Zorn, der umgewandelt wird in absolute Angstfreiheit, wird uns alle befreien, wenn wir ihm beispielhaft folgen. Keine Angst mehr vor dem Tod zu haben, ist nicht nur die höchste Stufe der Angstfreiheit, sondern die höchste Stufe der Freiheit. Es ist kein Zufall, dass kurdische Frauen eine führende Rolle dabei spielen. Sie müssen bis heute durch die Geschichte hindurch Widerstand gegen Naturgewalten, fremde Übergriffe und Sklaverei leisten.

Ihr Zorn ist besonders groß und ihre führende Rolle spätestens seit dem Kampf gegen den IS gesellschaftlich anerkannt. Es geht bei diesem Befreiungskampf nicht um westliche Konzepte von »Zu-sich-Stehen« und »Selbstliebe«. Es geht ums Überleben und darum, das Schwert der Liebe auszufahren und sich nicht einmal durch die brutalste Brutalität erschüttern zu lassen.

Es geht um Jin, Jiyan, Azadî – Frau, Leben, Freiheit.

Ihr Ruf hat nach jahrzehntelangem Schreien in Leid die Welt erreicht. Allein das ist ein großer Moment für die Geschichte der Kurd*innen. Eine Sprache, die mit aller Gewalt ausgerottet werden sollte und immer noch marginalisiert wird, ist nun in aller Munde. Die drei Wörter, die unser aller Freiheit bedeuten, sind kurdisch. Mit einer der Gründe, warum es Kurd*innen so wichtig ist, dass das Original immer mitgenannt wird. Ausgelöst wurde all das durch die tragische Ermordung von Jîna Amînî. Ihr Tod und viele weitere, die darauf folgten, hat so viel ins Leben gerufen. Vor allem, dass Frauen sich auf der ganzen Welt miteinander verbunden haben. Im Kurdischen sagt man: »Şehid Namirin«, das bedeutet, Märtyrer sterben nicht. Denn jede*r von ihnen hinterlässt eine Geschichte.

Jîna steht für das kurdische Leben.

Mahsa steht für die kurdische Unterdrückung.

Wir werden niemals die Geschichte vergessen, die du uns erzählst. Dein Name ist unser Code.

Heute stehe ich wieder in kurdischen schillernden Kleidern da und versuche zu jeder Veranstaltung, bei der mir eine Bühne geboten wird, die kurdische Identität sichtbar zu machen. Ob es das funkelnde Kleid ist oder die weiten Hosen, die um die Hüfte herum mit einem Pschtend umwickelt sind, sie tragen zur Sichtbarkeit bei und haben Wiedererkennungswert. Auf vielen Bildern, die aktuell in Zeitschriften abgedruckt werden und im Internet kursieren, sind junge kurdische Mädchen zu sehen, die kurdische Männertrachten tragen. Normalerweise tragen die Peschmerga – die kurdischen Freiheitskämpfer – diese Kleidung. Es ist symbolisch dafür, dass nun sie es sind, die den Freiheitskampf anführen. Viele bewundern die kurdischen Frauen für ihre Stärke. Wichtig ist nur zu wissen, dass diese Stärke aus größtem Leid erwachsen ist. Der Kampf ums Überleben. Der Kampf für Jin, Jiyan, Azadî.

Wenn wir nicht sagen und zeigen, dass wir Kurd*innen sind, dann gibt es uns nicht mehr.

Ich bin Kurdin und ich bin Deutsche. Ich bin ein spirituelles Wesen mit menschlichen Erfahrungen. Ich bin Frau. Ich bin hetero. Ich bin Tochter. Ich bin Freundin. Ich bin Coach. Ich bin Dolmetscherin. Ich bin ehemalige Lehrerin. Ich bin laut. Ich bin leise. Ich bin stark. Ich bin sanft. Ich bin, ich darf und ich kann all das sein, weil ich in einem freien Land wie Deutschland lebe. Und dieses Recht lass ich mir von Nationalisten und Faschisten und Rassisten und auch sonst niemandem aberkennen. Ich bin Deutsche aus Berlin und Kurdin aus Kurdistan. All das zu sein bedeutet für mich Heimat, und diese Heimat heißt: Azadî – Freiheit.

JOURNALISMUS IM IRAN: IM STAAT DER LÜGEN NACH WAHRHEIT SUCHEN

»Wir sind Zwillinge!«, ruft Elnaz Mohammadi. Sie sitzt auf einem Stuhl, ihre Schwester Elahe steht dicht daneben. »Vielleicht glaubst du es nicht. Glaubst du es?« Elnaz lacht neckisch, ihre Schwester Elahe grinst in die Kamera. Die beiden tragen dasselbe strahlende Lächeln. Von wann dieses Video ist, weiß man nicht. Der Ehemann von Elahe Mohammadi postete es Ende Dezember 2022 auf Twitter. Seit Elahe Mohammadi im Gefängnis ist, postet er viel. Auch Elahes Zwillingsschwester Elnaz erzählt auf ihrem Instagram-Account von ihrer Liebe zur Schwester. Anfang November 2022 veröffentlichte Elnaz Mohammadi auf ihrem Account einen Brief an ihre Schwester Elahe. »Du bist seit 40 Tagen von mir getrennt«, schreibt sie. Noch nie sei sie so lange von Elahe getrennt gewesen, »seit wir im Bauch unserer Mutter gewachsen sind, [...] die du meine engste und wichtigste Begleiterin gewesen bist, seit wir gemeinsam auf der Schulbank saßen und alle geärgert haben«. Seit sie klein gewesen seien, schreibt Elnaz, habe ihre Mutter ihnen erklärt, sie könnten sich gegenseitig einen Brief schreiben, wenn sie sich stritten; damit sie sich wieder versöhnen würden. Und so gab es, immer wenn es einen Streit zwischen den Schwestern gab, zwei Briefe. »Viele Jahre sind seitdem vergangen, und du und ich haben nicht mehr so gestritten, dass wir einen Brief schreiben mussten. Aber jetzt ist es Zeit.«

Zeit für einen Brief war nicht, weil die beiden gestritten

hätten. Sondern weil Elahe Mohammadi seit dem Herbst 2022 eingesperrt ist und mit der Todesstrafe bedroht wird – weil sie ihren Job gemacht hat: Sie ist Journalistin. Genauso wie ihre Zwillingsschwester Elnaz. Beide Frauen arbeiten im Iran als Journalistinnen. Elahe Mohammadi war am Tag der Beerdigung von Jina Mahsa Amini nach Saqqez gefahren, um von dort zu berichten. Dafür wurde sie am 29. September festgenommen. Im November wurde sie wegen »Propaganda gegen den Staat« und »Verschwörung gegen nationale Sicherheit« angeklagt – beide Anklagen können mit der Todesstrafe belegt werden.

Pressefreiheit ist im System der Islamischen Republik nicht vorgesehen. Das extremistische Regime fühlt sich durch das freie Wort so sehr bedroht, dass es sogar Schülerzeitungen als Gefahr sieht. Omid Rezaee war Herausgeber einer Schülerzeitung in seiner Heimatstadt Khalkhal im Nordwesten des Iran. Im Jahr 2006, da war er 16 Jahre alt, verfassten er und andere Schüler*innen einen Text über eine Straße in der Stadt, auf der es wegen des schlechten baulichen Zustands viele Unfälle gab. Die Stadt kümmere sich nicht um die Straße, so die Kritik. Das war den örtlichen Behörden schon zu viel Kritik; dabei ging es nicht einmal um das Regime, und die Auflage lag bei gerade mal 200 Stück. Omid Rezaee wurde als Chefredakteur der Schülerzeitung in die Schulbehörde einbestellt. »Dort haben zwei Männer mit mir ein Gespräch geführt, die mit Sicherheit nicht von dieser Schulbehörde waren, sondern vom Geheimdienstministerium,« erinnert sich Omid. »Zum Teil haben sie versucht, mich zu bedrohen, zum Teil haben sie auf eine väterliche Art und Weise geredet. Wir seien zu jung, um über solche Sachen zu sprechen.«

Ein Staat, der in 15- und 16-jährigen Verfasser*innen einer Schülerzeitung eine Gefahr sieht, für den sind

Journalist*innen natürlich eine existenzielle Bedrohung. So wurde im September 2022 auch Niloufar Hamedi eingesperrt. Ohne die Journalistin wüsste die Welt vielleicht nicht über die wahren Umstände des Todes von Jina Mahsa Amini Bescheid. Es war Niloufar Hamedi, die im Teheraner Kasra-Krankenhaus, in dem Jina Amini im Koma lag, Fotos machte. Eines ihrer Fotos wurde besonders bekannt: Es zeigt einen typischen Krankenhausflur; zu sehen sind Jina Aminis Eltern. Sie halten einander nicht nur im Arm; sie halten sich aneinander fest. Der Vater hat sein Gesicht in der Schulter der Mutter vergraben. In diesem einen Bild, auf dem man kein einziges Gesicht sieht, wird das Grauen sichtbar, das Eltern empfinden müssen, wenn sie fürchten, ihr Kind zu verlieren. Niloufar Hamedi wurde am 22. September festgenommen. Ihr Anwalt informierte die Öffentlichkeit über Twitter darüber, dass sie in Einzelhaft gebracht wurde.

Während Niloufar Hamedi aus Teheran berichtete, fuhr Elahe Mohammadi nach Jina Aminis Tod nach Saqqez und machte Fotos von ihrer Beerdigung. Sie soll auch die Eltern von Jina Amini interviewt haben.

Niloufar Hamedi und Elahe Mohammadi haben den Fall von Jina Amini weltweit bekanntgemacht und damit die Verbrechen des iranischen Regimes aufgedeckt. Sie waren beide im allerbesten Sinne Journalistinnen. Sie bekamen dieselbe Anklage; sie teilen sich auch einen Anwalt, Mohammad Ali Kamfirouzi. Er wurde im Dezember ebenfalls festgenommen und im Januar auf Kaution freigelassen.

Mitte Dezember 2022 meldete das »Commitee to Protect Journalists« (CPJ), dass die Islamische Republik weltweit die meisten Journalist*innen inhaftiert hat. 62 Journalist*innen waren im Gefängnis – es wären noch mehr, wenn nicht weitere 21 Journalist*innen auf Kaution frei wären. 24 der inhaftierten Reporter*innen waren weiblich; 22 von ihnen wurden seit Beginn der Proteste festgenommen. So viele weibliche Journalistinnen waren im Iran noch nie in Haft.

Und trotzdem lassen sich viele Menschen nicht von ihrem Beruf, von ihrer Berufung abbringen. Trotz Drohungen, Einschüchterungen, Inhaftierungen. So auch Omid Rezaee, der Chefredakteur der Schülerzeitung. Er ging nach dem Schulabschluss nach Rasht zum Studieren. An der Universität gründete er wieder eine Zeitung, ein Magazin. Er und seine Kommiliton*innen gaben ihm den Namen »*fanus*«, Laterne. »Das Magazin war sehr kritisch«, erzählt Omid. »Es war klar positioniert gegenüber dem Regime.« Inhaltlich sei es sehr wenig um die Lage in der Universität gegangen, sondern vor allem um die politische Lage im ganzen Land oder in der Stadt. Zu jener Zeit schrieb er auch für Exil-Medien, allerdings anonym. Die zwei Geheimdienstmänner in der Schulbehörde, sie waren mit ihren Einschüchterungen nicht weit gekommen. Im Oktober 2011 schließlich, nach zwölf Ausgaben, wurde das Magazin verboten – und Omid Rezaee inhaftiert.

Es gibt im Iran viele Zeitungen; die meisten staatshörig. Aber Medienschaffende, Fotograf*innen, Journalist*innen, Grafiker*innen, haben immer versucht, im Rahmen des Möglichen das zu tun, was sie konnten. Oft genug haben sie rote Linien des Regimes überschritten. Und sie hatten große Erfolge dabei.

Die 1990er Jahre waren die Zeit der sogenannten »politischen Kettenmorde«. Eine Reihe an Intellektuellen, Schriftsteller*innen, Journalist*innen und Künstler*innen wurden brutal umgebracht. Das zentrale Jahr war 1998; die Morde hatten aber, das wurde später dank der Arbeit von Journalist*innen bekannt, schon viele Jahre vorher begonnen. Auch 1996 gab es ein Ereignis, das in diese Reihe gehörte. Im August 1996 war eine Gruppe von 21 Dichter*innen, Journalist*innen und Schriftsteller*innen mit dem Bus in Armenien unterwegs; sie wollten zu einer Literaturkonferenz. Am frühen Morgen, die meisten Reisenden dösten vor sich hin oder schliefen, gab es einen Ruck, und sie merkten, dass der Bus auf eine Klippe zufuhr. Nur ein Felsblock verhinderte, dass der Bus über die Klippe fuhr. Nach dem ersten Schrecken ging die Busfahrt weiter. Nach ein paar Minuten fuhr der Bus wieder auf eine Klippe zu; nur aufgrund des Einschreitens eines Passagiers, der auf den Sitz des Busfahrers sprang und die Handbremse zog, kam es nicht zum Unglück. Als die Reisenden ausstiegen, merkten sie, dass der Busfahrer verschwunden war. Die Passagiere wurden von Agenten des Regimes gezwungen, niemals über diesen Vorfall zu sprechen. Erst später stellte sich heraus, dass alle Intellektuellen auf dieser Reise hätten sterben sollen.

Am 22. November 1998 wurden der 70-jährige Dariush Forouhar und die 59-jährige Parvaneh Eskandari in ihrer Wohnung in Teheran getötet; ihre Körper waren mit Messerstichen übersät. Das Ehepaar kritisierte die Islamische Republik offen; sie wünschten sich ein demokratisches Iran. Vor ihrem Tod soll Parvaneh Eskandari zur Menschenrechtsorganisation Human Rights Watch gesagt haben: »Wir leben mit der Angst, getötet zu werden. Jeden Abend, wenn wir zu Bett gehen, danken wir Gott dem Allmächtigen für seinen Segen, einen weiteren Tag zu leben.« Ihre Tochter Parastou Forouhar fährt bis heute jedes Jahr von Deutschland nach Teheran, um ihrer Eltern zu gedenken.

Am 25. November wurde die Leiche von Majid Sharif in einer Leichenhalle in Teheran identifiziert. Am 19. November war er verschwunden, nachdem er das Haus für einen Lauf verlassen hatte. Der 37-Jährige war Autor und Übersetzer; er setzte sich mit dem Werk von Ali Shariati auseinander, eines linken Intellektuellen, der sich in seinen Schriften stets auf den Islam bezog. Ein Wegbegleiter sagte in einem Text für den US-amerikanischen Nachrichtensender PBS, dass Majid Sharif vor seinem Tod drei Jahre lang ständig unter Druck gesetzt worden sei, Artikel gegen die Opposition zu verfassen; er habe sich stets geweigert. Sharif war verheiratet und hatte ein Kind.

Kurz danach, am 3. Dezember, verließ Mohammad Mokhtari sein Haus in Teheran und verabschiedete sich von seinem 12-jährigen Sohn Sohrab. »Die letzte Erinnerung, die ich an ihn habe, ist der Moment, als er unser Haus verließ. Ich bat ihn, Milch zu kaufen, als er vor der Tür stand. Aber er war ein bisschen anders, als ob er spürte, dass etwas nicht stimmte«, so wird Sohrab später in einem Artikel der BBC über die Massenmorde zitiert. Mohammad Mokhtari war 56 Jahre alt, war Journalist und Dichter und Kritiker des Regimes. Am 9. Dezember erfuhr seine Familie, dass er getötet worden war; er war erwürgt worden.

Ebenfalls am 9. Dezember verschwand Mohammad Jafar Pouyandeh, Autor und Übersetzer, 44 Jahre alt. Seine Leiche, die auch Erwürgungsmale aufwies, wurde am 11. Dezember in Karaj gefunden.

Revolutionsführer Ali Khamenei machte zunächst Israel für die Morde verantwortlich. In der Bevölkerung glaubte das aber kaum jemand. »Die Gesellschaft im Iran war schockiert und sehr wütend. Deshalb gab es eine große Demonstration, als meine Eltern beerdigt wurden – und Tausende von Menschen kamen«, sagte Parastou Forouhar, die Tochter des Ehepaars Forouhar, gegenüber der

BBC. Investigative Journalist*innen begannen, den Mordfällen nachzugehen. Drei Reformzeitungen waren zentral an der Aufklärung beteiligt, so steht es in einem Bericht des US-amerikanischen Nachrichtensenders PBS: *Khordad*, *Salaam* und *Sobh-e Emrooz*. Die Recherchen der Journalist*innen ergaben, dass die Morde im Jahr 1998 Parallelen zu Morden an Intellektuellen bis zurück in die 1980er Jahre aufwiesen.

Akbar Ganji war einer dieser Journalist*innen. In einer Serie von Artikeln beschrieb er, warum er glaubte, dass hohe Staatsbeamte hinter den Morden steckten. Im Jahr 2000 wurde er festgenommen, sechs Jahre blieb er im Gefängnis. In Haft schrieb er weitere Texte und schmuggelte sie nach draußen; darin gab er seine Vorstellungen eines demokratischen Iran wieder.

Ein weiterer Journalist, der zu den Kettenmorden recherchierte, war Emadoldin Baghi. In einem seiner Artikel für die Zeitung *Khordad* schrieb er: »Die Offiziere und Befehlshaber [die diese Taten befehlen] sollten wissen, dass niemals ein Mord, insbesondere ein politischer, geheim gehalten werden kann. Die Geschichte solcher Verbrechen hat gezeigt, dass die Täter solcher Morde und diejenigen, die den Befehl dazu geben, schließlich durch die Hand ihrer Verbündeten und Unterstützer umkommen werden, weil sie diese Geheimnisse für sich behalten oder begraben haben. Wenn sie nicht vorher vor Gericht gestellt werden.« Auch Baghi wurde im Jahr 2000 inhaftiert.

Ohne die Arbeit investigativer Journalist*innen wie Ganji und Baghi wäre die Beteiligung des Staates an den Morden nie ans Licht gekommen. Sie deckten auf, dass die Morde Teil eines systematischen Vorgehens des Staates waren, Opposition in der Islamischen Republik auszulöschen. Die Beweise, die die Journalist*innen vorlegten, konnte der Staat nicht ignorieren – schon allein, weil die Reporter*innen die Bevölkerung so umfassend informiert hatten. Und so geschah im Januar 1999 etwas Unerhörtes: Das Geheimdienstministerium gab zu, dass es Agenten aus dem eigenen Haus gewesen seien, die diese Morde – angeblich ohne Wissen des Ministeriums – ausgeführt hätten. So stand im öffentlichen Statement des Ministeriums: »Leider gibt es eine kleine Anzahl unverantwortlicher, fehlgeleiteter, eigensinniger und starrköpfiger Mitarbeiter des Geheimdienstministeriums, die [...] bei der Begehung dieser kriminellen Handlungen die Ziele ausländischer und fremder Quellen verfolgen.«

Mehrere Personen wurden festgenommen, es kam zu Gerichtsverfahren. Zwar liefen diese Prozesse nicht fair oder frei ab, noch standen alle oder auch nur ein Bruchteil der Verantwortlichen vor Gericht. Trotzdem: Es war das Verdienst von Journalist*innen, dass die Morde in der Öffentlichkeit als das erkannt wurden, was sie waren – vom Staat ausgeführte Tötungen. Von einem Staat, der dies, ebenfalls öffentlich, zugab.

Diese Zeit der späten 1990er Jahren war eine Phase, in der viele Zeitungen gegründet wurden. »Das war der Frühling der Presse«, erklärt Omid Rezaee. »Nach Khatamis Machtübernahme [Mohammad Khatami war von 1997 bis 2005 Staatspräsident] gab es auf einmal eine Menge politischer Zeitungen, die viel kritischer waren als je zuvor und je danach.« Die ersten Reformzeitungen seien in jener Zeit entstanden, auch jene, die an der Aufklärung der Kettenmorde beteiligt waren. Viele Journalist*innen, die damals angefangen haben zu arbeiten, sind später ins Ausland geflohen und waren alsdann Journalist*innen bei iranischen Exil-Medien wie BBC Persian. »Interessant an dieser Phase vor 2000 ist«, sagt Omid Rezaee, »dass die

Gesellschaft sich politisiert hat.« Omid Rezaee war damals 10 Jahre alt und lebte mit seinen Eltern in Khalkhal. »Ich erinnere mich, dass mein Vater jeden Abend mit fünf oder sechs Zeitungen nach Hause kam und alles durchlas.« Auch Omid selbst las in dieser Zeit seine ersten Zeitungen. Die Zeitungsausgaben mit den Geschichten über die Kettenmorde hat er sogar bis 2011 behalten, bis er nach Deutschland floh. Aus jener Zeit des »Frühlings der Presse« gibt es Fotoaufnahmen, auf denen man sieht, wie Dutzende Menschen vor Kiosken stehen, um die neuesten Zeitungsausgaben zu kaufen. »Die Auflagen waren sehr groß«, erzählt Omid Rezaee. »Es gab dritte und vierte Ausgaben für die Zeitungen.«

Diese Zeit nahm allerdings im Jahr 2000 ein jähes Ende. Reihenweise wurden Zeitungen geschlossen. Auch alle Zeitungen, die an den Aufdeckungen der Kettenmorde beteiligt waren, mussten ihre Arbeit einstellen. *Sobh-e Emrooz* zum Beispiel wurde »Beleidigung des Islam« und »Verbreitung von Verdorbenheit« vorgeworfen. Auf den Gründer dieser führenden Reformzeitung *Sobh-e Emrooz,* Said Hajjarian, wurde im Frühjahr 2000 ein Attentat ausgeübt; er überlebte schwer verletzt und hat seitdem schwere Behinderungen.

Emadoldin Baghi, der inzwischen bei einer Zeitung namens *Fath* beschäftigt war, nachdem *Khordad* schon im November 1999 geschlossen wurde, sagte zu den Zeitungsschließungen: »Wir haben diese Unterdrückung jahrelang erlebt, also sind wir an Bitterkeit gewöhnt. Aber das wird das Land teuer zu stehen kommen.« *Fath* war eine von zwölf Zeitungen, die an einem einzigen Tag im April 2000 geschlossen wurden. Vom Juni 1997 bis August 2000 mussten mehr als 40 Zeitungen ihre Pforten schließen.

Die Repression nahm in den darauffolgenden Jahren

weiter zu, egal ob der Staatspräsident Khatami, Ahmadinejad oder Rohani hieß. Das bekam auch Omid Rezaee zu spüren. Sein Uni-Magazin *Fanus* wurde im Jahr 2011 verboten, er kam in Haft. Ihm wurde »Propaganda gegen den Staat« vorgeworfen. Omid Rezaee verbrachte zwei Monate in Untersuchungshaft, dann wurde er auf Kaution freigelassen. Danach folgte sein Prozess. »Ich wurde in einem zehnminütigen Gerichtsprozess zu zwei Jahren Haft verurteilt«, erinnert er sich. Sein »Richter« war ein Kleriker, der ihm zehn Minuten lang eine religiöse Rede aufdrückte. »Über den Fall haben wir gar nicht gesprochen«, erzählt Omid Rezaee. Sein Anwalt habe kein Wort sagen dürfen. Kurz bevor er seine Strafe hätte antreten müssen, beschloss Omid Rezaee zu fliehen. Er kam nach Deutschland und arbeitet inzwischen als Journalist.

Nach den Zeitungsschließungen um die Jahrtausendwende haben sich immer wieder neue Reformzeitungen gegründet. *Shargh* und *Etemad* gehören dazu, diese gibt es heute noch. Niloufar Hamedi arbeitete bis zu ihrer Verhaftung für *Shargh*. Auch jetzt während der Protestbewegung versuchen diese Reformzeitungen so gut wie möglich zu informieren, wissend, dass es Verhaftungen oder Schließungen nach sich ziehen kann. *Shargh* und *Etemad* machten wenige Tage nach dem Tod von Jina Mahsa Amini mit einem Aufruf zur Abschaffung der sogenannten Sittenpolizei auf. Mitte Dezember veröffentlichte *Shargh* die Namen von 40 inhaftierten Journalist*innen. *Etemad* veröffentlichte im Dezember ein Interview mit Mashallah Karami, dem Vater von Mohammad Mehdi Karami. Er spricht in diesem Interview vom Anruf seines Sohnes aus dem Gefängnis, in dem er seinem Vater von seinem Todesurteil erzählte. »Bitte sag Mama nichts«, habe der Junge zu ihm gesagt, um der Mutter Kummer zu ersparen, wie zuvor beschrieben. Der Vater erzählt im Interview, dass der Anwalt keinen Zugang zu den Gerichtsakten bekommen hätte; er legt genau dar, warum das ganze Verfahren keinen rechtsstaatlichen Regeln entsprach. Solche Inhalte zu veröffentlichen, birgt Gefahr; aber weiterhin gibt es Journalist*innen im Iran, die diese Gefahr auf sich nehmen. Auch wenn die Zeitungen nicht direkt über die Proteste berichten – das wäre zu gefährlich –, so versuchen sie es auf anderem Wege. Durch den konstanten staatlichen Druck sind letztendlich aber auch Reformzeitungen vom Staat dominiert und können nicht frei berichten.

Journalist*innen sind im Iran konstanten Drohungen und ständigem Druck ausgesetzt. Nicht nur von öffentlichen Stellen. Im Gespräch mit dem US-amerikanischen Sender ABC News im November 2022 sagt eine iranische Journalistin, die anonym bleibt: »Manchmal wird mir [in den sozialen Medien] gedroht, dass ich bei einem vorgetäuschten Unfall oder bei Säureangriffen von Unbekannten getötet werde.« Niloufar Hamedi und Elahe Mohammadi seien Freundinnen von ihr, erzählt sie. »Wir [Journalist*innen] sind so besorgt [um Niloufar und Elahe], wir können nicht schlafen.« Sie fühle sich nutzlos, fügt sie hinzu. »Es ist hart, all die Geschichten mitzuerleben, die um einen herum passieren, ohne dass man auch nur ein Foto machen kann, weil man weiß, dass man sofort verprügelt und verhaftet wird«, sagt sie weinend gegenüber ABC News.

Sie versucht deswegen die Sozialen Medien zu nutzen, wo aber auch viele Gefahren lauern: »Die Islamische Republik verfügt über eine große ›Cyber-Armee‹, die unabhängige Journalist*innen ständig schikaniert und Desinformationen verbreitet, um ihre Glaubwürdigkeit zu untergraben«, erklärt die Journalistin.

Während der Proteste gibt es viele sogenannte Bürgerjournalist*innen: Sie nehmen Videos und Fotos von den Protesten auf, auch um die Verbrechen des Regimes zu dokumentieren. Im ABC News-Report wird eine*r von ihnen, ebenfalls anonym, zitiert: »Ich bin mir des Risikos bewusst, das ich eingehe. Ich weiß, dass ich in den Augen des Regimes ein ›Spion‹ bin. Aber ich möchte, dass die Welt die Stimme unserer Revolution hört. Ich möchte, dass die Welt aufhört, ein Regime anzuerkennen, das seine eigenen unschuldigen Menschen tötet.«

Staatsnahe Medien und deren Armee von Trollen und Bots haben vor allem einen Job: Desinformation zu verbreiten und Oppositionelle zu bedrohen. Regimetreue sitzen in allen wichtigen Positionen, in Zeitungen, im Fernsehen, Radio und Nachrichtenagenturen. Sie geben die Propaganda der Führung wieder, bei ihnen gibt es keine Recherche und keine normalen journalistischen Aufgaben. Das ist der Grund, warum der Großteil der Bevölkerung die staatsnahen Medien nicht nutzt; sie wissen genau, dass dort nur Lügen und Desinformation verbreitet werden. So informieren sich viele Menschen über die Sozialen Medien – die genau deswegen von Regime-Propaganda geflutet werden.

Das sind die Umstände, unter denen Journalist*innen im Iran berichten. Das Thema Frauenrechte hat in den letzten Jahren weibliche Journalist*innen auf den Plan gerufen. Drei von ihnen sind Niloufar Hamedi und Elnaz und Elahe Mohammadi. In einer Rede, die der Ehemann von Elahe Mohammadi auf Twitter gepostet hat, erzählt sie, was es heißt, über diese Themen zu berichten. »Ich schreibe vor allem über Frauenrechte«, sagt sie, während sie an einem Pult steht und die Hände zusammenlegt. Das rote Kopftuch hat sie locker über ihre kurzen Haare geworfen. Sie berichte über die Schwierigkeiten, die Frauen im Iran hätten, kulturell, gesellschaftlich. Eines begleite sie immer, sagt sie: »Zensur, Zensur, Zensur.« Das würde ihr den Garaus machen. Gerade wenn man über Frauenrechte berichte, würde einem das Leben schwergemacht.

Ihre Zwillingsschwester Elnaz Mohammadi, berichtet ein Freund von ihr, der sie seit einigen Jahren kennt, habe zum Beispiel eine Reportage über Bakhtiari-Frauen geschrieben – die Bakhtiari sind eine Minderheit im Südwesten des Iran –, denen das Regime den Zugang zu Verhütungsmitteln untersagt. Elnaz Mohammedi habe auch über Fischerinnen berichtet, denen keine Lizenz zum Fischen vergeben wurde – einfach nur, weil sie Frauen sind. »Für die Bakhtiari-Geschichte wurde sie telefonisch von den Revolutionsgarden bedroht und längere Zeit überwacht«, erzählt der Freund, der aus Sicherheitsgründen anonym bleibt.

Niloufar Hamedi schrieb im Juni 2022 für die Online-Ausgabe von *Shargh* einen Bericht über einen Angriff auf Reza Moradkhani, einen ehemaligen Box-Champion. Er und seine Frau liefen durch den Pardisan Park in Teheran, als die sogenannte Sittenpolizei das Ehepaar wegen des angeblich schlecht sitzenden Kopftuchs der Ehefrau anhielt. Ein Streit brach aus, die Sittenpolizei besprühte die Frau und das 11 Monate alte Kind, das auf dem Arm der Mutter war, mit Pfefferspray; dann schossen sie Reza Moradkhani ins Bein. Niloufar Hamedi kontaktierte das Ehepaar. Erst, schreibt sie, wollten sie nicht sprechen. Dann änderten sie ihre Meinung und erzählten der Journalistin, was passiert war. Niloufar Hamedi führte ein langes Interview mit dem Paar. Sie beschreiben im Detail, wie die Sittenpolizei sie beschimpfte und schließlich beschoss. Auch beschweren sie sich, dass Kinder im Park waren und dass es auch die

Kinder hätte treffen können; außerdem, so sagen sie im Interview, wie kann die Sittenpolizei einfach Waffen einsetzen? Nach der Verletzung durch den Schuss, schreibt Niloufar Hamedi, sei auch das Einkommen der Familie gefährdet, da Reza Moradkhani als Sportcoach arbeitete. Auch mit den Auswirkungen der Tat der Sittenpolizei im Pardisan Park befasst sie sich: »Für Menschen, die es sich aus zeitlichen oder finanziellen Gründen nicht leisten können, ins Fitnessstudio zu gehen und private Trainer anzuheuern, sind solche großen Parks der beste Ort, um zu trainieren. In den letzten Jahren hat sich der Pardisan [Park] zum Haupttreffpunkt für Sportler*innen entwickelt, vor allem morgens und abends.« Aus Angst könnten Menschen nun aber dem Park fernbleiben, auch wenn sie auf solche Orte angewiesen sind, das will die Journalistin damit sagen.

So balancierte Niloufar Hamedi, so balancieren alle Journalist*innen im Iran das aus, was sie schreiben können, ohne dass es zensiert wird – sie üben Kritik, ohne direkt Kritik zu üben. Im Interview, das sie führte, wurde die Gewalt der Sittenpolizei – die drei Monate später den Tod von Jina Amini herbeibringen sollte – kritisiert, ohne das Regime grundsätzlich anzugreifen. Niloufar Hamedi wusste um die Gefahren, die Hürden und die Zensur. *Dass* sie berichtete, war ihr aber wichtiger.

Die Nachrichtenagentur Middle East Eye zitiert eine*n Kolleg*in von Niloufar Hamedi bei *Shargh*: Sie habe »einen hoffnungsvollen Geist und riet ihren Freunden, hoffnungsvoll zu bleiben und nicht enttäuscht zu werden«, trotz der Schwierigkeiten, die insbesondere weibliche Journalist*innen im Iran hätten. »Niloufar war eine Yoga-Begeisterte und riet ihren Freundinnen immer, zum Yoga zu gehen. Sie sagte immer, dass Yoga sie entspannt«, erzählt die*der Kolleg*in.

In der Corona-Zeit war die Berichterstattung für Journalist*innen besonders schwierig. Das iranische Regime betrieb ein katastrophales Corona-Management und war sehr früh eines der von der Pandemie am härtesten getroffenen Staaten. Allein die Weigerung von Ali Khamanei, »westliche« Impfstoffe im Land zuzulassen, kostete vermutlich Tausende von Menschen das Leben. Elahe Mohammadi schrieb im April 2020 einen Bericht über die Zustände im Frauengefängnis Qarchak nach einem Corona-Ausbruch. In diesem Gefängnis in der Nähe von Teheran müssen in den ersten Tagen nach dem Ausbruch der Pandemie katastrophale hygienische Bedingungen geherrscht haben; Elahe Mohammadi berichtete über die Lage der Frauen in Haft. Für den Bericht soll sie ein Jahr Berufsverbot erhalten haben. Zu diesem Berufsverbot lassen sich leider keine verifizierbaren Quellen finden.

Den Journalistinnen ist trotz allem kein Thema zu heikel. Im Dezember 2020 veröffentlichen eine Reihe von Journalistinnen ein Statement: Sie beschweren sich bei der journalistischen Gewerkschaft Teheran, dass diese weiterhin nichts gegen sexuelle Belästigung von Journalistinnen unternehme. Ein Jahr zuvor waren in einem Magazin für Kommunikationsmanagement Berichte über sexuelle Belästigung in den Medien veröffentlicht worden. In derselben Zeit gründete die journalistische Gewerkschaft Teheran ein Komitee, das sich zum Ziel setzte, sexuelle Belästigung von Frauen in den Medien zu bekämpfen. Die Onlineplattform RaaviOnline veröffentlichte ein Video eines Interviews mit einem Vertreter der Gewerkschaft, in dem es um sexuelle Belästigung geht. Dieses Video wurde bisher 16 Mal geklickt (Link unten). Auf die Magazinberichte und auf dieses Video beziehen sich die Journalistinnen in ihrem Statement vom Dezember 2020 – es müsse endlich eine Reaktion vonseiten der Gewerkschaft auf die Vorfälle geben. Journalistinnen hätten Recht auf einen Safe Space bei der Arbeit, so fordern die Unterzeichnerinnen. Die Frauen beziehen sich dabei auch auf Erkenntnisse aus der #MeToo-Bewegung. Sie schreiben, dass in einer Zeit, in der weibliche Journalistinnen in den Medien sich darauf konzentrierten, auf vielen verschiedenen Gebieten Informationen zu liefern – unter anderem zu Bildungsungleichheit, Gesundheitskrise, Existenzminimum –, sich manche von ihnen gleichzeitig an einer anderen Front abmühen müssten: Sie müssten sich »gegen sexuelle Belästigung am Arbeitsplatz wehren, sich ihr entgegenstellen, die Belästigung zurückdrängen und sie melden, wenn möglich«. Weiter schreiben sie in ihrem Statement: »Angesichts der alltäglichen Geschlechterdiskriminierung ist der individuelle Aspekt [sexueller Belästigung] nicht vom kollektiven Aspekt zu trennen.« Das heißt: Belästigungen geschehen nicht nur auf dem individuellen Level, sagen sie; es sind die strukturellen Bedingungen, die sexuelle Belästigung ermöglichen und begünstigen. Im Iran gibt es eben diese strukturellen Bedingungen, die sexuelle Belästigung am Arbeitsplatz systematisch begünstigen. Die Frauen fordern deswegen, dass die Gewerkschaft und das Komitee das Problem ernst nehmen und handeln. Zu den Unterzeichnerinnen dieses Statements gehörten Elnaz und Elahe Mohammadi und Niloufar Hamedi.

Am 1. Januar 2023, kurz vor Beendigung dieses Buchs, kam die Nachricht, dass ein weiterer Journalist der Zeitung *Shargh* festgenommen wurde: Milad Alawi. Die meisten Journalist*innen werden während dieser Protestbewegung präventiv festgenommen: Nicht weil sie etwas Regimekritisches geschrieben hätten, sondern weil sie etwas schreiben *könnten*.

Im Brief, den Elnaz Mohammadi zum 40. Hafttag ihrer Schwester Elahe schrieb, beschreibt sie den Tag, an dem Elahe beschließt, nach Saqqez zu fahren, um von der Beerdigung von Jina Amini zu berichten. Elnaz schreibt, sie habe ein schlechtes Gewissen, weil sie damit einverstanden war, dass ihre Schwester nach Saqqez geht: »Wäre ich doch nur stumm geblieben und hätte dir nicht gesagt, dass du gehen kannst.«

QUELLEN:

Brief von Elnaz Mohammadi an ihre Schwester: https://www.instagram.com/p/CksWWuLuH2k/

Sarah Fowler: »Iran's Chain Murders: A wave of killings that shook a nation«, BBC News, 2. 12. 18: https://www.bbc.com/news/world-middle-east-46356725

Susan Sachs: »Iran's Hard-Line Courts Shut More Reformist Newspapers«, The New York Times, 28. 4. 2000: https://www.nytimes.com/2000/04/28/world/iran-s-hard-line-courts-shut-more-reformist-newspapers.html

»Newspaper Closures in Iran. Letters to the Editor«, The New York Times, 11.8.2000: https://www.nytimes.com/2000/08/11/opinion/IHT-newspaper-closures-in-iran-letters-to-the-editor.html

https://www.pbs.org/wgbh/pages/frontline/tehranbureau/2009/07/reformist-strategist-saeed-hajjarian.html

https://www.aparat.com/v/Ig1tQ

Alex MacDonald: »Mahsa Amini: An Iranian journalist broke the news of the death. Now she's in jail«, Middle East Eye, 29. 9. 22: https://www.middleeasteye.net/news/iran-mahsa-amini-journalist-broke-news-jail

https://www.hra-news.org/statements/a-552/

Somayeh Malekian: »Weary of crackdown, Iran's regime takes on citizen journalists«, ABC News, 5. 11. 22: https://abcnews.go.com/International/iranian-regime-cracking-protests-streets-online/story?id=91678156

»Protest-hit Iran Arrests Lawyer of Detained Journalists: Report«, VOA News on Iran, 17. 12. 22: https://www.voanews.com/a/protest-hit-iran-arrests-lawyer-of-detained-journalists-report-/6880904.html

Gespräch mit Journalistengewerkschaft Teheran: https://www.aparat.com/v/Ig1tQ

RAUS AUS DER UNSICHTBARKEIT

Jakaw Nick

Jakaw Nick (Pseudonym) lebt im Iran, ist non-binär, Oppositionelle*r und eine der klügsten und liebevollsten Personen, die ich kenne. Jakaw und ich schreiben gerne Herzen in unsere Nachrichten, weil wir es beide mögen, unsere Liebe auszudrücken. Jakaw ist mutig, immer, stark, immer, und hat keine Angst, Verletzlichkeit zu zeigen, für mich eines der wichtigsten Zeichen für Resilienz. Jakaw hat sich sehr oft dafür bedankt, dass they für dieses Buch schreiben dürfen, und ich habe immer geantwortet: I am the lucky one.

Aus dem Persischen von Bianca Gackstatter

Es ist Samstag, der 25. Dezember, 23.55 Uhr. In fünf Minuten sind es hundert Tage, die seit Jinas Tod und dem Beginn unserer Revolution vergangen sind. Eine Revolution, die ihre Wurzeln in der feministischen Bewegung hat. Eine Bewegung, die in Verbindung mit dem internationalen Frauentag am 8. März 1979 eine neue Form angenommen hat, all die Jahre hinweg andauerte und in diesem Jahr einen landesweiten Aufstand ausgelöst hat.

Vieles kann über diese Bewegung und ihren Verlauf während der letzten mehr als 40 Jahre geschrieben werden. Das war zunächst auch das Ziel dieses Textes. Aber jedes Mal, wenn ich etwas geschrieben und das Geschriebene dann wieder gelöscht habe, wurde der Text persönlicher, bis ich schließlich beschlossen habe, komplett aus meiner Sicht und aus meiner Perspektive zu schreiben und mich dabei auf meine gelebte Erfahrung zu stützen.

Ich bin eine non-binäre Transfrau und lebe im Iran. Ab dem zweiten Tag meines ersten Schuljahres an einer Jungenschule wurde ich gehänselt und schikaniert, weil ich weder in meinen, noch in den Augen der anderen ein Junge war! Das war der Beginn meiner Erfahrungen mit der Feindseligkeit gegenüber Transfrauen, die mich seitdem begleiten. Eine Erfahrung, die über die Jahre hinweg unterschiedliche Formen angenommen hat. Das sichtbarste Ergebnis ist, dass ich unsichtbar werde!

Jawohl! Ohne es zu wollen, bin ich unsichtbar! Das Wehrpflichtgesetz gilt nicht nur für Männer, sondern auch für mich, aber niemand äußert sich dazu! Wegen meiner Art, mich zu kleiden, werde ich von der Sittenpolizei angegriffen, aber niemand äußert sich dazu! Ich habe nicht das Recht auf geschlechtsangleichende Maßnahmen oder eine Personenstandsänderung, ohne zuvor die unzähligen Herkulesaufgaben der Transgesetzgebung bewältigt zu haben, aber niemand äußert sich dazu! Die Tatsache, dass sich kein Mensch zu diesen Dingen äußert, zeigt doch wohl, dass ich unsichtbar bin! Oder etwa nicht?

Nach Beginn der Aufstände waren die völlig überfüllten Straßen der einzige Ort, an dem ich mich nicht unsichtbar fühlte. Zumindest für die Ordnungskräfte schien ich nicht unsichtbar zu sein, denn sie schauten zuerst und begannen dann, ihre Schlagstöcke in der Luft zu kreisen. Insbesondere dann, wenn ich »Frau, Leben, Freiheit« rief, nahmen sie Notiz von meiner Anwesenheit.

Die Gewalt, die ich auf den Straßen erlebt habe, hat mich – bei allem Schmerz – motiviert, mit lauter Stimme herauszuschreien, dass ich nicht unsichtbar bleiben darf. Mein Körper darf nicht unsichtbar sein! Mein Leben darf nicht unsichtbar sein! Alle meine gelebten Erfahrungen, die mich heute noch unsichtbar scheinen lassen, sollen nicht länger unsichtbar sein!

In der Türkei und in Armenien gibt es eine lebendige LGBTIAQ-Szene. Asylsuchende der LGBTIAQ-Community leben in der Türkei, in Armenien, in den kurdischen Gebieten Iraks, in Griechenland und Aserbaidschan. Es gibt Sexarbeiterinnen, es gibt Menschen mit Behinderung, es gibt Tiere – alle sind sie Lebewesen. Genau wie ihr sind wir alle Lebewesen, und genau wie ihr brauchen und verdienen wir Freiheit, um leben zu können. Aber im Gegensatz zu euch sind wir so unsichtbar, dass sogar mitten in diesen Aufständen die einfachsten unserer Forderungen beiseitegeschoben werden! Dabei scheint euch nicht bewusst zu sein, dass wenn unsere Freiheit nicht den gleichen Wert hat wie eure Freiheit, eure (Vorstellung von) Freiheit auch nicht realisiert werden wird.

Jawohl! Eure Freiheit ist eng mit unserer Freiheit verknüpft, und diese Freiheit wird niemals erreicht werden können ohne Inklusivität. Daher ist jedes Bündnis, das dieses Grundprinzip nicht berücksichtigt und uns weiterhin unsichtbar macht, kein Bündnis, sondern die Hegemonie einer unerreichbaren Mehrheit.

Der Funke, der diese Bewegung entfachte und in eine Revolution verwandelte, war die Ermordung eines kurdischen Mädchens. Der Zeitpunkt dieser Revolution ist günstiger denn je, um zu fordern, dass Intersektionalität nicht länger nur ein Schlagwort bleiben darf, sondern sich in unserem individuellen und kollektiven Handeln widerspiegeln muss.

Unsere Anwesenheit bedeutet die Anwesenheit all unserer Erfahrungen und unseres Wissens, von denen ein Teil im Laufe der Jahre unsichtbar geworden ist. Wenn also das Ziel ist, Intersektionalität zu verwirklichen, müssen wir uns auf uns und unsere Handlungsfähigkeit verlassen können, auf die jeder einzelnen unsichtbaren Person, um wieder nebeneinander sichtbar zu sein.

Jedes intellektuelle oder praktische Vorgehen, das einige von uns unsichtbar macht, ist im Grunde ein faschistisches Vorgehen, das im Laufe der Zeit durch die Ausweitung der Unterdrückung noch mehr Schaden anrichten wird. Daher ist jede Anstrengung, sichtbar zu werden, sichtbar zu sein und sichtbar zu machen, immer auch ein Kampf gegen den Faschismus und damit wirklich eine Revolution. Menschen wie ich schließen sich deshalb gleich aus mehreren Gründen der Revolution an: Einerseits protestieren wir gegen die Islamische Republik, andererseits gegen faschistische Strömungen, die in der Revolution Fuß gefasst haben. Inzwischen ist es nach Mitternacht, und wir haben hundert Tage Revolution hinter uns. Ich hoffe auf den Tag, an dem ich wie jeder andere Mensch sichtbar sein werde. Auf einen Tag, an dem Geschlecht, sexuelle Orientierung, Geschlechtsidentität, Religion und Konfession, Nationalität, »Rasse«, ethnische Zugehörigkeit, Beruf, Geburts- und Wohnort sowie unterschiedliche geistige und körperliche Merkmale keine Rolle spielen. Wie ein wildes Tier schreie ich mit geballter Faust und lauter Stimme, dass ich nicht unsichtbar bleiben will.

In der Hoffnung auf diesen Tag.
In der Hoffnung auf den Sieg der Revolution.
In der Hoffnung auf Frau, Leben, Freiheit.
In der Hoffnung auf Queer, Trans, Befreiung.*

TRANS*FRAUENFEINDLICHKEIT IM IRAN

Jakaw Nick

Aus dem Persischen von Bianca Gackstatter

Wir befinden uns mittendrin in der feministischen Revolution mit der Parole »Frau, Leben, Freiheit«. Die sich ausbreitende Revolution hat als Kampf gegen ein geschlechterdiskriminierendes Gesetz begonnen. Dieses Gesetz ist der sichtbarste Aspekt einer ganzen Reihe von Gesetzen, die durch die Herabwürdigung der Menschen dazu führen, dass deren grundlegendsten Rechte in Frage gestellt werden. Deshalb ist das Regime der Islamischen Republik ein Regime der Geschlechter-Apartheid.

Dieser Kampf oder im Grunde die Kampfbewegung, die zur Formierung der ersten Proteste gegen das Regime der Islamischen Republik geführt hat, dauert nun seit mehr als 40 Jahren an. Sie dringt zunehmend in den virtuellen Raum – eine tragende Säule dieser vierten Welle des Feminismus – vor und gewinnt immer weiter an Einfluss. Das Regime der Islamischen Republik ist ein spätes Phänomen des Patriarchats. Obwohl die Beseitigung dieses Systems zwingend erforderlich ist, würde diese jedoch nicht das Ende des Patriarchats bedeuten, so dass die Bewegung in anderer Form weiter aktiv bleiben wird.

Selbstverständlich zielt dieser Text – wie viele andere auch – darauf ab, diese Bewegung in einem radikaleren und weitreichenderen Kampf gegen das Patriarchat zu unterstützen, indem er sich einer wichtigen Auswirkung des Patriarchats widmet, die eine doppelte und systematische Diskriminierung zur Folge hat: der Trans*Frauenfeindlichkeit im Iran. Dabei versucht dieser Text, über allgemeine Aspekte von Trans*Frauenfeindlichkeit hinauszugehen und die spezifischen Aspekte und Auswirkungen der Trans*Frauenfeindlichkeit im Iran in den Fokus zu nehmen.

Um sich mit Trans*Frauenfeindlichkeit im Iran auseinanderzusetzen, ist es nötig, zunächst kurz auf Trans*Frauenfeindlichkeit im Allgemeinen einzugehen. In Julia Seranos Werk *Whipping Girl*, das sich auf die doppelte Diskriminierung von Trans*Frauen bezieht, taucht der Begriff Trans*Frauenfeindlichkeit, der sowohl Trans*Femmes als auch Nicht-binäre Femmes einschließt, zum ersten Mal in einem Buch auf. Trans*Frauenfeindlichkeit ist eine zweifache Form der Diskriminierung, basierend auf Trans*Phobie und Frauenfeindlichkeit, die daher zu einer doppelten Benachteiligung und Gewalt gegen Menschen führt.

Frauenfeindlichkeit ist eine der grundlegenden Auswirkungen des Patriarchats. Weil Frauen im Verhältnis zu Männern als passiv und anders definiert werden, sind sie als Unterlegene in der Machthierarchie systematischer Benachteiligung und Gewalt ausgesetzt. Es ist wichtig zu erwähnen, dass in patriarchalen Systemen versucht wird, männliche Vorherrschaft und Unterdrückung als eine natürliche und nicht veränderungsbedürftige Ordnung zu implementieren, wobei die Implementierung dieser Ordnung auf der Essentialisierung von Geschlecht beruht.

Die Existenz von Trans*- und Nicht-binären Menschen steht dieser essentialistischen Sichtweise entgegen und wird in cis-normorientierten Gesellschaften und Systemen – die selbst sowohl Folge als auch aufrechterhaltender Faktor des Patriarchats sind – als abweichend und unterlegen betrachtet. Wir sprechen dann von Trans*Phobie oder Nicht-Binär-Phobie (NB-Phobie). Darüber hinaus können Menschen, die eine weibliche oder teilweise weibliche Geschlechtsidentität offenbaren oder als weiblich gelesen werden, Opfer von Diskriminierung und Gewalt durch Trans*Frauenfeindlichkeit werden.

Unter dem Regime der Islamischen Republik werden eine ganze Reihe von Gesetzen angewandt, darunter zum Beispiel das Recht, das Land zu verlassen, das Recht auf Bildung und Berufsausübung, die notwendigen Bedingungen zur Bestätigung des Geschlechts, die Unterschiede in der Höhe des Blutgeldes und der Aufteilung des Erbes, die Nicht-Bestrafung der Ermordung durch den Vater oder Ehemann (Cis-Gender und heterosexuelle Männer), die einen Teil der Menschen völlig handlungsunfähig machen und sie unter dem Banner der Ehre gegenüber heterosexuellen und Cis-Männern zur Passivität zwingt. Auch die Möglichkeit zur Verhinderung eines freiwilligen Schwangerschaftsabbruches, die Bestrafung durch Auspeitschung oder Hinrichtung für Nicht-Cis-Hetero-Beziehungen sowie der obligatorische Hijab zählen dazu. Zunächst einmal zeigen die genannten Beispiele den patriarchalen Kontext, in dem diese Gesetze verabschiedet und ausgeübt werden und letztlich zu Frauenfeindlichkeit führen.

Darüber hinaus werden cis-normbasierte Wertesysteme und Verhaltensmuster unter Verwendung von Begrifflichkeiten wie »Islamische Familie« oder »Islamische Lebensweise« über verschiedene Bildungskanäle kontinuierlich in die Gesellschaft eingespeist, um die etablierten Gesetze zu rechtfertigen und ihre Wirkung zu stärken. Cis-sexistische Strukturen, die zu aktiver Diskriminierung führen, werden dadurch immer weiter verstärkt.

Unter solchen Bedingungen wird Trans*Frauenfeindlichkeit durch die Texte ratifizierter Gesetze und durch das Bildungswesen verstärkt sowie in verschiedenen Formen und mit verheerenden Auswirkungen im Herzen der Gesellschaft implementiert. Naturgemäß hat diese Trans*Frauenfeindlichkeit unterschiedliche Facetten und Auswirkungen, die ich im Folgenden versuche anhand einer Reihe charakteristischer Beispiele aufzuzeigen.

Unterschiede in der diskriminierenden Haltung zwischen Trans*Frauen, Trans*Femmes und Nicht-binären Femmes im Vergleich zu Cis-Frauen sind ein Beispiel für Trans*Frauenfeindlichkeit. Wenn für Cis-Frauen das Tragen von Kleidung jenseits des vorgegebenen Rahmens zur Strafverfolgung führt, kann für Trans*Frauen, Trans*Femmes und Nicht-binäre Femmes bereits ihr bloßes Auftreten im städtischen Raum oder an öffentlichen Orten, egal in welcher Kleidung, schon allein aufgrund ihres dargestellten Geschlechts, zu gewaltvollen Zusammenstößen und schweren Repressionen führen! Denn ihr Auftreten steht im Widerspruch zu dem cis-normorientierten Leitbild – ein Phänomen, das dem Patriarchat entspringt und es zugleich nährt und damit am Leben hält.

Da im Iran die Bestätigung des Geschlechts und der Geschlechtsidentität einer Trans*Person abhängig ist von transmedizinischen Kriterien der Rechtsmedizin, droht Trans*Frauen und Trans*Femmes, die diese Kriterien nicht erfüllen, eine weitreichende Pathologisierung. Wenn eine Trans*Frau oder eine Trans*Femme nicht diesen offiziellen Weg geht und die entsprechenden Dokumente nicht bei sich hat, drohen ihr strafrechtliche Verfolgung und schwere gerichtliche Verurteilungen. Anschuldigungen wie »Cross-Dressing«, das in Artikel 638 des Islamischen Strafgesetzbuches als Straftat definiert ist, sind ein klarer Ausdruck von Trans*Frauenfeindlichkeit in den Gesetzestexten und in der Gesetzesausübung der Islamischen Republik. Ziel dieser weit verbreiteten Repressionen und Gewaltanwendungen ist die Eliminierung von Trans*Frauen, Trans*Femmes und Nicht-binären Femmes aus der Gesellschaft.

Die Identität von Nicht-binären Personen wird von der Gesetzgebung der Islamischen Republik nicht anerkannt. Die Identität von transbinären Personen wird nur unter den oben genannten Bedingungen (Erfüllung der transmedizinischen Kriterien des Medizinrechts) und der Durchführung von Operationen anerkannt. Dieser Umstand hat die durch Trans*Frauenfeindlichkeit verursachte Diskriminierung von Trans*Frauen und Nicht-binären Femmes verdoppelt. Aus diesem Grund sind diese Personen anfälliger für gewaltsame Zusammenstöße mit der Sittenpolizei und für die Verfolgung durch die Justiz. Besonders offenkundig wird Trans*Frauenfeindlichkeit an öffentlichen Orten sowie in gewaltvollen Zusammenstößen mit Trans*Frauen, Trans*Femmes und nicht-binären Femmes. Diese Gewalt ist weit verbreitet und trifft nicht-binäre Personen am meisten.

Etwas, das in den Untersuchungen zu Trans*Menschen und nicht-binären Menschen, insbesondere Trans*Frauen, Trans*Femmes und Nicht-binären Femmes, nicht berücksichtigt wird, ist ihr Anteil an den Todesurteilen und Hinrichtungen, die von der Regierung unter dem Vorwurf der Päderastie verhängt werden. Wie bereits erwähnt, werden das Geschlecht und die Geschlechtsidentität dieser Personen in den meisten Fällen nicht durch das Islamische Gesetz bestätigt. Darüber hinaus legt die Strafgesetzgebung mit ihrer binären Sichtweise – abgeleitet aus der bereits erwähnten essentialistischen Auffassung von Geschlecht – das Geschlecht auf der Grundlage von Organen fest, die kein Geschlecht haben, und verhängt darauf basierend Strafen durch Auspeitschungen oder Todesurteile für Nicht-Cis-Hetero-Beziehungen. Folglich besteht die Gefahr der Auspeitschung oder Hinrichtung unter der Anklage der Päderastie in gleichem Maße für zwei Cis-Männer, die sexuell miteinander verkehren, als auch für Trans*Frauen, Trans*Femmes und Nicht-binäre Femmes. Der trans*frauenfeindliche und nicht-binärphobe Aspekt dieses Umstands besteht in diesem Fall darin, dass diese Menschen nicht nur mit solchen Urteilen konfrontiert werden, sondern systematisch dem falschen Geschlecht zugeordnet werden und ihre Identität in Frage gestellt wird.

Intersektionale Diskurse über Trans*Frauen, Trans*Femmes und Nicht-binäre Femmes sind noch nicht ausreichend in den Mainstream des iranischen Feminismus integriert. Zusätzlich dazu, dass in den meisten Diskursen und Untersuchungen über die Auswirkungen der Gesetzgebung der Islamischen Republik nur heterosexuelle und Cis-Frauen berücksichtigt werden, werden die Forderungen von Trans*Frauen in ihren Stellungnahmen und Forderungskatalogen meist übersehen. Dieser Umstand selbst ist einerseits eine Folge des Patriarchats und kommt ihm letztlich andererseits auch zugute. Folglich hat der Feminismus im Rahmen dieser aktuellen feministischen Revolution besser als je zuvor die Gelegenheit, den intersektionalen Diskurs und Ansatz zu praktizieren.

QUELLEN:
https://www.radiofarda.com/amp/f3-hijab-iran-1979/25286342.html
https:///transmisogyny-101-what-it-is-and-what-can-we-do-about-it/
K C Clements: »What Does It Mean to Be Cissexist?«, Healthline, 2.6.21, https://www.healthline.com/health/transgender/cissexist
https://www.ghazavatonline.com/17965/punishment-of-man-appear-in-public-with-woman-dress-andthick-makeup/

DIE MULLAH-VERSTEHER

Es war eine Frage der Zeit. Bis sich der erste Schock über die Berichte und Videos, die aus dem Iran kamen, gelegt hat. Videos von Frauen, die an den Haaren über die Straße gezerrt, geschlagen und in Autos verschleppt werden, von willkürlich herumschießenden Milizen, von Studierenden, die um ihr Leben rennen, Berichte über Vergewaltigungen von jungen Mädchen, über Misshandlungen von Schülerinnen, über Folter und Ermordungen friedlich Protestierender. Seit diese Zeugnisse der Brutalität des Regimes nicht mehr allzu neu sind, sondern sich in den Strom täglicher Nachrichten einfügen, zeigen sie sich wieder: Die Mullah-Versteher.

Sie verkünden ihre Botschaften manchmal subtil, manchmal weniger subtil. Mal als Expert*innen in den Medien, mal als Politiker*innen, mal als Autor*innen. Der Modus Operandi der Mullah-Versteher ist immer gleich. Ja, es ist schrecklich, was im Iran passiert. Aber: So groß und bedeutsam sind die Proteste nicht. Und: Wir müssen die Dinge realpolitisch betrachten. Denn: Die Proteste oder gar ein Regimesturz würden die Region destabilisieren. Weiter: Das Regime kann sich reformieren. Schließlich: Dieses Regime ist der einzig mögliche Verhandlungspartner.

Das Narrativ der Mullah-Versteher ist nicht neu. Neu ist, dass es Widerspruch gibt. Denn die Erzählung, dass auf das iranische Regime, die Oligarchen an der Spitze, trotz allem Verlass sei, prägte jahrelang das Verhältnis zum Iran – sowohl in der Politik als auch in der medialen Berichterstattung. Zwar gab es hier und da Stimmen, die gewarnt haben, dass ein Regime, das Oppositionelle verfolgt und einsperrt, Frauen systematisch unterdrückt und Homosexualität mit der Todesstrafe belegt, kein normaler Gesprächspartner sein könne. Dass der staatlich verordnete Antisemitismus und die Zerstörungsgelüste gegenüber Israel Gründe sein müssten, das Regime zu isolieren und zu sanktionieren. Aber diese Stimmen waren nicht gerne gehört. Sie standen im Weg der Atomverhandlungen; sie brachten Unruhe in das Verhältnis zu einem Land, in dem es zumindest aus westlicher Sicht doch erfreulich ruhig war. Zumal im Vergleich zu Staaten wie Libanon, Irak oder gar Afghanistan. Ein Fels in der Brandung des sogenannten Nahen Ostens. Wenn auch ein misogyner, antisemitischer und homophober Fels.

Mullah-Versteher sind wie Putin-Versteher. Sie sorgen sich um das eigene Wohlergehen. Worte wie »Instabilität«, »Realpolitik« oder »Vernunft« gehören zu ihrem Repertoire. Sie geben sich als Stimme, die nicht vernebelt ist von moralinsauren Gedanken, hehren Absichten und dem naiven Traum, dass das Gute am Ende siegen werde. Als die Stimme, auf die Regierende hören sollten, anstatt von »Zeitenwende« und »Revolution« zu sprechen. Denn viele Jahre haben Politiker*innen auf genau diese Stimmen gehört. Sie haben Gasverträge oder Atomabkommen ausgehandelt und dachten, es werde schon gutgehen. Selbst als Putin 2014 die Krim annektierte oder als die Mullahs 2019 Hunderte Protestierende in wenigen Tagen niederschossen und töteten, dachten sich diese Politiker*innen: Komm, das wird schon. Ist blöd, sieht auch nicht gut aus. Aber Augen zu und durch.

Bis die Diktatoren es zu weit trieben. So weit, dass der Aufschrei, das Entsetzen hierzulande so groß war, dass es ganz so einfach nicht weiterging. Das iranische Regime ließ (mal wieder) eine Frau töten, weil sie sich nicht so kleidete, wie die Sitten der Islamischen Republik es zuließen. Was sich seit dem Tod von Jina Mahsa Amini zeigt, ist eine Gesellschaft, die sich wehrt. Die zeigt, dass es nie ruhig war in diesem Land. Es sind Menschen, Frauen an der Spitze, die gegen den Felsen in der Brandung kämpfen, weil er sie erdrückt.

Nun zeigt sich, dass das Argument der Stabilität nicht trägt. Ein Land kann nicht stabil sein, wenn der Großteil der Bevölkerung gegen die Führung ist. Auch das im Übrigen eine Mär der Mullah-Versteher: Es gebe viele Unterstützer*innen des iranischen Regimes. Dabei unterschlagen sie, dass diese Unterstützer*innen fast ausschließlich im Klerus, in den Streitkräften und in jenem Teil der Bevölkerung zu finden sind, der finanziell abhängig von der Führung ist. Und dass diese »Unterstützer« nur einen kleinen Teil der Bevölkerung ausmachen.

Das lässt sich an Zahlen aus der vergangenen Präsidentschaftswahl gut ablesen. Wahlen sind für das iranische Regime seit jeher ein Instrument der eigenen Legitimierung: Seht her, die Menschen gehen zur Wahl. Ergo: Sie unterstützen das System. Das stimmt, die Menschen sind jahrelang wählen gegangen. Aber nicht, weil sie das System unterstützten. Sondern um das Schlimmste zu verhindern. Um zumindest einen Mann an der Spitze zu haben, der die Lage nicht noch schlimmer machte als sie ohnehin schon war. Herausgekommen sind Präsidenten wie Mohammad Khatami oder Hassan Rohani. Man hoffte, dass sie den Menschen zumindest ein winziges Stück Freiheit schenken würden. Dass sie »reformieren« würden. Keine dieser

Hoffnungen hat sich bestätigt. Dieses Regime, so wurde deutlich, war und ist nicht reformierbar. In der letzten Präsidentschaftswahl im Sommer 2021 lag die Wahlbeteiligung bei 49 Prozent. Davon waren 14 Prozent ungültig abgegebene Stimmzettel – sie waren leer, oder die Menschen schrieben »Micky Maus« und andere Phantasienamen drauf. Bleiben 35 Prozent; von diesen 35 Prozent sind viele explizit oder implizit gezwungen worden zu wählen.

Schließlich das Stabilitätsargument. Mullah-Versteher schüren Ängste, ähnlich wie Putin-Versteher. Wenn der Westen hart gegen das Regime vorgehe, werde es nur uns selbst schaden, so heißt es. Instabilität in der Region, Krieg, Ströme von Geflüchteten, höhere Kosten. Angst, so weiß man, wirkt. Also wird die eigene Angst über den Freiheitskampf von Millionen von Menschen gestellt – so machen es Putin-Versteher mit Ukrainerinnen und Ukrainern, so machen es Mullah-Versteher mit Iranerinnen und Iranern. Richtig, man weiß nicht, was nach einem Sturz des iranischen Regimes kommen würde. Aber diese Frage können nur die Menschen im Iran beantworten. Und dass sie einen großen Drang nach Demokratie und Freiheit haben, das beweisen sie momentan jeden Tag.

Verharmlosung von Diktaturen findet man überall. Im Fall des Iran leider auch oft in den Reihen eher linker Parteien und Publizist*innen. Man braucht sich aber nichts vormachen; die Konservativen stehen hier der politischen Linken in absolut nichts nach, im Gegenteil. Aserbaidschan, Katar, Saudi-Arabien – und auch Russland und Iran, um nur ein paar Stichpunkte zu nennen. Die Iran-Politik unter Angela Merkel war auch vom »Verstehen« geprägt. Jetzt wäre es an der Zeit für alle politischen Strömungen, eine »Zeitenwende« in der Iran-Politik einzuleiten und sich von den Mullah-Verstehern zu distanzieren.

Putin-Versteher kennt man inzwischen gut. Bei Mullah-Verstehern war das Erkennen bisher schwieriger. Sie sind Expert*innen und Berater*innen, die auch von vertrauenswürdigen Medien befragt werden. Und sie werden oft nicht erkannt als das, was sie sind. Dabei ist eines klar: Diktatoren-Versteher stehen immer auf der falschen Seite der Geschichte. Es ist besser, nicht auf sie zu hören. Denn Diktatoren zeigen immer ihr wahres Gesicht. Irgendwann.

QUELLE:
»Final Iran Vote Results Show Lowest Turnout In Four Decades«, Iran International, 19. 6. 21, https://old.iranintl.com/en/iran/final-iran-vote-results-show-lowest-turnout-four-decades

Dieser Text ist eine leicht überarbeitete Version des zuerst am 28. Oktober 2022 erschienenen Gastbeitrags »Bitte kein Verständnis« in der *Süddeutsche Zeitung*.

DER SCHMERZ IM EXIL

Ich schaute mir das Video wieder und wieder an. Wie sie auf ihrem Rücken am Boden liegt, die Augen nach oben verdreht, wie drei Männer sich um sie herum auf den Boden knien und schreien »Neda, bleib bei uns, Neda, verlass uns nicht«, wie sie ihr helfen wollen, wie plötzlich das Blut aus ihrem Mund strömt, aus ihrer Nase, wie ein Spinnennetz ihr Gesicht bedeckt, die Männer wissen nicht, was sie tun sollen, versuchen das Blut zu stoppen. Aber an dem Grauen in Nedas Blick, in der Sekunde, bevor das Blut anfängt zu strömen, ahnt man schon, dass sie in wenigen Sekunden sterben wird.

Der Tod der 27-jährigen Neda Agha-Soltan im Juni 2009 war das erste Mal, dass ich den Horror, der die Islamische Republik Iran ist, mit eigenen Augen sah. Bis dahin kannte ich Geschichten, ich wusste, dass mein Vater fliehen musste, dass mein Onkel und Opa im Gefängnis waren, dass zahllose Familien auseinandergerissen, Unzählige getötet wurden, ich hatte Seminararbeiten über das iranische Regime und die iranische Gesellschaft geschrieben. Aber als ich vor dem Computer saß und den Clip von Nedas Tod immer wieder anschaute und weinte und weinte, da erst verstand ich, da erst spürte ich, was dieser Horror bedeutete.

Während der Grünen Bewegung im Jahr 2009 war ich mitten im Studium, ich postete nicht, ich schrieb nicht darüber, ich verfolgte das Geschehen nur anhand von

Schnipseln an Bildern und Berichten, die aus dem Land kamen. Ich konnte nicht aufhören zu schauen; ich wollte sehen, was dort passierte, in dem Land, das ich liebte und das ich gleichzeitig verabscheute. Was mich damals begleitete, war eine Mischung aus Schuld und Trauer. Schuld darüber, dass diese jungen Menschen dort auf die Straßen gingen und um die Freiheit für ein Land kämpften, aus dem ich kam, in dem meine Eltern groß geworden waren, in dem meine Familie und Freund*innen lebten. Dass diese jungen Menschen starben, hingerichtet wurden, jahrelang im Gefängnis saßen, während ich in Freiheit lebte, weil der Zufall es wollte, dass ich mit drei Jahren aus diesem Land herausgetragen wurde. Trauer darüber, dass so viele Familien durch dieses Regime, das Neda umbrachte, Traumata in sich trugen, die von einer Generation an die nächste weitergegeben wurden. Wie ein kollektiver Schmerz, den man nicht einmal benennen muss, weil alle dasselbe fühlen, wenn sie Neda beim Sterben zuschauen. Und irgendwie ist sie auch für meine Freiheit gestorben, das Land zu besuchen, das mir so sehr fehlt.

In den Iran zu reisen – für mich ist das schon lange nicht mehr möglich. Ich habe diesen Traum aufgegeben, nachdem sich bald nach meinem letzten Besuch im Iran die Hinweise verdichteten, dass es wegen des politischen Hintergrunds meines Vaters Schwierigkeiten geben würde. Als Doppelstaatlerin ist man ohnehin immer gefährdet; als ich anfing, mich öffentlich über das Regime zu äußern, war das Ende aller Rückreise-Ambitionen besiegelt. Aber viele andere Exil-Iraner*innen fuhren noch lange in den Iran zurück, für viele unvorstellbar, das aufzugeben. Das hieß auch, dass sie sich nicht kritisch äußern durften. Keine Social-Media-Posts, keine Aktivitäten, die Gegnerschaft zum Regime erkennen ließen. Das war es wert; das wäre es vielleicht auch für mich wert gewesen, wenn mir der Weg durch meine Familiengeschichte nicht ohnehin versperrt gewesen wäre.

Dann hätte ich das Land bereist, nicht mit den Augen eines Kindes, sondern als Erwachsene; wäre nach Isfahan gefahren, nach Shiraz, hätte Persepolis besucht, hätte mir das Grab von Hafez angeschaut, wäre nach Kish gereist, nach Saqqez und nach Zahedan, nach Täbris und nach Rasht. Ich wäre zum Grab meiner Großeltern gefahren, zum Grab meiner Tante Mina und meines Onkels Behruz, von denen ich mich nicht verabschieden konnte.

Zum letzten Mal sah ich meinen Großvater und meine Tante Mina in Istanbul. Für Deutschland bekam meine Familie kein Visum, schon gar nicht für mehrere Menschen auf einmal. Also packte mein Opa meine halbe Verwandtschaft ein, mehrere Tanten und Onkel, drei Cousinen und ihre Männer und Kinder, und mietete die halbe Etage in einem Hotel am Taksim-Platz. Für die Türkei brauchen Iraner*innen kein Visum, also war das der Ort der Wahl. Mein Großvater war schon über 90 Jahre alt, das Reisen war beschwerlich; aber er wusste, dass es wohl das letzte Mal sein würde, dass wir uns sehen könnten. Als ich im Hotel ankam, wo meine Verwandtschaft sich einquartiert hatte, roch ich schon im Etagenflur Basmatireis. Ich klopfte an das Hotelzimmer; drinnen saß mein Opa auf dem Bett in der Mitte, und alle standen und saßen irgendwo im Zimmer, es war brechend voll. Auf einem Tisch stand ein kleiner Reiskocher, den sie mitgebracht hatten. Ich musste lachen, während wir uns alle in den Arm nahmen.

Eines Morgens wachte ich im Hotel auf, und meine Augen brannten wie verrückt. Ich hörte Lärm und ging zum Fenster: Die Taksim-Proteste waren ausgebrochen, wir mittendrin. Es folgten mehrere Tage, an denen wir versuchten, meinen Opa sicher durch die chaotischen Szenen zu manövrieren, er zwischen uns, der Kleinste von allen, er ließ sich halb tragen und hatte, glaube ich, einen Heidenspaß, weil er nicht erwartet hatte, noch mal in so etwas wie eine Revolution zu geraten. (Wir wussten damals noch nicht, mit welcher Gewalt der türkische Staat gegen die Menschen vorgehen würde.) Es waren keine besonders ruhigen Tage, die wir miteinander verbrachten; aber da ich gefürchtet hatte, ihn gar nicht mehr zu sehen, war jede gemeinsame Minute wie eine Zugabe. Meine Tante Mina blühte in dem ganzen Chaos auf. Sie war genauso klein wie mein Opa und die resoluteste Person, die ich kannte. Sie wusste immer genau, was zu tun war, sie hatte ein offenes Ohr für alle, und die Lösungen lieferte sie gleich mit. Ihr Mann nannte sie, schon seit den frühen Tagen ihrer Ehe, »*rais*«, »Chefin«. An einem Nachmittag saßen wir im Taxi und versuchten, durch das Gedränge von Taksim runter zum Bosporus zu kommen, da fragte ich Mina, warum sie denn im Ausland auch ein Kopftuch trage. Für mich stand das »iranische« Kopftuch, spätestens seit meinem eigenen Erlebnis, für Zwang. Ich kannte außer meiner Oma keine Iranerin, die es auch außerhalb des Iran trug. Meine Tante Mina nahm meine Hand zwischen ihre, wie sie es immer tat, seit ich klein war, und sagte, dass sie das Gefühl hatte, mit Gott verbunden zu sein, wenn sie das Kopftuch trug. Dass sie spürte, dass alles gut würde, egal was passierte. Sie war wie immer ruhig und liebevoll, während sie sprach, und ich verstand.

Meine Großmutter war schon zwei Jahre vor dem Familientreffen in Istanbul gestorben. Als die Nachricht von ihrem Tod kam, sah ich sie vor mir, in ihrem schwarzen Tschador mit den weißen Punkten, wie sie mich immer nach den Namen der zwölf Imame fragte und ich gespielt patzig antwortete, »*Mamanjoon*, ich habe keine Ahnung«, wie sie dann lachte und mich in den Arm nahm. Ich dachte daran, wie sie immer Angst hatte, überall zu spät anzukommen, und deswegen mindestens eine Stunde, bevor wir losfahren mussten, in ihrem Tschador an der Tür saß und geduldig wartete, bis alle anderen auch bereit waren. Ich dachte daran, wie weich sie war, alles an ihr, und wie ich es liebte, in ihrem Arm zu liegen. Ich dachte daran, dass sie neun Kinder auf die Welt gebracht hatte und was für ein schweres Leben sie hatte, nachdem sie mit dreizehn Jahren verheiratet wurde und nie für sich selbst lebte, sondern nur für die anderen.

Als meine andere Großmutter im Sommer 2021 starb, lag sie vor ihrem Tod eine Woche lang im Koma; wir riefen sie jeden Tag an, und ihre Pflegerin legte das Handy an ihr Ohr, während wir ihr sagten, dass wir sie liebten und dass wir bei ihr waren. Der Leichenwaschung und ihrem Begräbnis wohnten wir per WhatsApp bei. Am Tag ihrer Beerdigung schaute ich mir stundenlang Videos von ihr an; wie sie tanzte, wie sie sang. Sie tanzte viel und gerne, bis sie irgendwann nicht mehr gehen konnte. Gesungen hat sie bis zum Schluss.

Für den Tod meines Opas und meiner Tante zündeten mein Bruder und ich in unserer Wohnung in Berlin eine Kerze an. Wir nahmen uns in den Arm und weinten. Als meine Tante Mina plötzlich schwer krank wurde und starb, dachte ich an ihre warmen Hände, ihr neckisches Lachen, ihre Spiritualität, ihr großes Herz. Auch als mein Onkel Behrouz im Jahr 2022 starb, gedachten wir seiner aus der Ferne. Keine Zusammenkunft mit der Familie, kein gemeinsames Trauern, kein Trösten.

Bei jedem Abschiedsschmerz, bei jedem Gefühl der Schuld, nicht bei ihnen gewesen zu sein, nicht am Krankenbett gesessen und ihre Hand gehalten zu haben, kam mir der Gedanke: Der Schmerz, den ich gerade fühle, ist nur ein winziger, winziger Bruchteil dessen, was dieses Regime, was Diktaturen weltweit Menschen antun. Völlig unsinniges Leid, vermeidbar, überflüssig, gewollt von irgendwelchen Machthabern, deren gesamte Existenz nur darauf ausgerichtet ist, jegliche Art der Liebe zu vernichten.

In den Iran zu fahren, Eltern zu besuchen und Geschwister, mit Familie zu sein und Freund*innen, all das aufzugeben – dieses Opfer haben unzählige Exil-Iraner*innen in den vergangenen Monaten gebracht. Viele Menschen im Exil äußern sich zum ersten Mal öffentlich kritisch gegen das Regime. Der Tod von Jina Mahsa Amini und die Proteste haben einen Damm gebrochen. Still zu bleiben war für viele keine Option mehr, auch wenn sie dadurch die Möglichkeit aufgegeben haben, ihre Familien je wieder besuchen zu können. Seit Beginn der Protestbewegung posten sie Bilder und Videos, engagieren sich, gehen auf Demos, schreiben, singen, sprechen. Das war 2009 nicht so; das war 2017 nicht so; das war 2019 nicht so. Der Preis dafür, sich zu äußern, war zu hoch. Jetzt aber haben ihn sehr viele Menschen gezahlt.

Und so haben sich viele Iraner*innen im Exil zusammengefunden, Netzwerke gebildet, Verbindungen geknüpft, überall auf der Welt, um für Freiheit im Iran zu kämpfen, aber auch, um nicht allein zu sein auf einem Weg, dessen Ende nicht sicher ist und der dazu führen kann, dass der Weg zurück für immer versperrt bleibt.

Der Tod von Neda und von Hunderten von Menschen, die seit September 2022 getötet wurden, löst ihn aus, diesen Exilschmerz. Als Iraner*in trägt man ihn immer mit sich; mal schlummert er, mal faucht er. Immer begleitet von der Hoffnung, dass es aufhört. All das. Irgendwann.

»UNSER SCHWERT IST LIEBE«

Es ist ein Song, der alles sagt. »Das ist ein Schlachtfeld«, rappt Toomaj Salehi. »Reich und arm, von jeder Ethnie und jedem Stamm, reihen wir uns aneinander wie Patronen. Das ist ein Schlachtfeld, unser Schwert ist Liebe.« Der Song *Schlachtfeld* (*Meydoone jang*) und das Video dazu – eines der letzten Stücke, die Salehi, der sich nur »Toomaj« nennt, veröffentlicht hat, bevor er am 30. Oktober 2022 wegen »Propaganda gegen das Regime« verhaftet wurde. Der Sound der Revolution – Toomaj ist einer der Künstler*innen, die diesen prägen.

Musik ist ein zentrales Motiv dieser iranischen Protestbewegung, die am 16. September 2022 begann; an diesem Tag starb die Kurdin Jina Mahsa Amini an den Folgen massiver Gewalt durch die iranische Polizei. Auf ihrer Beerdigung im kurdischen Saqqez sah man sie zum ersten Mal: Frauen, die ihre Kopftücher abnahmen und in der Luft schwenkten. Dazu sangen sie und alle anderen Menschen in der Menge den feministischen kurdischen Schlachtruf »Jin, Jiyan, Azadî« – »Frau, Leben, Freiheit«.

Zan, Zendegi, Azadi – Frau, Leben, Freiheit auf Farsi – ist der Name eines weiteren Songs, der in dieser Revolution gespielt wird. Die*der Künstler*in ist nicht bekannt, vielleicht um sich nicht der Gefahr auszusetzen, verhaftet zu werden. Im Video sieht man das Gesicht einer Frau, die verschleiert ist; als sie den Schleier abnimmt, zeigen sich ihre Verletzungen, Blut im Gesicht, Einschusslöcher von Schrotflinten auf der Brust, die Farben der iranischen Flagge auf der Wange. Schrotflinten werden viel benutzt von den Schergen des Regimes, es gibt unzählige Videos, die genau solche Verletzungen auf der nackten Haut der Menschen zeigen. »Frau, Leben, Freiheit, die ganze Welt kennt es auswendig«, singt die junge Frau, ihr Blick voller Schmerz, dem Schmerz eines ganzen Landes.

Jeder dieser Songs: Sie sagen alles. Mit Worten, mit ihrem Rhythmus, mit ihrer Melodie tragen sie die Hoffnung der Menschen im Iran, die Ängste, die Schmerzen, sie tragen 44 Jahre Leid, Tod und Grauen in sich. Es ist eine kollektive Erfahrung eines ganzen Landes, von Millionen Menschen. Familien, die auseinandergerissen wurden, Tote, die beklagt wurden, Traumata, die sich von Generation zu Generation übertragen. Es gibt kaum Familien, die nicht davon berichten können, von Verfolgung, von Inhaftierungen, von Trauer. Oder von Kindern, die verzweifelt sind, weil sie sich nicht verlieben dürfen, weil sie nicht singen dürfen, nicht tanzen dürfen, keine Dummheiten machen dürfen. Weil sie nicht herausfinden dürfen, wer sie sind, nicht herausfinden dürfen, wen sie lieben wollen.

Davon erzählt eine einzige Zeile des wohl bekanntesten Liedes dieser Revolution: *Baraye* von Shervin Hajipour. »Baraye« lässt sich übersetzen mit »Für« oder »Wegen«. Der Sänger hat für diesen Song eine Reihe von Tweets aneinandergereiht, die die Frage beantworten, warum Menschen im Iran protestieren, warum sie für Freiheit kämpfen. Sie kämpfen wegen der Angst, die sie haben, wenn sie sich küssen, denn das ist im Iran verboten; sie kämpfen wegen der verschmutzten Luft; sie wehren sich gegen die iranische Diktatur für ein Gefühl von Frieden und Ruhe. Und dann diese eine Zeile: Sie protestieren für ein freies Land wegen des Mädchens, das ein Junge ist. Wer diese Liedzeilen hört, sieht sie vor seinem inneren Auge, die Menschen, die leiden, weil ihnen die eigene Identität geraubt wird, weil sie ihnen verboten wird, weil Menschen im Iran mit dem Druck aufwachsen, sich für all das schämen zu müssen, wer sie sind und was sie wollen: Liebe, Freiheit, Sicherheit. Alles, was sie ausmacht, ist verboten, ist Sünde, ist unsittlich. Wer also die Liedzeilen von *Baraye* hört, versteht den Wert eines freien Lebens und spürt gleichsam, durch die eindringlichen Worte und die Melodie, den Schmerz, wenn dieses Leben unfrei ist.

Und so singt der Rapper Toomaj ebenfalls in einem seiner letzten veröffentlichten Lieder vor seiner Verhaftung vom Ende dieser Unfreiheit. Er sagt den Tag voraus, an dem dieses iranische Regime, das die Menschen des Landes seit der Islamischen Revolution in Fesseln gelegt hat, fällt: »44 Jahre eurer Regierung, nun kommt das Jahr des Scheiterns, an diesem Tag werdet ihr euch alle gegenseitig angreifen, das sage ich voraus, ich bin der Wahrsager.«

Toomaj Salehi gab noch aus seinem Versteck heraus, kurz bevor er Ende Oktober verhaftet wurde, dem kanadischen Sender CBC ein Interview. »Wir leben an einem Ort des Terrors«, sagte er. »Wir haben es mit einer Mafia zu tun, die bereit ist, die ganze Nation zu töten, um ihre Macht, ihr Geld und ihre Waffen zu behalten.«

Toomaj Salehi ist jemand, der sich nicht zurückhält, wenn es gilt, Unrecht anzusprechen, und wenn es ihn selbst in Gefahr bringt. Er hat während der Proteste Musik mit regimekritischen Lyrics produziert, die Protestierenden durch öffentliche Posts und Interviews unterstützt und selbst auf den Straßen protestiert. Schließlich fanden ihn die Regimekräfte. Recherchen von CBC zufolge wurde

Toomaj in der Haft in Isfahan schwer gefoltert. Sein Bein und seine Finger sollen gebrochen worden sein, sein Gesicht verletzt und sein Auge so schwer beschädigt, dass er seine Sehkraft verloren haben soll.

»Er hat sich immer für unterdrückte Gruppen innerhalb der iranischen Gesellschaft eingesetzt«, sagt eine gute Freundin über ihn, die aus Sicherheitsgründen anonym bleiben möchte. Manchmal, wenn er Songtexte schrieb, erzählt sie, schickte er ihr Textnachrichten und fragte sie, ob an den Lyrics irgendetwas antifeministisch oder gar frauenfeindlich sei. »Ich habe die Texte gelesen und ihm gesagt, nein, Toomaj, nichts daran ist frauenfeindlich.«

Eine Liedzeile von Toomaj ist ihr besonders wichtig, erzählt die Freundin. Er beendet eines seiner letzten Lieder, Liedtitel *Karoon*, vor seiner Festnahme mit folgenden Worten: »Ich habe die Stimme des Volkes ewig gemacht, ich habe gewonnen, auch wenn ich sterbe.« In einem Video, das Toomaj augenscheinlich lange vor seiner Verhaftung aufgenommen hat – das Datum ist nicht bekannt –, blickt er in die Kamera und schickt den Menschen, die ihm zuhören, folgende Worte: »Wir sind in die Welt gekommen, um zu leben, zu lachen, zu genießen, diese Gelegenheit zu nutzen, unser Sein, das ein Jahr dauert, das hundert Jahre dauert, zu nutzen. Eine schöne Welt zu erschaffen, gemeinsam ein gutes Leben zu haben, ein gutes Land zu haben. So dass wir auch anderen Ländern helfen können. Das ist mein Wunsch.« Dann lacht er, fast liebevoll, fast verlegen. »Wenn es so etwas wie Wünsche gibt, dann ist das mein Wunsch. Wir warten nicht auf die Hilfe von Regierungen anderer Staaten, wir haben einander. Wir haben einander, wir stehen zusammen, mit Kraft. Mit Kraft. Niemand kann uns besiegen.«

Toomaj Salehi wurde Ende November wegen »Verdorbenheit auf Erden« angeklagt. Eine Anklage, die das Todesurteil bedeuten kann.

Seine Songzeilen, jedes Lied, das in dieser Revolution gespielt wird: Sie sind der Anfang vom Ende eines Regimes, das die Macht der Musik, die Macht der Verbundenheit und der Emotionen niemals verstehen wird.

LINKS ZU DEN SONGS:

Video zum Song *Schlachtfeld* von Toomaj: https://www.youtube.com/watch?v=lWAGZ2EqNLM

Video zum Song *Zan, Zendegi, Azadi* (Künstler*in unbekannt): https://www.instagram.com/p/CjqxMUqgiFc/

Video zum letzten von Toomaj veröffentlichten Song *Faal*: https://www.youtube.com/watch?v=Jpi7d_uQ5Ec&t=87 s

Nahayat Tizhoosh: »Iranian dissident rapper reportedly remains defiant under torture by regime«, CBC News, 3.12.22: https://www.cbc.ca/news/world/toomaj-salehi-charges-1.6672801

Das ganz CBC-Interview mit Toomaj: https://www.youtube.com/watch?v=96TrTpQC2Y8

Dieser Text ist eine überarbeitete und ergänzte Version des zuerst im Januar 2023 im *Rolling Stone* erschienenen Artikels »Der Beginn einer Befreiung«.

MEDIZINISCHES PERSONAL IM IRAN: UND SIE HELFEN TROTZDEM

Ihr letzter Anruf ging an ihre Mutter. Sie sei auf dem Weg nach Hause, sagte Ayda Rostami am Abend des 12. Dezember am Telefon. Ayda hatte gerade ihre Schicht im Krankenhaus beendet. Die 36-jährige Ärztin arbeitete als Allgemeinmedizinerin in einem Teheraner Krankenhaus. Das war ihre reguläre Arbeit; doch mit den Protesten hatte sich Ayda Rostamis Leben geändert. Wenn sie ihre Arbeit im Krankenhaus beendete, arbeitete sie weiter – heimlich. Sie versorgte Menschen, die bei den Protesten verletzt wurden und medizinische Hilfe brauchten. Denn in Kliniken gehen die Verletzten schon lange nicht mehr. Dort droht ihnen Verhaftung oder Schlimmeres; wer mit Verletzungen auftaucht, die darauf deuten, dass man protestiert hat, muss mit Konsequenzen rechnen.

Also ging Ayda Rostami abends und nachts in die Häuser und Wohnungen dieser Menschen und behandelte sie. Entweder fiel ihr Engagement auf oder man beobachtete sie; am 12. Dezember jedenfalls, nachdem sie ihrer Mutter sagte, sie würde nach Hause kommen, verschwand sie. Laut BBC Persian klingelte es am Tag darauf bei ihrer Familie. Die Polizei stand mit der Leiche von Ayda Rostami vor der Tür. Erst sagte die Polizei der Familie, sie habe einen Unfall gehabt. Kurz darauf änderte sich die Story: Sie sei von einer Brücke gefallen. Danach berichteten die Staatsmedien: Sie sei erst von einem Mann angegriffen worden und *dann* von einer Brücke gefallen. Warum die ständigen »Korrekturen«? Weil Ayda Rostamis Körper eindeutige Spuren massiver Gewalt trug. Ihr Gesicht war zerschmettert, ihr Arm gebrochen, sie muss starke Schläge auf den Kopf erhalten haben. Die Behörden wollten irgendeine »glaubhafte« Geschichte liefern. Ihr zerstörter Körper aber strafte sie Lügen: Ayda Rostami starb, weil sie Menschen behandelt hatte. Weil sie ihren Beruf als Ärztin ausgeübt hatte.

Die Stellung von Ärzt*innen, Krankenpfleger*innen, Apotheker*innen und Angehörigen anderer medizinischer Berufe ist zentral in der Protestbewegung im Iran. Sie sind es, die die Verletzten zu sehen bekommen, die Vergewaltigungsopfer, die Verwundete mit Verbandszeug und Medikamenten versorgen. Bei ihnen landen die Beweise für die Verbrechen der Islamischen Republik. Deswegen sind sie im Visier der Machthaber.

Gleichzeitig braucht das iranische Regime das medizinische Personal, um sein Lügengebäude aufrechtzuerhalten. An diesem baut es seit dem ersten Tag der Proteste (und seit 44 Jahren): Nur einen Tag nach dem Tod von Jina Mahsa Amini, am 17. September, ließ das Regime auf der Webseite der staatlichen Nachrichtenagentur IRNA ein Video veröffentlichen, das zeigen sollte, dass Jina Mahsa Amini eines »natürlichen« Todes gestorben sei. Dazu schrieben sie auf Deutsch (die Lügen sind vor allem für das Ausland gedacht), dass Mahsa Amini ein »Herzproblem« gehabt habe. Es habe mit ihr »keine physische Begegnung« gegeben. Dann steht auf der Seite der Hinweis, es seien »anti-iranische Medien und amerikanische Beamte«, die behaupteten, dass Jina Mahsa Amini »durch Schläge« getötet worden sei. Es ist ihnen außerdem wichtig zu betonen, dass in den USA jedes Jahr »Hunderte von Menschen in Amerika durch Schläge sterben«.

Das iranische Regime gibt sich große Mühe, sein Narrativ, sein Bild auf sich selbst und auf die Welt zu verbreiten. Egal, wie absurd die Ausreden erscheinen, egal, dass die meisten Menschen im Iran über diese Lügen nur den Kopf schütteln, egal, dass nicht einmal Regime-Leute selbst daran glauben – für jedes Verbrechen, das in der Islamischen Republik begangen wird, gibt es eine »Erklärung«. Wie bei Ayda Rostami. Und oft sollen Mediziner*innen diese Lügen bestätigen.

Viele von ihnen weigern sich. So schrieb nur zwei Tage nach Jina Mahsa Aminis Tod ein hoher medizinischer Vertreter der Provinz Hormozgan, Dr. Hossein Karampour, einen Brief an den Präsidenten des Iranischen Medizinischen Rats. Er bezog sich auf Fotos der jungen Kurdin aus dem Krankenhaus, als sie im Koma lag aus einem Ohr dringt Blut. Diese Symptome, schrieb Karampour, »passen nicht zu den Gründen, den manche Behörden als Todesursache angeben, es sei ein Herzinfarkt gewesen«. Das Bild von Jina Mahsa Amini sei vielmehr »konsistent mit Symptomen, die mit einer Kopfverletzung und daraus folgenden Blutungen assoziiert sind«. Er forderte den Präsidenten, einen der höchsten Vertreter im Gesundheitssystem, außerdem auf, »ehrlich und mutig zu handeln, um die Wahrheit zu enthüllen«. Der Präsident solle sich an die Seite der Menschen stellen. Das Regime aber bleibt bis heute bei seiner Lüge.

Mediziner*innen, Studierende und viele andere Menschen, die im Gesundheitswesen arbeiten, stellten sich hingegen sehr wohl und von Anfang an den Menschen im Iran zur Seite. Das war auch dringend nötig: Die bewaffneten Kräfte des Regimes gingen von Beginn an mit großer Gewalt gegen die Protestierenden vor. Die Zahl der Toten stieg, die Zahl der Verletzten noch mehr. Die Menschen begannen, sich über die Sozialen Netzwerke und über private Nachrichten Ratschläge darüber zu geben, wie sie Wunden allein versorgen können, ohne ins Krankenhaus gehen zu müssen. Welches Desinfektionsmittel, welches Wundmittel sie brauchen, wie sie mit einer Pinzette Fremdkörper aus Wunden entfernen können. Aber nicht alle Verletzungen ließen sich allein von zu Hause aus versorgen. Im Gegenteil, oft waren es schwerste Verletzungen: gebrochene Knochen, Schusswunden, Munition von Gewehrsalven im ganzen Körper verteilt.

Im November 2022 veröffentlichte Mahmoud Jabbarvand, der Vorsitzende der Iranischen Ophtalmologischen Gesellschaft, ein Statement: Iranische Augenärzt*innen müssten zur Zeit eine »sehr große Anzahl« an Patient*innen mit Augenverletzungen versorgen. Die Verletzungen resultierten aus Schüssen mit Kugeln und durch Paintball-Gewehre. Augen mit solch schweren Schäden seien nicht mehr zu retten, so Jabbarvand. Er bat die Behörden, ein solches Verhalten zu überdenken; der Arzt warnte vor »irreparablen Konsequenzen« dieser Augenverletzungen. Schon länger hatte es vermehrt Berichte gegeben, dass Menschen gezielt in die Augen geschossen werde. Dieses Schreiben war eine Bestätigung dafür, dass die bewaffneten Kräfte Anweisungen haben, Menschen schwerste Verletzungen zuzufügen.

Die britische Zeitung *The Guardian* berichtete im Dezember, dass es bei Frauen und Männern unterschiedliche Verletzungsmuster gebe: Ärzt*innen und Krankenpfleger*innen hätten im Laufe der Proteste beobachtet, dass Frauen öfter mit Wunden im Bereich des Gesichts, der Brüste und im Genitalbereich behandelt werden müssten. Männer hingegen hätten häufiger Geschosse im Rücken, in den Beinen und im Gesäß. Ohne den Einsatz von medizinischem Personal wüsste die Welt nichts davon: Denn wegen des gedrosselten Internets gelangen kaum noch Videos und Fotos von den Protesten an die Außenwelt; vor allem aber nehmen Protestierende ihre Handys nicht mehr mit zu den Protesten. Zu gefährlich, sollten die Handys in die Hände der Polizei gelangen. Zudem werden auch Menschen, die filmten, gezielt von Regimekräften angegriffen. So liegt es am Rettungspersonal, an Mediziner*innen und an medizinischen Fachkräften, die Beweise heimlich Journalist*innen im Ausland zukommen zu lassen – auch das unter Einsatz ihres Lebens. So berichtete der *Guardian*, Quellen aus dem iranischen Gesundheitssystem hätten ihnen erklärt, dass Schüsse in die Augen von Frauen, Männern und Kindern »eigentlich normal« seien.

Im Bericht des *Guardian* wird ein Arzt aus Isfahan zitiert: »Ich habe eine Frau Anfang 20 behandelt, der zwei Kugeln in die Genitalien geschossen wurden. Zehn weitere Kugeln steckten in ihrem Innenschenkel. Die 10 Geschosse ließen sich leicht entfernen, aber diese beiden Geschosse waren eine Herausforderung, weil sie zwischen ihrer Harnröhre und ihrer Vaginalöffnung eingeklemmt waren«, sagte der Arzt. »Es bestand ein ernsthaftes Risiko einer vaginalen Infektion, also bat ich sie, zu einem Gynäkologen ihres Vertrauens zu gehen. Sie sagte, sie habe protestiert, als eine Gruppe von etwa zehn Sicherheitsbeamten sie umkreiste und ihr in die Genitalien und Oberschenkel schoss.« Er fügte hinzu: »Sie hätte meine Tochter sein können.« Es falle ihm schwer, mit dem Schmerz umzugehen, den er beobachte, sagte der Arzt.

Ende Oktober protestierten Hunderte von Mediziner*innen, Medizinstudierende und Angestellte anderer medizinischer Berufe vor dem Gebäude des Medizinischen Rates in Teheran für ihre Patient*innen, für ihre Zunft, gegen die Gewalt, die das Regime ausübte. Es dauerte nicht lang, bis Polizei und Milizen begannen, auf die Menschen zu schießen. Videos aus den Sozialen Medien zeigen, wie sie fliehen und versuchen, den Kugeln zu entkommen. Die Chirurgin Parisa Bahmani starb bei diesem Protest durch einen Schuss in den Kopf. Der Medizinische Rat veröffentlichte daraufhin ein Statement, dass sie durch einen »Autounfall« gestorben sei. Die Berichte, wonach sie durch Kräfte des Regimes getötet wurde, seien »nicht wahr«. Es ist immer dasselbe Muster.

Auch Medizinstudierende helfen, wo sie können. Sie unterstützen Ärzt*innen und medizinisches Personal im Untergrund, sie protestieren. Bei einem Protest Ende Oktober an der Medizinischen Hochschule im kurdischen Sanandaj schossen Regimekräfte auf die Studierenden. In einem Video, das die kurdische Menschenrechtsorganisation Hengaw auf Twitter postete, sieht man, wie die Studierenden in alle Richtungen fliehen, um sich vor den Schüssen in Sicherheit zu bringen.

In einem Artikel der *Washington Post* berichten iranische Ärzt*innen und Aktivist*innen anonym, dass Milizen in Zivil vor Apotheken Wache halten, um herauszufinden, wer Verbandmittel kauft. Diese Menschen werden entweder direkt festgenommen, oder die Zivilmilizen folgen ihnen, um herauszufinden, wer die verletzte Person ist, um diese dann zu verhaften. Um solche Risiken zu vermeiden, haben sich Online-Gruppen gebildet, wo sich Verletzte melden können. Sie werden dann eine*m vertrauenswürdige*n Ärzt*in in der Nähe weitervermittelt. Die *Washington Post* zitiert einen Arzt, der daran beteiligt ist – es gebe ein Code-System, erklärt er, um zu verhindern, dass die Gruppen von Regimeschergen infiltriert würden. Innerhalb dieses Unterstützungsnetzwerks werden auch Medikamente und medizinische Materialien verteilt.

Im Oktober wurde außerdem ein Twitter-Account erstellt, der sich »Emdadgaran Enghelab« nennt, die »Hilfsarbeiter*innen der Revolution«. Dort werden zum Beispiel Videos hochgeladen, in denen genau erklärt wird, wie man Kugeln aus dem Körper entfernt und wie man Wunden richtig säubert, damit sie sich nicht entzünden.

Ärzt*innen und medizinisches Personal, die Verletzten helfen, werden vom Staat systematisch unter Druck gesetzt. So erhalten sie in ihren Praxen Anrufe von unbekannter Nummer – bekanntermaßen meldet sich so der Geheimdienst. Tötungen, Verschleppungen, Inhaftierungen, das sind die Mittel, mit denen der Staat medizinische Hilfskräfte davon abhalten will, das zu tun, was sie gelernt haben: Menschen zu versorgen, sie zu heilen und ihnen zu helfen.

Die Perfidie endet hier aber nicht: Schon wenige Tage nach Beginn der Proteste mehrten sich Berichte, dass Krankenwagen nicht dazu eingesetzt werden, Verletzte und Verwundete zu retten. Sondern dass sie dafür missbraucht würden, Protestierende und Verwundete nicht ins Krankenhaus, sondern direkt in die Polizeistationen zu bringen. Im November wertete die *New York Times* in einer Recherche Videos aus den Sozialen Netzwerken aus und sprach mit Menschen vor Ort, die diese Berichte bestätigten. Eine Studentin aus Teheran beschrieb es so: »Sie haben die Leute gepackt. Sie setzten sie in den Krankenwagen und schalteten das Licht aus. Es waren viele Leute hinten drin.« Der Krankenwagen sei dann weggefahren, sagte sie. »Ich habe nicht gesehen, wo sie die Leute abgesetzt haben, aber ich habe gesehen, dass da normale Leute drin waren, junge Mädchen.« Ein Protestierender, ebenfalls in Teheran, beobachtete, wie Zivilmilizen bei einem Protest an der Sharif-Universität am 2. Oktober Studierende mit Knüppeln schlugen und sie dann in Krankenwagen verfrachteten. Die *New York Times* veröffentlichte sechs verschiedene Videos und Fotos, die zeigten, wie Krankenwagen direkt in Polizeistationen hineinfuhren.

Ein ganzer Berufsstand wird diskreditiert, Grundsätze, die Menschen in Heilberufen haben, werden pervertiert. Auch wegen der Krankenwagen gab es Widerstand vom medizinischen Personal. Am 4. Oktober kursierte ein Video in den Sozialen Medien, das einen Protest von Ärzt*innen vor dem Razi Universitätsklinikum in Rasht, im Norden des Landes, zeigt: In weißen Kitteln sitzen sie vor der Klinik, in den Händen Schilder, auf denen steht »Basijis sind keine Studierenden« und »Krankenwagen sollten dafür genutzt werden, Patient*innen zu transportieren«. Am 21. Oktober wurde ein Video veröffentlicht, das einen weiteren Protest des medizinischen Personals vor dem Gebäude der Medizinischen Gesellschaft in Mashhad zeigt. Darin verurteilt ein Sprecher den Gebrauch von Krankenwagen durch Polizei und Milizen. »Wir möchten, dass das aufhört, um wieder Vertrauen zu gewinnen«, sagte er. Um das Maß des Mutes dieser protestierenden Mediziner*innen zu verstehen, kann man sich in Erinnerung rufen: Mit jedem Protest riskieren sie ihr Leben und ihre Freiheit.

Hamid Ghare-Hasanlou und seine Ehefrau Farzaneh nahmen am 3. November 2022 an den Trauerfeierlichkeiten für die bei Protesten getötete Hadis Najafi in der Nähe von Karaj teil. Sie waren auf dem Heimweg, als sie wegen eines Staus anhalten mussten. Sie stiegen aus dem Auto aus, so berichtet die *Washington Post*, um zu schauen, was los war. Hamid Ghare-Hasanlou ist Arzt, der unter

Kolleg*innen für sein ehrenamtliches Engagement bekannt ist. Er sei ein »mitfühlender« Arzt, steht in einem öffentlichen Schreiben einer Gruppe von Ärzt*innen und medizinischen Fachkräften; er setze sich »für wohltätige Zwecke wie den Bau von Schulen in armen und unterversorgten Gebieten des Iran« ein. Hamid und Farzaneh Ghare-Hasanlou geraten in eine chaotische Szene, als sie aus dem Auto aussteigen. Ein in den Sozialen Medien verbreitetes Video zeigt, wie eine Gruppe Protestierender auf einen Basiji einschlägt. Farzaneh soll versucht haben, die Menschen davon abzubringen, aber vergeblich. Die beiden sollen außerdem einem Kleriker zu Hilfe geeilt sein, der verletzt worden war. Sie wollten ihn, wie es scheint, verarzten. Der betroffene Kleriker hat dies laut *Washington Post* bestätigt. Kurz darauf aber wurden die beiden in ihrem Zuhause festgenommen, vor den Augen ihrer 13-jährigen Tochter. Hamid Ghare-Hasanlou wurde zum Tode verurteilt; Farzaneh Ghare-Hasanlou erhielt eine Haftstrafe von 25 Jahren. Das Todesurteil des Arztes wurde Anfang Januar vorerst aufgehoben; das Verfahren sollte neu aufgenommen werden.

Mediziner*innen auf der ganzen Welt schlossen sich mit Beginn der Proteste zusammen, um zu helfen. Es hat sich ein Netz aus Ärzt*innen gebildet, die Verletzte über Instagram oder Telegram versorgen, die aus der Ferne behandeln, die helfen, wo sie können. In Österreich, Deutschland, Kanada oder USA – iranischstämmige Mediziner*innen und medizinisch ausgebildete Personen versorgen Menschen im Iran ehrenamtlich. CBC News sprach im Dezember mit einem dieser Ärzt*innen, Dr. Said Zavareh aus dem kanadischen Vancouver. Seit Beginn der Proteste hätten ihm Ärzt*innen aus dem Iran Hunderte von Scans von Patient*innen geschickt, viele von ihnen mit schrecklichen Verletzungen. »Ich habe mehr als 50 Augenverletzungen gesehen – und das nur bei mir«, sagte der Arzt. »In den Vereinigten Staaten gibt es eine große Datenbank mit etwa 1.000 gemeldeten Fällen.«

Dr. Kayvan Mirhadi – auf Instagram nur Dr. Kay – ist auch einer dieser Ärzt*innen, die Patient*innen im Iran aus der Ferne versorgen. Er dreht Erklärvideos und lädt sie auf Instagram hoch, damit sich die Menschen selbst aussuchen können, was sie brauchen. Er und seine Frau gehen durch die Nachrichten, die sie bekommen, und wählen sie je nach Dringlichkeit aus. Der Arzt berichtet im kanadischen Exil-Podcast »Roqe« von den vielen Verletzungen, die er sieht. Wenn man ihm zuhört, versteht man, was die Menschen im Iran durchmachen müssen; und wie allein sie damit gelassen werden. Jeder Gang ins Krankenhaus kann Haft bedeuten. Und man kriegt eine Vorstellung davon, wie verzweifelt Mediziner*innen und medizinisches Personal im Iran sein müssen, weil sie helfen wollen, aber nicht können. Und wenn, dann nur unter Einsatz ihres Lebens. Kayvan Mirhadi erzählt zum Beispiel von Ärzt*innen, die falsche Angaben auf ihren Protokollen machen: Ins OP-Protokoll schreiben sie, sie hätten einen Tumor herausoperiert, obwohl sie in Wahrheit Geschosse aus dem Körper entfernt haben. Die Gefahr, verraten zu werden, ist bei solchen Aktionen allgegenwärtig.

Solche Ängste müssen auch jene Mediziner*innen und Pfleger*innen ausgestanden haben, die den Fall der bereits erwähnten Armita Abbasi an CNN-Reporter*innen leakten. Armita Abbasi ist 20 Jahre alt und stammt aus Karaj; auf ihren Social-Media-Kanälen zeigte sie sich mal verspielt mit ihren Katzen, mal verträumt in die Kamera blickend. Ihre Haarspitzen blond gefärbt, Piercings an Mund und Augenbraue. Mit Beginn der Proteste begann sie wie viele andere, sich in Social-Media-Posts regimekritisch zu äußern. Abbasi wurde verhaftet. Ein paar Tage später wurde sie in das Imam Ali Krankenhaus in Karaj gebracht, so berichtet CNN. Was mit ihr passierte, weiß der US-amerikanische Nachrichtensender aus geleakten Chats von Sanitäter*innen; eine Quelle aus dem Krankenhaus bestätigte die Aussagen. Der Kopf der 20-Jährigen war rasiert, und sie zitterte stark, als sie ankam, so berichten die Zeug*innen. Ein*e Mitarbeiter*in des Krankenhauses beschrieb es so: »Als sie das erste Mal reinkam, sagten [die Beamten], dass sie aus ihrem Rektum blutete ... wegen wiederholter Vergewaltigung. Die Männer in Zivil bestanden darauf, dass der Arzt das als Vergewaltigung *vor* der Verhaftung protokollieren sollte.« Und weiter: »Als die Wahrheit für uns alle offensichtlich wurde, änderten sie das ganze Skript.« Für das medizinische Personal vor Ort war klar: Die junge Frau wurde in der Haft vergewaltigt. Die Milizen hätten dann aber gemerkt, dass sie einen Fehler gemacht hätten, steht im geleakten Chat. Sie hätten nicht von Vergewaltigung sprechen dürfen. Armita Abbasi wurde schnell zurück ins Gefängnis gebracht. Später hieß die offizielle Begründung des Regimes, warum sie ins Krankenhaus gebracht wurde: »Verdauungsbeschwerden.«

Ohne die Menschen im Gesundheitssystem wüsste man nicht, was in den Gefängnissen, auf den Straßen und in den Krankenhäusern im Iran passiert. Und auch so gelangt nur ein Bruchteil der Informationen über die Gewalttaten des Regimes an die Oberfläche. Die medizinische Zunft, vor allem im Iran, aber auch außerhalb, sie tut ihr Möglichstes, um ihr Gelübde, Menschen zu helfen und nicht zu schaden, einzuhalten. In Zeiten der Krise sind Menschen, die medizinische Berufe ausüben, eigentlich besonders geschützt. Ob Médicins sans frontières, das Rote Kreuz oder medico international – sie sind es, die die unmenschlichen Folgen von Krisen vermindern sollen; die Kranke, Verletzte und Traumatisierte behandeln sollen, sich um jene kümmern, die in Konflikten unschuldig zu Schaden kommen. Dem medizinischen Personal werden gesicherte Zugänge gewährt, sie sind nach humanitärem Recht besonders geschützt. Im Iran wird all das umgedreht. Sie sind nicht besonders geschützt. Sie wurden zur Zielscheibe erklärt. Ayda Rostami ist eine von vielen Ärzt*innen, die seit Beginn der Proteste getötet oder verletzt wurden. Schwer vorstellbar, dass die vielen Medizinstudierenden, Ärzt*innen, Pfleger*innen und medizinischen Fachkräfte vergessen werden, wie ihre Leute verfolgt, getötet, eingeschüchtert wurden, und am Wichtigsten: Wie es ihnen unmöglich gemacht wurde, das zu tun, wozu sie berufen sind. Heilen und Helfen.

QUELLEN:

Chris Brown: »How Canadian doctors are helping Iranian colleagues document brutality of regime«, CBC News, 14. 12. 22: https://www.cbc.ca/news/world/canadian-iranian-doctors-regime-abuses-1.6683941

Radio Free Europe: »Iranian Doctors Accuse Medical Officials Of Covering Up Cause Of Mahsa Amini›s Death«, 13. 10. 22: https://www.rferl.org/a/iran-amini-death-doctors-accuse-medical-officials/32081045.html

Nilo Tabrizy & Ishaan Jhaveri: »How Iran's Security Forces Use Ambulances to Suppress Protests«, The New York Times, 23. 11. 22: https://www.nytimes.com/2022/11/23/world/middleeast/iran-protesters-detained-ambulance.html?smid=tw-nytimes&smtyp=cur

Deepa Parent & Ghoncheh Habibiazad: »Iranian forces shooting at faces and genitals of female protesters, medics say«, The Guardian, 8. 12. 22: https://www.theguardian.com/global-development/2022/dec/08/iranian-forces-shooting-at-faces-and-genitals-of-female-protesters-medics-say

Babak Dehghanpisheh: »Iran's doctors have joined the uprising – and are paying the price«, The Washington Post, 10. 11. 22: https://www.

washingtonpost.com/world/2022/11/10/iran-protests-mahsa-amini-hijab/
Babak Dehghanpisheh: »Iranian doctor faces execution amid outcry over protest-related sentences«, The Washington Post, 24. 12. 22: https://www.washingtonpost.com/world/2022/12/24/iran-protests-doctors-hassanlou-executions/
Deepa Parent & Ghoncheh Habibiazad: »Actor, doctor, engineer: stories of Iranians sentenced to death over killing at protest«, The Guardian, 30. 12. 22: https://www.theguardian.com/global-development/2022/dec/30/actor-doctor-engineer-stories-of-iranians-sentenced-to-death-over-killing-at-protest

BERICHTEN AUS DER FERNE

Wie geht das, aus einem Land zu berichten, in das man nicht reisen kann? Ehrlich gesagt: Es ist herausfordernd, es ist anstrengend, es ist umständlich, es ist frustrierend, und oft ist es einfach nur zum Verzweifeln.

Man kann keine Anfragen an Behörden stellen; man kann sich nicht unter die Proteste mischen; man steht einem Staat gegenüber, der in einem fort lügt; man kann nicht in die Gefängnisse hineinschauen; man kann keine Straßenumfrage machen. Nichts von diesen Dingen könnte man übrigens machen, wäre man vor Ort. Es gibt im Iran keine freie Presse. Journalist*innen, die ins Land reisen dürfen, werden konsequent überwacht. Das heißt auch, dass es für Menschen im Land eine Gefahr ist, sich westlichen Journalist*innen gegenüber zu äußern. Genauer: frei zu äußern. Wenn sie sagen, was das Regime will, ist das natürlich kein Problem. Ansonsten kann den Menschen alles drohen, von Peitschenhieben über Haft bis zum Vorwurf der Spionage und der Todesstrafe. In der Regel halten sich insbesondere Oppositionelle im Land deswegen von westlichen Journalist*innen fern; Regime-Agenten sind meist nicht weit weg.

Auch Menschen, die Informationen an Journalist*innen im Ausland weitergeben, riskieren ihr Leben und ihre Freiheit. Und trotzdem tun es überwältigend viele. Sie verfassen Texte, sie nehmen Handyvideos auf, sie liefern Informationen, sie schicken Links. Wenn ich mit meinen

Kontakten im Iran schreibe oder wir uns Sprachnachrichten schicken, habe ich immer den Gedanken im Hinterkopf: Wenn unsere Chats den Behörden in die Hände fallen, könnte das das Todesurteil für meine Kontakte und Freund*innen bedeuten. Deswegen versuchen wir, so viele Sicherheitsmaßnahmen wie möglich zu treffen. Verschlüsselte Chats, verschwindende Nachrichten, löschen, immer wieder löschen.

Alle, die über den Iran berichten, brauchen diese Kontakte. Es sind nur die Menschen vor Ort, die bezeugen können, was im Land passiert. Deswegen ist es besonders wichtig, auf so viele Quellen wie möglich zugreifen zu können: Die Menschen im Iran sind in ihren Gedanken, Gefühlen und Ansichten genauso divers wie die Bevölkerung in anderen Ländern. Je breiter das Bild ist, das man sich macht, umso genauer wird man die Realität abbilden können. Ganz dran kommen wird man aber wohl nie; man kann nur vermuten und beschreiben, analysieren und informieren. Das Risiko, falschzuliegen, die Erkenntnisse falsch zu interpretieren, ist nicht gering.

Iranische Exil-Medien sind eine wichtige Quelle. Sie haben meist exzellente Kontakte ins Land, sind gut mit den Menschen im Iran und in der Diaspora vernetzt. 1500tasvir ist eines der Exil-Medien, die einen besonders guten Ruf genießen, sowohl im Iran als auch außerhalb; in der Zeit, in der ich ihnen auf Twitter und Instagram folge, ist mir keine Meldung aufgefallen, die mir seltsam erschien oder die sich im Nachhinein als Fehlinformation herausgestellt hat. Es ist bei all den Falschinformationen, die in Bezug auf den Iran kursieren, entlastend zu wissen, dass es Medien gibt, die mit hohen journalistischen Standards arbeiten und auf die man sich verlassen kann.

Denn die braucht es. Die Sorge, falsche Informationen

zu verbreiten, ist riesig. Sie begleitet mich ständig. Eine befreundete Journalistin, auch Iranerin, schrieb mir einmal, dass sie nachts wach liege und sich Sorgen mache, einen Fehler gemacht zu haben. Das wäre es dann mit ihrer Glaubwürdigkeit, schrieb sie. Da ich einen sehr guten Schlaf habe, liege ich zwar nicht nachts wach. Aber meistens erwischt es mich beim Joggen, wenn ich meinen Kopf vom Alltagslärm befreie. Dann denke ich an diesen Post und an jenen Post, an Formulierungen in diesen Artikeln und jenen Essays. Was, wenn es doch nicht ganz stimmt? Welche Quellen habe ich noch mal benutzt? Hätte ich vielleicht noch ein »vermutlich« davorsetzen müssen?

Jede Fehlinformation, die verbreitet wird, ist ein Punkt für das iranische Regime. Die Islamische Republik nutzt alles, um die Opposition zu diskreditieren. Es gibt klare Hinweise darauf, dass Regime-Trolle bewusst Fehlinformationen in die Sozialen Medien spülen und diese dann der Opposition oder der Diaspora anlasten. So wollen sie die Glaubwürdigkeit Einzelner angreifen, aber auch gegen den Widerstand als Ganzes hetzen. Im Januar 2023 machten einige Desinformationen die Runde und wurden leider auch von vielen Accounts geteilt. Dazu gehörte zum Beispiel die Meldung, Richter Salavati, der »Richter des Todes«, sei ermordet worden. Eine typische vom Regime gestreute Falschmeldung, um von den Geschehnissen im Land abzulenken, in diesem Fall von den Hinrichtungen von Mohammad Mehdi Karami und Seyyed Mohammad Hosseini am 7. Januar. Die Falschmeldung hielt sich tagelang hartnäckig.

Das Regime hat schlicht viel Erfahrung und Übung darin, systematisch zu lügen. Angesichts der Umstände, unter denen über die Lage im Iran berichtet wird, und angesichts der Cyber-Übermacht des iranischen Regimes gelangen immer wieder Desinformationen in den Mainstream, die dann teilweise auch von anerkannten Exil-Medien gestreut werden. Allerdings wurden bisher fast alle verbreiteten Falschinformationen kurze Zeit später aufgedeckt und richtiggestellt. Konsequente Verifikation und radikale Transparenz sind das einzige, was man einer Wand aus Lügen entgegenstellen kann.

Dann geht es natürlich auch um die eigene Glaubwürdigkeit. Die ist ohnehin für jede*n Journalist*in, egal auf welchem Gebiet, der Kern der eigenen Arbeit. Im Fall der Berichterstattung über den Iran kommt nun noch dazu, dass immer der Vorwurf oder der Verdacht im Raum steht, man sei nicht »neutral«, weil man als iranischstämmige Journalistin über ein Land berichtet, mit dem man persönlich verbunden ist. Ich weiß nicht, wie oft ich von Kolleg*innen oder in Gesprächen gefragt wurde, ob ich eigentlich Journalistin sei oder Aktivistin. Iranischstämmige Kolleg*innen erzählen von ähnlichen Erfahrungen. Ich verstehe diese Frage bis heute nicht. In den zehn Jahren, in denen ich nun journalistisch arbeite, habe ich nie erlebt, dass Berichterstattung nach Ethnie, Geschlecht oder sexueller Identität verteilt wird, um jegliche persönliche »Betroffenheit« auszuschließen. Das würde sich wahrscheinlich auch niemand wünschen. Abgesehen davon, dass der sprachliche und kulturelle Zugang von Vorteil ist, sehe ich es im Gegenteil als Stärke an, Mitgefühl und Empathie für jene Themen und Menschen zu empfinden, über die man berichtet. Journalist*innen sind keine gefühlskalten Roboter, sondern tragen das gesamte Spektrum an Gefühlen in sich wie alle anderen Menschen. Gerade wenn es um schwierige Themen wie Gewalt, sexualisierte Gewalt und Gewalt gegen Kinder geht, ist es, glaube ich, unmöglich, nichts zu empfinden.

Es geht nicht darum, keine Emotionen zu haben – es geht darum, die eigenen Gefühle wahrzunehmen, ohne ihnen die Kontrolle zu übergeben. Emotionen haben es an sich, dass sie nicht immer die Wahrheit transportieren. Sie dienen nicht unbedingt dazu, eine Situation realistisch einzuschätzen, sie geben eine subjektive Wahrheit wieder. Die eigenen Gefühle zu ehren und zu würdigen und gleichzeitig zu entscheiden, sich nicht in ihnen zu verlieren, das ist letztendlich der Schritt, den ich versuche zu machen. Bei der Berichterstattung über den Iran oder bei Berichterstattungen über rassistische und antisemitische Gewalt, es spielt keine Rolle, um was es geht.

Deswegen habe ich eigentlich den Vorsatz: Nicht posten, wenn ich traurig bin. Oder wütend. Ein einziges Mal seit Beginn der Proteste habe ich es dann doch gemacht – *and it completely backfired*. Im Podcast *Gemischtes Hack* sprach einer der Hosts darüber, dass er keine Lust habe, am Ende des Jahres noch seitenlange Texte zum Beispiel über den Iran zu lesen. Zu anstrengend oder so. Es war die Zeit der ersten Hinrichtungen, und als ich das hörte, sah ich Rot. Im Iran werden Leute hingerichtet und den Herren Hosts ist es zu anstrengend, sich damit zu beschäftigen?! Skandal! (Wie gesagt, Emotionen -> subjektive Wahrheit.) Ich setzte einen entrüsteten Post auf Twitter und auf Instagram ab, und die gesamte Fanszene des Podcasts setzte sich auf mich drauf. Kontext! Kontext! Schlechte Journalistin! Ich dachte, ey, ich habe es geschafft, durch drei Monate Iran-Berichterstattung ohne Shitstorm zu kommen, und dann wird mir das gemischte Hack zum Verhängnis. Wenn ich gewusst hätte, wie beliebt dieser Podcast ist (ich kannte ihn vorher nicht, muss ich zu meiner Schande gestehen), hätte ich es gelassen. Das ist den Stress nicht wert. Jedenfalls hat mich dieser Crash darin bestätigt: Kein *angry-posting*.

Zusätzlich zur Frage der »Neutralität« bei der Iran-Berichterstattung kam von verschiedenen Seiten der Vorwurf, dass man als iranischstämmige Journalist*in oder Aktivist*in vielleicht nicht lüge, aber die Fakten doch irgendwie verdrehe. Warum? Um das Regime zu stürzen. Ha! Wenn's doch so leicht wäre, die iranischen Mullahs vom Sockel zu hauen! So wurde im Herbst 2022 in mehreren Zeitungsbeiträgen behauptet, es sei die iranische Diaspora, die das Ausmaß der Proteste übertreibe und sie größer erscheinen lasse, als sie seien. Diese ganze Protestbewegung seien eigentlich nur ein paar Leute auf den Straßen des Iran. Auch ich wurde in einem dieser Artikel zitiert. Ich reagierte damals nicht öffentlich darauf. Es gab keinen Grund dafür. Solche Behauptungen erhöhten aber definitiv die Angst vor auch nur den kleinsten Fehltritten.

Zurück zum Thema Desinformation: Lügen und Falschinformationen sind der Kraftstoff, der die Islamische Republik antreibt. Sie dienen dem iranischen Regime dazu, Menschen mürbe zu machen, ihnen die Sicherheit zu nehmen, was noch stimmt und was nicht, ihnen jeglichen Bezug zur Realität zu rauben. Das zeigt sich besonders bei Hinrichtungen; das Regime spielt bewusst mit den Ängsten und den Gefühlen der Familien. Erst wird die*der Verurteilte in eine andere Abteilung im Gefängnis verlegt, was auf eine baldige Hinrichtung hindeuten könnte, nur um den Verurteilten dann hinzurichten, wenn die Familie wieder Hoffnung auf Begnadigung hat; dann streuen Behörden Informationen, dass ein Todesurteil aufgehoben wurde, nur um ein paar Stunden später zu bestreiten, diese Ankündigung je gemacht zu haben. Gerade als Beobachter*in muss man bei all dem gewollten Informationschaos einen kühlen Kopf bewahren und immer versuchen, die Denk- und Funktionsweise dieses Regimes zu verstehen.

Ein gutes Beispiel war die Meldung von Anfang Dezember, dass die sogenannte Sittenpolizei abgeschafft worden sei. Als ich diese Meldung las, war mein erster Gedanke: So ein Quatsch. Noch bevor ich Details dazu gelesen oder meine Kontakte im Iran gefragt hatte, wusste ich: Das stimmt nicht. So ging es vielen Menschen, die den Iran kennen – unsere Generation ist mit Geschichten unserer Eltern aufgewachsen, wie dieses Regime agiert, wie die Machthaber denken und handeln. Man bekommt ein Gefühl für die perverse Logik der iranischen Machtkaste. Und so war es: Es war eine Falschmeldung, die allerdings reihenweise von westlichen Medien übernommen wurde. Teilweise hält sich der Glaube an diese Desinformation bis heute.

Westliche Medien und der Iran: Es ist keine gute Geschichte. Hossein Ronaghi kann davon ein Lied singen. Er ist einer der bekanntesten Menschenrechtsaktivisten im Iran; Ronaghi hat das Land nie verlassen, obwohl das iranische Regime all seine Repressionsmittel eingesetzt hat, um ihn zum Schweigen zu bringen. Gefängnis, Folter, Misshandlung, Druck auf die Familie. Im September 2022 wurde er erneut festgenommen. In Haft wurden ihm beide Beine gebrochen. Er ging in einen Hungerstreik und befand sich zeitweise in Lebensgefahr; es gibt kaum etwas, das Hossein Ronaghi in der Islamischen Republik nicht durchgemacht hätte.

Im Oktober 2021, in einer Zeit, in der er gerade mal nicht im Gefängnis war, schrieb Hossein Ronaghi für das *Wall Street Journal* einen Kommentar. Überschrift: »*Western Media is not telling you the truth about Iran*« – Westliche Medien sagen euch nicht die Wahrheit über den

Iran. In den vergangenen fünf Jahren, schrieb er, hätte es fünf landesweite Aufstände im Land gegeben – und doch wüssten die Menschen im Westen darüber nicht Bescheid, weil die westlichen Medien die Realität im Land schlichtweg ignorierten oder gar verneinten. Für die Iraner*innen, schreibt Ronaghi, sei es, als gäbe es zwei Irans. Der Iran, in dem Hossein Ronaghi und seine Landsleute leben, und der Iran, über den die Menschen im Westen lesen: »Ihr Iran wird durch lästige Atomverhandlungen definiert. Unserer ist viel schlimmer. Es ist ein religiöser Polizeistaat, in dem wir in Angst leben, mit unzähligen roten Linien, die die meisten nicht zu überschreiten wagen. Es ist ein Land der Unterdrückung, Zensur und Gewalt.« Hossein Ronaghi beschreibt die Realität im Land, er beschreibt, wie er selbst nach der Grünen Bewegung inhaftiert wurde, er erklärt, dass Denken im Iran ein Verbrechen sei. »Umherziehende Sittenpolizisten verprügeln Frauen, die nicht den vorgeschriebenen Hijab tragen«, schreibt er. »Sie platzen in Partys, auf denen Alkohol getrunken wird und Gleichaltrige zusammenkommen, und verprügeln und verhaften junge Menschen. ›Wiederholungstäter‹ werden ins Gefängnis gesteckt, öffentlich ausgepeitscht oder hingerichtet.« Schließlich: »Dies ist nicht *1984* oder *The Handmaid's Tale*. Dies ist unser Iran.«

All das, so der Oppositionelle, finde sich in den westlichen Medien nicht wieder. Als im Jahr 2019 bei Protesten viele Hunderte Menschen vom Regime getötet wurden, habe eine Journalistin des US-Nachrichtensenders Bloomberg über unerwarteten Schneefall im Iran getwittert, erinnert er sich. Als das ukrainische Flugzeug PS 752 im Januar 2020 vom iranischen Regime abgeschossen wurde – 176 Menschen wurden bei diesem Abschuss getötet –, hätten viele Medien im Westen behauptet, der iranische Präsident habe nichts über das Verbrechen gewusst. »Aber sie legten keinen Beweis für diese Behauptung vor«, so Hossein Ronaghi.

Auch in Deutschland gab es in den vergangenen Jahren große Probleme in der Iran-Berichterstattung. Erst einmal gab es sie kaum; Berichte über das Leben im Iran musste man mit der Lupe suchen. Wenn, dann ging es um das Atomabkommen oder um die expansive Politik des Regimes in Syrien oder anderswo. Um Menschenrechtsverletzungen ging es nur selten. Man wusste um die Zwangsverschleierung der Frauen; aber es schien so schlimm nicht zu sein. Im Fernsehen wurden Frauen gezeigt, die das Kopftuch weit nach hinten schoben. Es hatte oft fast etwas irritierend Laszives, wie die Frauen dargestellt wurden. Wohl die wenigsten Menschen in Deutschland werden vor September 2022 von der »Sittenpolizei« gehört haben. Dabei treibt sie ihr Unwesen seit 2005. Und auch vor Existieren der sogenannten Sittenpolizei wurden die Kleidervorschriften brutal durchgesetzt. Es wurde in Berichten über den Iran von »Reformern« im politischen System gesprochen, gar von »Moderaten«. Dass es in einem solchen System wie der Islamischen Republik keine Reformer geben kann, wurde nicht diskutiert. Den Menschenrechtsverbrechen wurde kaum investigativ nachgegangen, ebensowenig den Aktivitäten des iranischen Regimes auf deutschem und europäischem Boden. Das hat erst jetzt begonnen, im Zuge der Protestbewegung.

Egal, wie aufreibend die Berichterstattung ist, wie groß die Gefahr von Falschmeldungen, wie anstrengend, schwierig und vor allem gefährlich für die Menschen im Iran: Zu lange wurde den Menschen im Iran nicht zugehört. Das ist der Grund, warum viele Menschen im Iran diese Gefahr auf sich nehmen, Informationen nach außen zu geben; ihr Mut hinterlässt mich immer wieder demütig.

So liegt es an den vielen Journalist*innen, viele iranischstämmig, viele aber auch nicht iranischstämmig, die seit September 2022 Berichte über den Iran schreiben, die Lage der Menschen im Iran zu verstehen und zu erklären. Die Anzahl an Reportagen und investigativen Recherchen, die vor allem auch von englischsprachigen Medien wie *The Guardian*, der *Washington Post*, aber auch von deutschen Medien in den vergangenen Monaten veröffentlicht wurden, zeigt, dass es sehr wohl geht. Und zwar richtig gut.

Mutige Menschen im Iran, die mit den Medien sprechen, wird es immer geben. So beendete Hossein Ronaghi seinen Artikel im *Wall Street Journal* so: »Wenn ich dies schreibe, könnte ich wieder im Gefängnis landen. Aber wenn das der Preis dafür ist, dass ich den Stimmlosen eine Stimme gebe, wird es das wert gewesen sein.«

QUELLE:
Hossein Ronaghi: »Western Media Aren't Telling You the Truth About Iran«, WSJ, 12. 10. 21: https://www.wsj.com/articles/western-media-iran-censorship-prison-violence-torture-repression-authoritarian-jcpoa-11634072439

LUFTSCHLÖSSER DER REALPOLITIK

»Unruhen« – dieser Begriff wird oft benutzt, wenn es um die Ereignisse im Iran geht. Er findet sich nicht nur in Berichten über die Ereignisse im Iran, sondern auch in Reden vieler Politiker*innen wieder. Mit einer solchen oder ähnlichen Beschreibung der Proteste geht ein bestimmtes Narrativ einher. So legt der Begriff »Unruhe« nahe, dass im Iran vorher »Ruhe« geherrscht habe. Gleichzeitig wird die Bedeutung der Proteste, die man bereits nach kurzer Zeit als Ausdruck eines revolutionären Prozesses beschreiben konnte, kleingeredet.

Diese Erzählung begleitete die hiesige Perzeption der Proteste von Anfang an. Dabei war schon früh ersichtlich, dass diese Proteste anders sind als alles, was die Islamische Republik in den mehr als 43 Jahren ihres Bestehens gesehen hat. Die Menschenmassen auf der Beerdigung von Jina Mahsa Amini, bei denen Frauen ihre Kopftücher in der Luft schwenkten und alle zusammen »Jin, Jiyan, Azadi«, »Frau, Leben, Freiheit« riefen, waren ein erster Hinweis darauf, was in den kommenden Wochen und Monaten folgen würde.

Die Unterdrückung der Frau ist ein zentraler Pfeiler der Islamischen Republik. Frauen sind per Gesetz nur die Hälfte eines Mannes wert. Ein iranischer Kleriker drückte es einmal so aus: Frauen seien nichts anderes als Tiere, von Gott geschaffen, um das Verlangen von Männern zu befriedigen. So sind es besonders viele Frauen und Mädchen, die sich in diesen Wochen mutig zivil ungehorsam zeigen.

In vielen Städten des Iran ist es für Frauen fast zur Normalität geworden, ohne Kopftuch aus dem Haus zu gehen. Ein Protestierender aus Teheran erzählt im Gespräch mit dem kanadischen Exil-Podcast »Roqe«, dass er auf seinem Arbeitsweg jeden Morgen 35 bis 40 Frauen sehe, die ohne den verpflichtenden Hijab durch die Straßen liefen. Obwohl es sie ihre Freiheit und ihr Leben kosten kann. Er strecke als Zeichen der Unterstützung immer die Faust in die Höhe und lächle ihnen zu, sagt der Iraner mit Stolz in der Stimme.

Überhaupt ist der zivile Widerstand allgegenwärtig. Kunststudierende aus Teheran stellten sich im stummen Protest auf den Hof der Universität und formten mit ihren Körpern das Wort »Blut«, auf Farsi »khun«. Sie machten damit auf die Gewaltwelle aufmerksam, die mit den bewaffneten Kräften des Regimes durch das Land rollt. Kinder und Jugendliche werden tagtäglich verschleppt, inhaftiert, vergewaltigt und getötet. Die Angst, die ständige Repression, hält die Menschen aber nicht davon ab, weiter zu protestieren. Ein anderes Video zeigt Studentinnen, die gemeinsam das Lied *Baraye* von Shervin Hajipour singen. Bei der Liedzeile »Für die Studierenden, für die Zukunft« werden ihre Stimmen besonders laut. Dann erblicken sie einen in Zivil gekleideten Milizen, der sie filmt. Sie stürmen auf ihn zu, umzingeln ihn und nehmen ihm die Kamera ab.

Man sieht Schülerinnen, die sich an der Hand nehmen und *Bella Ciao* singen. Man sieht 15-, 16-Jährige, die dem Bild des obersten Revolutionsführers den Mittelfinger zeigen, Jugendliche, die ihre Hände in rote Farbe tunken und Hand in Hand *Baraye* singen. Es sind in dieser Revolution vor allem die jungen Menschen, die scheinbar vollständig mit der greisen Führungsriege gebrochen haben. Wie sie jemals zurückkehren sollen in den Stand der Unterwürfigkeit und des Gehorsams, ist nur noch eine rhetorische Frage.

Die jungen Menschen, die Protestierenden und auch diejenigen, die aus Angst zu Hause bleiben, aber das System nicht minder wollen stürzen sehen, wehren sich gegen die Unruhe der Islamischen Republik, in der sie seit Jahren und Jahrzehnten leben. Allein in diesem Jahr kommt man kaum hinterher, die Menschenrechtsverbrechen des Regimes aufzuzählen. Anfang September erst, kurz vor Beginn der Proteste, verurteilte die iranische Justiz die zwei Frauen Zahra Sedighi Hamedani und Elham Chobdar zum Tode, weil sie homosexuell sind. Das Urteil: »Verdorbenheit auf Erden«.

Im Iran ist es seit Jahrzehnten nicht ruhig; es war es nicht unter dem Shah, der von westlichen Staaten so verehrt wurde, es ist es erst recht nicht in der Islamischen Republik. Von Deutschland blickt man auf den Iran, auf die ganze Region aber nur mit zwei Fragen: Betrifft uns, was dort passiert? Kann es uns schaden? Solange diese beiden Fragen mit Nein beantwortet werden, herrscht aus westlicher Sicht »Ruhe«.

So verwundert es nicht, dass die Proteste, die sich entwickelnde Revolution, als »Unruhen« betrachtet werden, und nicht als Bewegung von Menschen, die in Teilen eher sterben würden als weiter unter der menschenverachtenden Herrschaft einer Führungsriege zu leben, die Frauenverachtung zur Staatsdoktrin gemacht hat.

Immer wieder wurden die Atomverhandlungen als Grund dafür angeführt, warum es wichtig sei, mit eben dieser Führungsriege zu verhandeln. Denn, ja, nukleare

Waffen in den Händen dieser Machthaber wären ein Super-GAU, das schlimmstmögliche Szenario. Nur hat der Weg, den die westlichen Mächte in dieser Frage eingeschlagen haben, sich als Irrweg herausgestellt. Das Regime hat seine nuklearen Bestrebungen nicht aufgegeben, im Gegenteil.

Der Irrweg lag darin begründet zu glauben, dass ein Regime, das ohne mit der Wimper zu zucken, Menschenrechtsverbrechen begeht und Israel und die ganze Region mit Terror überzieht, ein verlässlicher Partner sein könnte. Zu glauben, dass unter diesem Regime je »Ruhe« herrschen könnte.

In diesem Irrweg spiegelt sich einmal mehr wider, dass Menschenrechtspolitik die wahre Realpolitik ist. Zivilgesellschaft, Menschenrechtsaktivist*innen, Autor*innen, Künstler*innen und viele mehr, die in so vielen Ländern auf die Frage der Menschenrechte hinweisen, die Bedeutung dieser Rechte entgegen aller Widerstände hochhalten, werden von Politiker*innen gerne als naiv, als entrückt, als einfältig dargestellt. Lass die mal von Menschenrechten reden, wir kümmern uns um die wirklich wichtigen Dinge, Geopolitik, Wirtschaft, Strategie.

Dabei liefert die Geschichte immer wieder den Beweis: In Staaten, in denen die Menschen unfrei leben, in denen sie unterdrückt werden, verfolgt und getötet, für ziviles Engagement, weil sie frei sein wollen, weil sie leben wollen, weil sie lieben wollen, herrscht nie Ruhe. Mit Führungen zu verhandeln, sie als Repräsentanten ihrer Bevölkerung zu sehen, über die Köpfe der Menschen Verträge auszuhandeln, Wirtschaftsverträge, Gasverträge, Atomabkommen, wird immer nur mehr Unruhe bringen.

Nur eine Geopolitik, die auf Menschenrechten basiert, wird zu den gewünschten Ergebnissen führen. Nur eine

Strategie, die auf Feminismus und Menschenrechten beruht, wird realpolitisch sein. Alles andere sind Luftschlösser, aus dem Glauben bestehend, dass Diktatoren, die Menschen einsperren und umbringen lassen, weil diese für Freiheit und Demokratie kämpfen, verlässlich seien, dass sie stabil seien, dass sie für Ruhe sorgen würden. Was für eine naive, was für eine verhängnisvolle Vorstellung. Auch für den Iran gilt: Der einzige Weg zu einem garantiert atomwaffenfreien Iran ist ein demokratischer Iran.

Die Frage ist, wie oft sich Geschichte wiederholen muss, bis diese Botschaft auch im Westen angekommen ist: Bestimmt nicht, was »Ruhe« ist. Fragt nach.

Dieser Text ist eine leicht überarbeitete Version des zuerst am 2. November 2022 bei *Krautreporter* erschienenen Artikels »Die jungen Menschen im Iran werden sich nie wieder fügen«.

DIE »KOPFTUCH-DEBATTE«

Die Proteste im Iran, die brennenden Kopftücher, der Kampf gegen die Islamische Republik – all das ist für manche Menschen im Westen schwer zu verdauen. Nicht, weil sie grundsätzlich gegen feministische Kämpfe wären. Sondern weil die Proteste im Iran liebgewonnene Haltungen, man möchte sagen: Vorurteile, durcheinanderwerfen. Vorurteile und Vorstellungen über »den Islam« und »das Kopftuch«.

Diejenigen im Westen, die schon immer gesagt haben, dass der Islam frauenverachtend und das Kopftuch Ausdruck der misogynen Struktur des Islam sei, fühlen sich bestätigt: Seht her, die Frauen im Iran nehmen das Kopftuch ab, sie verbrennen es sogar! Ihre Botschaft an alle »Islamversteher« im Westen: Seid nicht so naiv und hört auf, den Islam zu verherrlichen. So beschwerte sich ein Publizist nach Beginn der Proteste auf Twitter, dass »Menschen, die seit Jahren nicht den Mut aufbringen, den politischen Islam zu kritisieren, plötzlich in Sachen Iran deutlich geworden sind«. Oder anders: Wenn ihr das Kopftuch im Iran kritisiert, kritisiert es gefälligst auch hier bei uns.

Auf der anderen Seite gibt es nicht wenige, die sich, sagen wir, zurückhalten, wenn es um die Solidarität mit den Frauen im Iran geht. In politisch linken Kreisen gibt es die Argumentation, es sei eine »westliche« Idee, dass das Abnehmen des Kopftuchs im Iran Freiheit für die Frau bedeute. Das Kopftuch sei doch Teil der Kultur in Ländern wie dem Iran, und wenn man sich gegen das Kopftuch ausspreche, so glauben sie, sei das islamophob. Dieses Narrativ, das auch vom iranischen Regime propagiert wird, füttern westliche Politikerinnen, wenn sie bei Staatsbesuchen im Iran ein Kopftuch tragen. Sie halten sich, so kann man annehmen, für besonders tolerant, glauben, dass sie die iranische »Kultur« respektieren, wenn sie sich verschleiern.

In beiden Fällen wird der Kampf der Frauen im Iran für die eigene Ideologie instrumentalisiert. Und: Sowohl dieser Kulturrelativismus als auch die Dämonisierung des Islam sind von einer rassistischen Denkstruktur geprägt.

Der Rassismus der rechten Seite ist leicht erkennbar. Hass gegen Muslim*innen ist nicht erst seit 9/11 im Westen angekommen, hat sich seitdem aber extrem intensiviert. Terroranschläge wie in Christchurch und in Hanau sind ideologisch fest mit rassistischen Verschwörungserzählungen verbunden. Eine ganze Partei, die inzwischen im Bundestag sitzt, definiert sich zu großen Teilen durch ihren Hass auf alles, was mit dem Islam zu tun hat. Eine der Abgeordneten dieser Partei sprach im Deutschen Bundestag offen von »Messermännern« und »Kopftuchmädchen« und meinte damit Muslim*innen. Schnell waren die Rechten dabei, die Bilder aus dem Iran, den Kampf der Frauen, für ihre eigenen Zwecke zu nutzen. Eine rechtsextreme Vereinigung von Abgeordneten im EU-Parlament sprach sogar einen Freiheitspreis für die iranischen Frauen aus. Völlig absurd, wenn man bedenkt, dass in ihrer rechtsextremen Ideologie alle aus Europa geworfen werden sollen, die nicht in den europäischen »Kulturkreis« passen, und dass diese Gruppen seit Jahr und Tag gegen Geflüchtete aus der Region des sogenannten Nahen

Ostens hetzen. Dass es keinen von diesen Leuten um die Menschen im Iran geht, ist klar. Es geht nur darum, Bilder von brennenden Kopftüchern dafür zu nutzen, die eigene Ideologie voranzutreiben.

Auf der anderen Seite heißt es von links: Das Kopftuch als Symbol der Frauenunterdrückung sei eine »westliche« Erzählung; die Idee, dass Frauen sich vom Kopftuch befreien müssten, um frei zu sein, sei imperialistisch und kolonialistisch. Westliche Feminist*innen würden sich auf den Kopftuchzwang versteifen und dabei »westliche« Vorstellungen von Feminismus und Gleichberechtigung quasi kolonialistisch durchdrücken. Man müsse die »Kultur« der Menschen in islamischen Ländern respektieren. Und: Die Rechten nutzen die iranische Revolution für ihre muslimfeindliche Agenda, heißt es aus linken Kreisen. Also Vorsicht. Ob in den USA, in Europa oder in Deutschland: Die Linke, die einen feministischen Kampf wie im Iran eigentlich als historisch feiern müsste, hält sich auffällig zurück. In den USA, wo die demokratische Partei als Partei des Feminismus gelten will, wird »Frau, Leben, Freiheit« gänzlich ignoriert. Dort gibt es schon genug Probleme mit Islamhass, denken sich, so scheint es, viele. Bei Teilen von linken Parteien in Deutschland sieht es nicht anders aus. »Diese ganzen banalen Dualitäten westlicher Linker gehen mir auf den Geist«, äußerte sich Sanaz Azimipour, eine iranische Aktivistin in Deutschland, im Dezember 2022 gegenüber der *taz*. »Mit Kopftuch oder ohne, alle gehen wir in Richtung Revolution. Sie brechen diese konstruierten Dualitäten wie etwa: pro oder gegen westliche Werte, Kopftuch oder nicht Kopftuch, religiös oder nicht religiös. Die Kämpfe gehen darüber hinaus.«

Seit Beginn der Proteste im September 2022 wurde schon oft gesagt und geschrieben: Es geht nicht um das

Kopftuch. Es geht um so viel mehr. Um die systematische Unterdrückung der Frau im Iran.

Ausgerechnet diejenigen, die vorgeben, antikolonialistisch und antiimperialistisch zu denken, verfallen in eine in der Konsequenz rassistische Argumentation. Denn wenn die Befreiung vom Kopftuch eine »westliche« Idee ist, sind auch die Selbstbestimmung der Frau und die Gleichberechtigung der Geschlechter »westliche« Werte. Kulturrelativismus bedeutet eben auch einen Relativismus der Werte. Bestimmte Werte gibt es in dieser Logik nur im Westen, Frauen im sogenannten Nahen Osten haben damit nicht dasselbe Bedürfnis nach Freiheit wie Frauen im Westen. Während der Feminismus im Globalen Norden dafür kämpft, dass »Nein heißt nein« gilt und dass der Schwangerschaftsabbruch legalisiert wird, soll der Feminismus im Globalen Süden ein rückständiger sein; Frauen sollen sich nicht so haben mit dem Kopftuch. Vor allem sollen Frauen im Iran nicht den Islamhassern im Westen glauben, dass das Kopftuch ein Symbol der Frauenunterdrückung sei. Denn das zu denken, ist *islamophob*. Das nutzen Rechte nur aus. Ja, das stimmt, das tun sie. Nur ist das wahrlich nicht das Problem der Menschen im Iran. Das ist *unser* Problem, hier im Westen. Um den Rassismus in unserer Gesellschaft müssen *wir* uns kümmern.

Solche Einstellungen, von links und rechts, zeigen nur, dass das Wissen um den iranischen Kontext fehlt oder bewusst vernachlässigt wird. Das Kopftuch im Iran hat eine vollkommen andere Bedeutung als das Kopftuch in westlichen Staaten. »Nur wenige Tage nachdem Ajatollah Ruhollah Chomeini aus einer Air-France-Maschine entstiegen war, seinen Fuß auf iranischen Boden gesetzt hatte, erhob er das Schwert seiner Revolution als Erstes gegen die Frauen«, schreibt Golineh Atai in ihrem 2021 erschienenen Buch *Iran – Die Freiheit ist weiblich*. Und weiter: »Fast alle Gesetze, die fünf Jahrzehnte sozialer Gewinne für die Frauen bedeutet hatten, sollten seiner Idee des Islam zum Opfer fallen.« Als erstes kam der Verschleierungszwang, von einem Tag auf den anderen. Dann folgten bald die frauenfeindlichen Gesetze, mit denen das Leben aller Frauen im Iran entwertet wurde. Auf der großen Frauendemonstration am Weltfrauentag im März 1979, berichtet Golineh Atai in ihrem Buch, habe eine Frau im Tschador sich entrüstet, »wenn Herr Chomeini so weitermache, werde sie, die sie eine Muslimin sei, aus dem Islam austreten«.

Im Oktober 2022 machte ein Video in den Sozialen Netzwerken die Runde, in dem eine Frau im Tschador auf eine Mauer schreibt »Frau, Leben, Freiheit«; im Hintergrund sagt eine weibliche Stimme: »Wir verschleierten Frauen von Mashhad unterstützen Frau, Leben, Freiheit.« Es sind in dieser Revolte nicht nur Frauen aktiv, die kein Kopftuch tragen wollen, sondern auch solche, die es gerne tragen, auch weiter tragen wollen. Weil es um weit mehr geht als um das Kopftuch.

Das Kopftuch, der Hijab, ist im Iran ein Symbol. Ein Symbol für die Unterdrückung von Frauen durch eine ideologisch extremistische Machtelite, aus Männern bestehend, die den Islam als eine Art Universalerklärung für all ihre Frauenrechts- und Menschenrechtsverbrechen nutzt. Die Friedensnobelpreisträgerin Shirin Ebadi, ebenfalls gläubige Muslimin, war bei den iranischen Klerikern auch deshalb so verhasst, weil sie mit ihrem Einsatz für Menschenrechte und ihrer Arbeit als Anwältin immer wieder erklärte, dass die Machthaber ihre eigene Religion nicht verstünden.

Eine der mutigsten feministischen Stimmen im Iran ist

Fatemeh Sepehri. Im September 2022 wurde sie verhaftet. Sie ist gläubige Muslimin und trägt nicht nur ein Kopftuch, sondern einen Tschador, einen Ganzkörperschleier. Sie kämpft dafür, dass junge Frauen wie ihre Töchter die Freiheit haben zu entscheiden, ob sie ein Kopftuch tragen wollen oder nicht. Sie fordert schon lange den Rücktritt von Revolutionsführer Khamenei – und sagt das auch noch ganz offen. Auch mit ihr hat Golineh Atai für ihr Buch gesprochen, lange vor Beginn der Protestbewegung. Sie zitiert Fatemeh Sepehri mit den Worten: »Ich will, dass die Islamische Republik gründlich weggefegt wird. Ich verlange, dass der Iran eine säkulare Demokratie wird. Ein Staat, der die Allgemeine Erklärung der Menschenrechte endlich achtet.«

Der Kampf gegen das Kopftuch im Iran hat nichts mit Islamophobie, sondern mit Frauenunterdrückungsphobie zu tun. Der Kampf der Menschen und der Frauen im Iran ist kein Spielfeld für Instrumentalisierungen, ob von rechts oder von links. So einfach ist es mit »dem Islam« und »dem Kopftuch« eben nicht.

QUELLE:
Golineh Atai: Iran. Die Freiheit ist weiblich, Hamburg 2021

WORAUF WIR UNS FOKUSSIEREN, DAS WIRD GRÖSSER

Es war einmal ein kleines Mädchen. Sie hieß Tiam und ging zur Grundschule. Sie lebte mit ihren Eltern in Abdanan, einer kurdischen Stadt im Westen des Iran. Wenn sie zur Schule ging, packte sie ihren orangen Rucksack und legte ihre Schulhefte, ihre Schulbücher und ihr pinkfarbenes Mäppchen hinein. An einem Morgen entschloss sie sich, nicht zur Schule gehen, obwohl sie gerne zur Schule ging. Sie nahm ihren orangen Rucksack und lief zum Gerichtsgebäude der Stadt, um zu protestieren. Sie protestierte dagegen, dass ihr Vater im Gefängnis war. Denn die Polizei hatte ihren Vater, Mehdi Shahromadi, eingesperrt, weil er protestiert hatte. Gegen einen Staat, der auf die eigenen Leute schießt. Der Frauen und Mädchen unterdrückt. Tiam wusste, dass man Menschen für so etwas nicht einsperren darf. Erst recht nicht ihren Vater. Also breitete sie an diesem Morgen auf der Wiese vor dem Gerichtsgebäude eine Decke aus, mit Mustern, wie sie persische Teppiche haben. Sie setzte sich auf die Decke, packte ihre Schulbücher, ihre Hefte und ihr Mäppchen aus und schrieb auf ein Blatt Papier: Tiam ist seit einem Tag nicht zur Schule gegangen. Sie erklärte, sie würde so lange nicht zur Schule gehen, bis ihr Vater wieder frei war. Dieses Papier streckte sie in die Luft, damit alle es sahen. Am nächsten Tag war sie wieder da. Diesmal stand auf dem Schild: Tiam ist seit zwei Tagen nicht zur Schule gegangen. Vierzehn Tage lang hielt sie ihr Schild in die

Höhe, die kleinen Hände fest um das Papier. Dann kamen sie, die Revolutionsgarden. Sie hatten gehört, was Tiam seit zwei Wochen jeden Tag machte. Und es gefiel ihnen nicht. Sie schlugen Tiam. So lange, bis sie wusste, dass sie aufgeben musste. Ein Foto zeigt sie, wie sie vor dem Gerichtsgebäude steht, den Rucksack um eine Schulter geworfen, in der linken Hand noch das Papier, im rechten Arm verbirgt sie ihr Gesicht und weint in ihren Kapuzenpullover. Sie musste nach Hause gehen. Ohne ihren Vater Mehdi. Und mit dem Glauben, dass sie in einer Welt lebt, in der es falsch ist, das Richtige zu tun.

Um Menschenrechte zu definieren, kann man internationale Konventionen studieren und einzelne Paragraphen aufzählen. Aber eigentlich braucht man das nicht. Hinter diesem einen Wort »Menschenrechte« steht eine ganze Welt. Er gehört zu jenen Begriffen, die uns nicht erklärt werden müssen. So wie die Liebe. Wir fühlen, was das ist, Menschenrechte. Wir fühlen, wenn sie uns genommen werden. Wir fühlen, dass sie uns zustehen. Egal, wie alt oder jung wir sind. Egal, wo wir auf der Erde leben. Egal, wie wir aussehen, wen wir lieben, welchen Glauben wir haben, oder gar keinen, ob wir reich sind oder arm, welches Geschlecht wir haben, oder gar keins, ob wir gute Taten vollbringen oder schlechte – wir haben diese Rechte. Jeder einzelne Mensch hat Wert, allein dadurch, dass er auf dieser Welt ist. Menschenrechte müssen nicht erarbeitet oder verdient werden, und: sie können auch nicht verloren gehen. Und trotzdem werden Menschenrechte jeden Tag gebrochen, hundertfach, tausendfach, millionenfach. Jetzt, in diesem Moment.

Am 8. Dezember gab es im Iran die erste Hinrichtung eines Protestierenden. Mohsen Shekari wurde erhängt.

Er war 23 Jahre alt, Musiker, er liebte Rap und Kaffee. Er mochte Kaffee so sehr, dass er als Barista in einem Café in Teheran arbeitete. Mohsen Shekari schloss sich den Protesten an. Er wurde festgenommen. Das iranische Regime warf ihm vor, sich an einer Straßenblockade beteiligt und einen Beamten verletzt zu haben. Eigentlich ist es egal, was ihm vorgeworfen wurde. Seiner Familie wurde gesagt, sie sollten stillhalten. Keine Hashtags, keine Videos, keine Berichte. Dann, so die Justiz, würde er vielleicht freigelassen. Also schweigt die Familie. An einem einzigen Prozesstag wurde er verurteilt. Er soll »Krieg gegen Gott« geführt haben. In dem Moment, als Mohsen Shekari am Strang hing, hofften seine Eltern noch auf seine Freilassung. In den Sozialen Netzwerken kursiert ein Video, das seine Mutter in dem Moment zeigt, als sie erfährt, dass ihr Sohn exekutiert wurde. Jemand filmt sie aus der Ferne. Sie steht auf der Straße, neben ihrem Auto. Es sind Schreie, die man nicht vergisst. Am Morgen des 12. Dezember wurde Majidreza Rahnvard hingerichtet, der zweite Protestierende. Auch er wurde nur 23 Jahre alt.

Bei der Todesstrafe bestimmt der Staat, was das »Verbrechen« ist. Was, wenn der Staat selbst Verbrechen begeht? Was, wenn der Staat keine unabhängige Justiz hat? Was, wenn der Staat demokratisch ist und eine unabhängige Justiz hat, die aber wie jede andere Institution Fehler macht? Der Staat sollte das Gewaltmonopol haben. Nicht das Tötungsmonopol. Kein Staat der Welt sollte die Macht haben zu bestimmen, wer leben darf und wer nicht.

Warum ist es wichtig, dass wir uns mit den einzelnen Menschen beschäftigen, wenn es um Menschenrechte geht? Weil wir in den Debatten, die wir führen, vergessen, dass es genau darum geht: um Menschen. Mit einem einzigen Menschenleben gehen auch die Leben und die Seelen jener verloren, die diesen Menschen geliebt haben.

Im Jahr 2021 wurden laut Amnesty International in 56 Ländern 2052 Menschen hingerichtet. China, Iran, Ägypten, Saudi-Arabien und Syrien – in diesen Staaten finden die meisten Exekutionen statt. In dieser Reihenfolge. In China werden Menschen für Drogenhandel hingerichtet. Wie viele es jährlich sind, wissen wir nicht, weil der Staat das geheim hält. Es müssen viele sein. In Ägypten wurden im Juni 2022 zehn Menschen zum Tod durch den Strang verurteilt. Sie sollen die Polizei angegriffen haben. In Saudi-Arabien wurden Ende 2022 17 Männer hingerichtet, weil sie mit Drogen gehandelt haben sollen. In Syrien wurden im Oktober 2022 24 Menschen exekutiert, weil ihnen vorgeworfen wurde, Waldbrände verursacht zu haben.

Das sind alles Zahlen. Wichtige Zahlen. Aber sie reichen nicht. Es gibt das sogenannte Paradox des Mitgefühls. Der führende Psychologe Paul Slovic spricht sogar von einem »Kollaps des Mitgefühls«. Das heißt: Unser Mitgefühl sinkt, je mehr Menschen betroffen sind. Es fällt uns leichter, mit einem einzigen Menschen Mitgefühl zu haben als mit eintausend. Slovic sagt, das liege daran, dass wir diesen einen Menschen, mit Namen und Gesicht, als »kohärente Einheit« wahrnehmen, als Individuum – anders als eine große, nicht zu identifizierende Masse.

Das heißt nicht, dass wir schlecht darin sind, Mitgefühl zu haben, oder dass es uns fehlt. Sondern dass wir uns bewusst dafür entscheiden müssen, es zu empfinden. Uns nicht benebeln zu lassen von Debatten, in denen es heißt, seid nicht so naiv, es gibt gerade Wichtigeres. Uns nicht benebeln zu lassen von Debatten, in denen es heißt, »Realpolitik« zuerst.

Wer dieser Tage [Anfang Dezember 2022] »Afghanistan« googelt, findet Nachrichten darüber, dass 27 Menschen öffentlich ausgepeitscht wurden. Wer eine Woche vorher gegoogelt hat, hat kaum Nachrichten über das Land gefunden, in das deutsche Soldat*innen 20 Jahre lang Menschen- und Frauenrechte bringen sollten. Dass die Bundesregierung jenen Menschen, die Deutschland geholfen haben, nicht geholfen hat, das wissen wir. Aber wie geht es den Menschen in Afghanistan seit August 2021? Haben wir Geschichten darüber, was ein junges Mädchen fühlt, das nicht mehr zur Schule gehen darf? Haben wir Reportagen über Frauen, die vor der erneuten Machtergreifung der Taliban Anwältinnen waren? Gibt es Frauennetzwerke? Bleiben die Frauen wirklich einfach zu Hause und verstecken sich? Oder unterrichten sie ihre Töchter nun selbst? Wissen wir, wie es den einzelnen Menschen geht, über sensationalistische Schlagzeilen hinaus?

Als im September 2022 im Iran die feministischen Proteste begannen, waren die afghanischen Frauen die ersten, die sich an die Seite ihrer iranischen Schwestern stellten. Sie gingen in Kabul zur iranischen Botschaft, in den Händen Schilder, auf denen »Jin, Jiyan, Azadi« stand. Zan, Zendegi, Azadi – Frau, Leben, Freiheit. Wer mehr über die Proteste in Kabul erfahren wollte, musste englischsprachige Medien lesen. In den deutschen kaum ein Wort darüber. Wir schauen hin, wenn gepeitscht wird.

Manchmal, wenn man hört, wie bei uns über Menschen in Ländern wie Afghanistan, Iran, Mali, Nigeria, Nicaragua, Haiti, Jemen, Kongo, El Salvador gesprochen wird, hat man das Gefühl, dass man hier denkt, dort verspürten Menschen einen anderen Schmerz als wir, wenn sie ihr Kind verlieren. Als wäre der Schmerz darüber, einen geliebten Menschen zu verlieren, anderswo nicht genau so unendlich groß wie bei uns. Als wären Menschen im Globalen Süden daran gewöhnt, in Unterdrückung und in Unfreiheit zu leben. Als würden sie nicht tagtäglich kämpfen. Als wäre eine Flucht nicht die allerletzte Möglichkeit, wenn jeder Kampf unmöglich gemacht wird. Als wünschten sie sich nicht genau so wie wir alle Freiheit, Sicherheit, Liebe, Geborgenheit. Die Möglichkeit zu haben, die Menschen zu sein, die sie sind. Der Zustand der Unterdrückung und des »Andersseins« der Menschen im Globalen Süden ist bei uns schon lange normalisiert.

Wir sehen nur, wie sie auf der Flucht sind, Schwarze Menschen auf einem Boot, wie sie ausgepeitscht werden, wie ihre Häuser zerstört werden, wie sie vergewaltigt werden, wie Kinder zu Soldat*innen gemacht werden – und glauben, das sei der Normalzustand, weil wir so wenig anderes kennen. Was wissen wir über die Demokratische Republik Kongo anderes, als dass dort Menschen in den Minen sterben, für Gold, das wir kaufen? Wir sehen die Menschen nicht in ihrem alltäglichen Leben, wie die Teens TikTok-Videos drehen, welche Musik sie hören, wie sie tanzen und feiern, worüber sie streiten und worüber sie sich freuen.

Als im Iran die Proteste ausbrachen, hörte man vielerorts erstaunte Aussagen wie »die Männer protestieren mit? Für die Frauen?« Oder »Es gibt im Iran Rapper?«, »Mädchen schminken sich?« Erstaunen darüber, dass die Menschen in einem Land, von dem wir nur hörten, wenn es um das Atomabkommen oder um Konflikte ging, dieselben Bedürfnisse, Wünsche und Hoffnungen haben wie wir. Wie soll es auch anders sein, wenn wir allein in den USA vermutlich mehr Medien-Korrespondent*innen haben als auf dem gesamten afrikanischen Kontinent und in der Region des sogenannten Nahen Ostens zusammen?

Wenn die einzigen Bilder, die wir aus diesen Ländern kennen, Bilder der Unfreiheit und des Leides sind?

Seit dem 24. Februar 2022 lesen und sehen wir Berichte aus der Ukraine, nachdem das Land von Russland angegriffen, in einen Krieg gezwungen wurde. Die täglichen Menschenrechtsverletzungen erreichen uns über eine Vielzahl an Reportagen und Artikeln. Wir haben die Bilder aus Butscha gesehen. Wir haben Fotos von Familien gesehen, die getrennt werden, weil die Väter bleiben und kämpfen müssen, während Mütter und Kinder fliehen können. Die Trauer eines ganzen Landes zeigt sich in einem Bild, auf dem ein Vater am Bahnsteig seine kleine Tochter auf dem Arm hält, nicht wissend, ob sie sich wiedersehen werden. Gleichzeitig gibt es zahlreiche Berichte über die Resilienz der Ukrainer*innen, wie sie sich bewaffnen, wie sie sich wehren, wie sie sich nicht unterkriegen lassen. Trotz der vielen Toten, die dieser Krieg schon gekostet hat, ein Krieg, dessen Ende auch nach fast einem Jahr nicht abzusehen ist. Wir fühlen mit den Menschen mit, weil wir uns diesen Bildern aussetzen, weil wir die Menschen kennenlernen, ihre Geschichten, ihre Sorgen verstehen. Das Paradox des Mitgefühls schlägt weniger ein, weil die Menschen für uns keine anonyme Masse sind. Weil die Geschichten einzelner Menschen erzählt werden. Sie wurden in Europa aufgenommen, ihre Geschichten wurden zu unseren Geschichten, euer Schmerz ist unser Schmerz. Und genau so muss es sein.

Aus vielen anderen Ländern kennen wir diese Geschichten nicht. Gegen die Geschichten von Menschen aus anderen Staaten schottet sich Europa ab, lässt an seinen Grenzen nicht nur Menschenrechtsverletzungen zu, sondern begeht sie selbst, die EU, Friedensnobelpreisträgerin. Es war im Herbst 2021, als polnische Sicherheitskräfte Tränengas gegen Geflüchtete einsetzten, ihnen Gewalt antaten, mitten in der EU, die meisten der Geflüchteten aus Nordirak. Kommissionspräsidentin Ursula von der Leyen warf dem belarussischen Präsidenten Alexander Lukaschenko »hybride Kriegsführung« vor. Er hatte die Geflüchteten in die EU durchgelassen. Wie können Menschen Kriegsmittel sein? Von einem Mann wie Lukaschenko, der in seinem Land systematisch Menschenrechtsverletzungen begeht, sogar den Luftraum für seine Verbrechen nutzt, ist nichts anderes zu erwarten. Aber für eine der höchsten Vertreterinnen der EU und von zahlreichen deutschen und anderen Politiker*innen der EU ist eine Sprache und daraus folgend eine Politik der Entmenschlichung nicht zu entschuldigen. Ratspräsident Charles Michel sprach, als die Menschen in eisigen Temperaturen an der polnisch-belarussischen Grenze versuchten zu überleben, mit ihnen ihre Kinder, davon, dass die EU Sperranlagen finanzieren könnte. Er sagte: »Auf Basis europäischer Werte«.

Menschen können nie Mittel sein. Niemals. Sie können nicht Verhandlungsmasse sein noch Kriegsinstrument. Ein Mensch aus Nordirak hat den gleichen Wert und die gleichen Rechte wie Tiam aus Abdanan, wie Mohsen Shekari aus Teheran, wie ein Minenarbeiter aus dem Kongo, wie ein ukrainischer Vater, der gegen einen Unrechtsstaat kämpfen muss, und wie wir, die wir hier in diesem Land sind. Das klingt banal, eigentlich wie eine Binse. Das klingt nach Sonntagsrede, und das ist es auch, wenn ein Politiker von »europäischen Werten« spricht.

Was sind europäische Werte heute?

Europäische Werte sind Pushbacks an den EU-Außengrenzen. Menschen, die das verbriefte Recht haben, Asyl zu beantragen, wenn sie europäischen Boden erreichen, werden zurück ins Meer oder über die Grenze geschoben, mit Gewalt, nachweislich auch mit sexualisierter Gewalt.

Europäische Werte sind es, Waffen zu liefern an jene Staaten, die zu den Ländern mit den höchsten Hinrichtungsraten der Welt gehören, Saudi-Arabien und Ägypten.

Europäische Werte sind es, einem iranischen Regime, das die eigenen Kinder tötet, die Jugend des Landes verfolgt, verhaftet und misshandelt, Menschen auf den Straßen erschießt und sie in Schauprozessen aburteilt und erhängt – kurz: das massivste Menschenrechtsverletzungen begeht, zuzuschauen. Nichts zu tun. Ein paar Sanktiönchen zu beschließen, von denen die Politiker*innen selbst zugeben, dass sie nichts bewirken. Wer nichts tut, stellt sich auf die Seite der Angreifer.

Der persische Dichter Saadi schrieb in seinem Werk *Masnawi*: »Das ganze Universum und alle Menschen sind wie ein einziger Körper.« So wie es im Körper wahr ist, dass alle Organe, alle Teile miteinander verbunden sind, ständig im Austausch stehen, so ist es mit der Welt. Zu glauben, was im Kongo passiert, oder im Iran, hätte keine Auswirkungen auf andere Orte auf der Erde, ist naiv. Es geht hier nicht um die vielzitierten »Flüchtlingsströme«. Sondern darum zu glauben, dass es uns gut gehen kann, wenn es so vielen Menschen auf der Welt schlecht geht. Zu glauben, dass wir mit Diktatoren Handel treiben können, Öl oder Gas beziehen können und nicht irgendwann den Preis dafür zahlen müssen. Das, was uns seit Jahren als Realpolitik verkauft wird, endet in Konflikt, Klimakatastrophe und Krise.

Dabei ist die Welt so ein inspirierender Ort. Es kommt nur darauf an, worauf wir unseren Blick richten. Worauf man sich fokussiert, das wird größer.

Also fokussieren wir uns auf die Frauen in Afghanistan, die seit Monaten unter dem Motto »Brot, Arbeit, Freiheit« für Gleichberechtigung und gegen die Unterdrückung von Mädchen und Frauen protestieren. Auch in Afghanistan sind Frauen ganz vorne im Kampf gegen die Taliban. Diese Frauen wissen, was Menschenrechte, was Frauenrechte sind, das braucht ihnen niemand beizubringen.

Schauen wir zu den Aktivist*innen in Kolumbien, die als »marea verde«, als »Grüne Welle«, mit grünen Schals gekleidet, so lange protestiert haben, bis Anfang 2022 der Schwangerschaftsabbruch in Kolumbien endlich entkriminalisiert wurde.

Fokussieren wir uns auf die Protestierenden in China, die uns gezeigt haben, dass das Land kein einheitlicher Block ist und dass der Wunsch nach Freiheit und Demokratie nicht auf die Menschen in Hongkong beschränkt ist. Sie sind es, mit denen wir sprechen müssen. Nicht mit den Männern in schwarzen Anzügen, die zwar Handelsverträge in den Händen haben, aber eben auch Blut.

Das wird von so manchen Politiker*innen als »naiv« verspottet. Aber die einzige Naivität liegt darin zu glauben, dass Menschen sich an die Verletzung ihrer Rechte gewöhnen würden. Darin, mit denen zu verhandeln, die Menschenrechte verletzen, anstatt konsequent die zu unterstützen, die für Menschenrechte kämpfen.

Also schauen wir auch auf die Menschen im Iran.

Schauen wir auf die jungen Menschen, die ihr Leben dafür geben, frei zu sein. 15-, 16-Jährige erklären, dass sie ihr Leben für die Freiheit der nächsten Generation geben. Sie sterben, damit die Generation nach ihnen fundamentale Rechte leben kann. Schauen wir auf Tiam, die schon im Grundschulalter für Menschenrechte kämpft. Angetrieben durch die Liebe zu ihrem Vater. Denn das ist der Motor im Kampf für Menschenrechte: Liebe. »Unser Schwert ist Liebe«, sang der iranische Rapper Toomaj Salehi kurz vor seiner Festnahme.

Schauen wir auf die Menschen im Iran, die einander unterstützen, egal ob sie in Kurdistan leben oder in Sistan Belutschistan, in Gilan, Khuzestan oder in Khorasan. Die sich auf den Straßen gegenseitig retten, ihre Auto- oder ihre Haustüren offenhalten, Blut spenden, sich vor andere werfen, auch wenn das ihr eigenes Leben kostet. Die sich vernetzen, die sich informieren, die zusammenhalten, die in Scharen zu Gefängnissen oder zu Krankenhäusern strömen, wenn eine*r der ihren in Gefahr ist, um zu zeigen, dass sie eins sind. Die Revolutionslieder dichten und aufnehmen, mitten in der Revolution, die sich konspirativ zulächeln auf den Straßen, um einander zu sagen »du bist nicht allein«, die für die Rechte und die Gleichberechtigung der Frau ihr Leben riskieren, LGBTIQ-Personen, Männer, Frauen, sogar Kinder, alle zusammen. Die sich gegenseitig Kraft geben. Die Freiheit eines Landes misst sich an der Freiheit und der Gleichberechtigung aller Geschlechter. Das wissen diese Menschen.

Es ist nicht die Verzweiflung, die die Menschen antreibt, sondern das Wissen, dass sie ihnen zustehen: Menschenrechte. Dass ein Leben ohne fundamentale Rechte kein Leben ist. Und das gilt nicht nur für die Menschen im Iran. Dort sieht man den Kampf nur gerade offener als anderswo. Menschen an allen Orten der Erde bringen diesen Mut und diese Entschlossenheit auf, jeden Tag, im Kampf gegen Unterdrückung und Diktatur. Es gibt so viel mehr Licht als Dunkelheit auf dieser Welt. Tiam, das Mädchen vor dem Gerichtsgebäude, ist nur eines dieser vielen, vielen Lichter.

Wir müssen uns nur entscheiden, dieses Licht zu sehen.

Mitgefühl zu haben. Die Geschichten der Menschen zu suchen und sie uns anzuhören. Egal, wo sie sind, am anderen Ende der Welt oder in Europa.

Ich bin überzeugt davon, dass die Menschheit immer in Richtung Licht strebt. Heute sind wir uns der Bedeutung der Menschenrechte auf einem ganz anderen Level bewusst als vor 100 Jahren oder gar vor 200 Jahren. Und ich bin überzeugt davon, dass es immer einzelne Menschen braucht, die diese Bewusstseinswerdung antreiben, denn von allein kommt sie nicht. Viel zu oft unterschätzen wir unsere eigene Kraft, verzweifeln angesichts des Leids, das wir sehen, gehen in die Opferposition, denken, das bringt doch alles nichts. Im Gegenteil, jedes Wort, das gesprochen wird, jede Geschichte, die erzählt wird, hat Macht. Hat Kraft. Wir können erst einmal nur uns selbst verändern, an uns selbst arbeiten. Mit uns wird sich dann aber auch die Welt verändern.

Dieser Text war die Grundlage für eine Rede anlässlich des Empfangs zum Tag der Menschenrechte im Frankfurter Kaisersaal am 12. Dezember 2022.

ZWEI JAHRE SPÄTER

Im Mai 2024 ist der Blick in die Islamische Republik ein düsterer. Obwohl das iranische Regime den Widerstand, der sich im September 2022 auf den Straßen zeigte, nicht hat brechen können. Zwar gibt es kaum noch Proteste; zumindest keine weitflächigen wie zuvor. Aber der Graben zwischen Bevölkerung und Regime ist wohl so tief wie noch nie. Und es ist schwer vorstellbar, dass sich das jemals wieder ändern wird. Zu viel ist passiert.

Da waren die mysteriösen Giftgasanschläge auf Mädchenschulen im Winter und Frühjahr 2022/2023. Tausende von Kindern und Jugendlichen waren betroffen. Übelkeit, Erbrechen, Parästhesien, Lähmungen, Bewusstlosigkeit – überall im Land wurden Mädchen mit diesen Symptomen behandelt, nachdem sich in ihren Schulen ein bis heute unbekanntes Gas ausbreitete. Auch die Tochter von Parvaneh war betroffen. Parvaneh ist nicht ihr richtiger Name. Aber es ist nicht ungefährlicher geworden, sich offen gegen das Regime zu stellen, deswegen bleibt sie anonym. Panisch sei sie in die Schule gefahren, erzählt sie, als sie den Anruf bekam, dass die Schule ihrer Tochter in Teheran getroffen wurde. An der Schule angekommen, bot sich ihr ein Bild, das sie nie vergessen wird. »Wie die Insekten lagen die Mädchen auf dem Schulhof«, berichtet sie. Sie lagen auf dem Boden, regten sich nicht. Die Angst, die sich in diesem Moment in ihr ausgebreitet haben muss, erklärt, warum man hinter diesen Anschlägen das iranische Regime selbst vermuten darf: Sie wollten genau jene jungen Menschen treffen, die zuvor monatelang protestiert hatten – gerade in den Schulen. Junge Mädchen, die selbstbewusst und mit ausgeprägtem Freiheitswillen ihre Kopftücher abnahmen und der Islamischen Republik ihre Gefolgschaft verweigerten. Der Schock, der das System in diesen Monaten des Protests traf, ist nicht zu unterschätzen. Niemals zuvor war es derart angegriffen worden. Die Menschen im Iran zahlen bis heute den Preis dafür.

Für Parvaneh kam es nicht in Frage, ihre Tochter nicht mehr in die Schule zu schicken. »Ich kann nicht zulassen, dass meine Tochter nicht lernt«, erklärt sie trotzig. Tausende Familien im ganzen Land waren betroffen. Die iranische Führung stritt natürlich alles ab. Sie versuchte sogar in Zweifel zu ziehen, dass es die Anschläge überhaupt gegeben habe; im Staatsfernsehen unterhielten sich »Experten« darüber, dass die Kinder wohl schlechte Schokolade gegessen hätten. Eine besonders beliebte Erklärung des Staats, die überall gestreut wurde: Massenhysterie. Mädchen und Frauen neigten schließlich zu Hysterie. Sogar in einem Artikel der BBC wurde ein britischer Psychiater zitiert, der Gründe dafür aufzählte, warum es sich bei den Tausenden von erkrankten Mädchen um eine »mass sociogenic illness« handeln könnte, also eine Massenhysterie. Sein Hauptargument: Es betreffe vor allem Mädchen, weniger Jungen oder Erwachsene. Allein das machte in seinen Augen eine Massenhysterie wahrscheinlich. Daran zeigt sich nur einmal mehr: Man muss sich wahrlich nicht in den Nahen Osten begeben, um misogynes Denken zu finden. Die taz sprach in jener Zeit mit einem Arzt, der in einer Notaufnahme in Khuzestan im Süden des Landes arbeitete. An den Kleidern der erkrankten Mädchen, die er behandelt hätte, hätte er deutlich einen Geruch nach verfaulten Eiern und Essig wahrgenommen. »Mindestens ein Teil der gemeldeten Symptome muss auf reale Vergiftungen zurückgehen«, so zitiert die taz den Arzt.

Nach einigen Monaten endeten die Anschläge so plötzlich, wie sie begonnen hatten. Spekulationen, wer dahintergesteckt haben könnte, verebbten damit ebenfalls. Die nächsten Herausforderungen des Lebens in der Islamischen Republik warteten auf die Menschen. In der Bevölkerung war man sich ohnehin größtenteils einig: Entweder waren die Gasanschläge direkt vom Regime angeordnet oder sie wurden geduldet und geschahen somit mit Zustimmung der Machthaber. Denn es ist unvorstellbar, dass in einem Überwachungsstaat wie der Islamischen Republik eine derart intensive Anschlagsserie möglich ist, ohne dass die Verantwortlichen entdeckt werden. Im Gegenteil, es gab – selbstverständlich – keine unabhängigen Untersuchungen. So berichtet Parvaneh, dass ihre Tochter im Krankenhaus ihre Kleidung abgeben musste, die sie getragen hatte. Für Untersuchungen, so die Begründung. Einige Tage später erfuhr die Mutter, dass man ihr die Ergebnisse leider nicht mitteilen könne.

Ob es am Ende ein paar Fanatiker waren, die nicht wollten, dass Mädchen zur Schule gehen, oder ob es der Zirkel direkt um Revolutionsführer Ali Khamenei war, der die Angriffe angeordnet hat – es spielt keine Rolle. Sicher ist, dass das iranische Regime sich treu geblieben ist: Es regiert mit Gewalt und Angst. Das wichtigste Ziel: jeglichen Widerstand in der Bevölkerung zu brechen. Und das erste Opfer waren, wie immer, die Frauen.

Im Jahr 2023 wurde der Terror gegen die Bevölkerung mittels einer weiteren altbekannten Art angewandt: Hinrichtungen. Es war absehbar, dass das Regime die Hinrichtungen hochfahren würde, sobald die Straßenproteste niedergeschlagen waren. Im Jahr 2023 allein wurden laut Amnesty International mindestens 853 Menschen hingerichtet. 853 Menschen, deren Leben an einem Strang endete. Nichts rechtfertigt eine Hinrichtung. Kein Verbrechen der Welt rechtfertigt eine Hinrichtung. In der Islamischen Republik kommt dazu, dass eine verbrecherische Führung festlegt, was ein »Verbrechen« ist. Damit lassen sich alle Hinrichtungen im Iran als politisch klassieren. Seit Anfang des Jahres 2023 kann man von einer regelrechten Hinrichtungsorgie sprechen. Zuletzt war die Zahl der Hinrichtungen nach den Protesten im Jahr 2009 vergleichbar stark angestiegen; den Höhepunkt erreichten sie im Jahr 2015, berichtet Roya Boroumand von der Menschenrechtsorganisation Abdorrahman Boroumand Center in den USA: Damals wurden in einem Jahr 1052 Menschen exekutiert. »Ob politisch motiviert oder zur Bestrafung gewöhnlicher Verbrechen«, so Roya Boroumand, »Hinrichtungen waren und sind weiterhin ein Mittel, um Gegner zum Schweigen zu bringen und abzuschrecken sowie Angst in der Gesellschaft zu verbreiten.« Oder anders: Menschenleben sind und bleiben für die iranische Führung Mittel zum Zweck; sie sind entbehrlich.

Am 29. Januar 2024 wurden Mohsen Mazloum, Pejman Fatehi, Vafa Azarbar und Hazhir Faramarzi hingerichtet. Ihr »Verbrechen«: Sie waren kurdisch. Und sie setzten sich für Freiheit ein. Bayan Azimi war die Ehefrau von Pejman Fatehi. Mit ihrem gemeinsamen kleinen Sohn Sabah floh sie im Jahr 2022 nach Deutschland. Kurze Zeit später kamen ihr Mann Pejman und die anderen drei Männer in Haft. Keiner der vier Männer durfte Besuch empfangen. »Pejman war die gesamte Zeit seiner Haft in Isolation«, erzählt Bayan. 19 Monate blieben die Männer in Haft. Fünf Monate nach ihrer Inhaftierung veröffentlichte das

Regime ein Video der Männer – erwartbar: Es zeigte ein erzwungenes Geständnis. »Er hatte Folterspuren im Gesicht«, erinnert sich Bayan. Sie schaute das Video ihres Mannes an; das erste Lebenszeichen, seit er hinter den Gefängnismauern verschwunden war. »Pejman und die anderen sprechen nicht gut Farsi«, erklärt sie. Die Muttersprache von Pejman und Bayan ist Sorani, eine kurdische Sprache. »Deswegen mussten sie das Geständnis auf Farsi ablesen.« Die Anklage des Regimes: Die Männer hätten mit dem israelischen Mossad zusammengearbeitet. Frei erfunden. Sie sei glücklich und traurig zugleich gewesen, als sie Pejman in diesem Video sah, erinnert sich Bayan. Glücklich, weil sie ihren Ehemann zum ersten Mal seit Monaten wiedersah. Aber vor allem empfand sie Schmerz. »Ich weinte, als ich das Video sah«, erzählt sie. Denn sie sah Pejmans ausgeschlagene Zähne; seine gebrochene Nase. Sie sah den körperlichen und emotionalen Schmerz, den das Regime dem Mann zugefügt hatte, den sie liebte.

Ihrem damals vierjährigen Sohn Sabah erzählte sie nichts davon. Sabah wusste, dass sein Vater im Gefängnis war; er wartete darauf, dass er zu ihnen nach Deutschland kam. Sabah hatte seinem Vater versprochen, dass er seine Haare nicht schneidet, bis sie sich wiedersehen. Denn Pejman habe Sabahs langen Haare geliebt, erzählt Bayan. Bevor Pejman festgenommen wurde, sprach er viel mit seinem Sohn und seiner Frau per Videochat. Sabah neckte seinen Vater, er werde sich die Haare abschneiden. Und Pejman antwortete spielerisch, er solle das bloß nicht wagen! Also ließ Sabah sich die Haare wachsen, bis sie ihm bis an den Po reichten. Am 28. Januar 2024 bekam Pejmans Mutter im Iran einen Anruf: Sie solle ins Evingefängnis kommen. Es war das einzige und letzte Mal, dass Pejman, Mohsen Mazloum, Vafa Azarbar und Hazhir

Faramarzi Besuch von ihren Familien bekamen. Pejmans Mutter und Schwester durften ihn für gerade einmal zehn Minuten sehen, erzählt Bayan. »Er erzählte ihnen, dass sein Körper unterhalb seines Kopfes zerstört sei. Und dass er in neunzehn Monaten niemanden gesehen hat außer seinen Folterknecht.« Bayans Augen füllen sich mit Tränen, als sie sagt: »Pejman sagte zu seiner weinenden Mutter: Mutter, weine nicht. Du musst stark sein. Du musst stolz auf mich sein. Das ist für mich ein ehrenvoller Tod. Ich würde mein Leben genauso wieder leben, wenn ich die Wahl hätte. Trag kein Schwarz.« Dann habe er nach Sabah und Bayan gefragt. Wie groß Sabah geworden sei; ob seine Haare noch lang seien; ob er Farsi gelernt habe. Schließlich bat er seine Mutter: »Sag ihnen, dass ich sie liebe. Sie sollen stolz auf mich sein. Ich bin unschuldig. Ich habe nichts getan. Ich sterbe ehrenvoll.« Das Letzte, das Pejman seiner Mutter und seiner Schwester sagte, war, dass er die Wächter seit Monaten um ein Foto seines Sohnes bitte. Bayans Stimme bricht, als sie die Antwort der Wächter wiedergibt: »Wir zeigen dir sein Bild in dem Moment, in dem du zum Strang gehst.« In den frühen Morgenstunden des 29. Januar werden Pejman Fatehi, Mohsen Mazloum, Vafa Azarbar und Hazhir Faramarzi exekutiert. Bayan glaubt nicht, dass sie ihm ein Bild von Sabah gezeigt haben. Noch am gleichen Tag ging Bayan mit Sabah zum Friseur und ließ ihm die Haare schneiden. Zu groß der Schmerz beim Anblick der langen Haare. Als Sabah sie verwirrt fragte, ob Baba denn nicht traurig sein würde, wenn er Sabahs kurzen Haare sieht, antwortete sie: »Mach dir keine Sorgen deswegen.« Sie brachte es nicht übers Herz, ihrem fünfjährigen Sohn zu sagen, dass das iranische Regime seinen Vater erhängt hat.

In Deutschland leben Bayan und Sabah als Geflüchtete.

Bayan hat es sich zur Aufgabe gemacht, von hier aus gegen das Regime zu kämpfen. »Ich führe Pejmans Kampf fort«, sagt sie.

Am 18. November 2023 verlässt Toomaj Salehi nach mehr als einem Jahr das Gefängnis in Isfahan. Er kommt auf Kaution frei. Ein Foto von ihm geht viral: Es zeigt ihn in einem weißen Hoodie, die tätowierten Unterarme frei, eine schwarze Mütze auf dem Kopf, in der Hand einen großen Strauß gelber Rosen. Die ersten Minuten in Freiheit. Ein paar Tage später geht ein weiteres Foto viral: Toomaj Salehi und Sepideh Rashno sitzen zusammen an einem Tisch, es sieht aus wie die Gartenlaube eines Restaurants. Sepideh Rashno war im Juli 2022 gefangen genommen und gefoltert worden, weil sie ihr Kopftuch abgenommen hatte. Auf dem Bild mit Toomaj Salehi trägt sie kein Kopftuch. Dieses Bild, dachte man damals, könnte die Zukunft des Iran zeigen. Junge Menschen, die Freiheit mit jeder Faser ihres Seins verstanden haben, sie leben. Die für ein Miteinander, eine freie und demokratische Gesellschaft stehen.

Einige Tage nach seiner Freilassung veröffentlicht Toomaj Salehi ein etwa fünfzehnminütiges Video. Er sitzt auf einem Stuhl, den Blick in die Kamera. Er hat seine Käppi tief ins Gesicht gezogen, er trägt eine kurze Hose. »Hallo Freunde«, so beginnt er das Video. Es ist das erste Video, das er nach seiner Freilassung aufnehme, sagt er. Er entschuldigt sich bei den Menschen, dass es etwas gedauert hat, bis er sich mit einem Video an sie wendet – obwohl es nur wenige Tage waren, die seit seiner Freilassung vergangen waren –, er habe etwas Zeit gebraucht, bis es ihm psychisch so weit »normal« gehe, dass er sprechen könne. Er wollte sichergehen, dass es ihm gut gehe, dass es ihm sehr gut gehe, wenn er sich zeigt. »Jetzt geht es mir gut«, sagt er und hebt beide Daumen. »Das Wichtigste«, fährt er fort, »ist für mich, mich zuerst bei euch allen zu bedanken.« Er bedankt sich bei jenen, die sich nicht nur für ihn eingesetzt haben, sondern für alle, die es benötigen; er meint alle politischen Gefangenen. »Ihr habt eine Verbundenheit und Solidarität gezeigt, wie ich sie persönlich noch nie erlebt habe«, sagt Toomaj Salehi. »Weil ihr nicht müde geworden seid, weil ihr uns nicht vergessen habt, [...] weil ihr diejenigen, die immer noch im Gefängnis sind, nicht vergessen habt: Danke. Es war für mich etwas Besonderes. Zumindest für mich.« Er erzählt, dass er während der wenigen kurzen Treffen, die er im Gefängnis mit seiner Familie hatte, von der Unterstützung für ihn und die anderen politischen Gefangenen erfahren habe. »Das war sehr, sehr, sehr herzerwärmend«, erzählt er. »Das hat mir neue Energie gegeben.« Wenn das nicht gewesen wäre, hätten er und die anderen politischen Gefangenen die Zeit im Gefängnis nicht ausgehalten, so Toomaj Salehi. Die Menschen hätten dadurch sein Leben gerettet. »Vielerorts sagt man, ich sei ein Held«, so Toomaj Salehi. »Dabei bin ich eine ganz normale Person. Ihr seid die Helden, ihr habt mir das Leben gerettet. Ich konnte niemanden retten.« Seine Stimme ist weich. Die Demut in seinen Worten lässt zuweilen den Atem stocken. Vor allem angesichts dessen, was er in diesem Video noch berichten wird.

Zunächst erzählt er, dass das Regime ihn nach seiner Freilassung, wie auch schon nach seiner früheren Inhaftierung im Jahr 2021, mit Lügen und Bedrohungen überziehe. Er habe Verbrechen gestanden, er habe andere Menschen verraten. Nichts davon hat er getan, wie er auch erklärt; es zeigt aber die Angst, die die Machthaber vor integren, beliebten Menschen haben. Ihnen bleibt nichts, als sie zu beschmutzen, zu inhaftieren und zu töten. »Sie haben mich sehr viel gefoltert«, fährt Toomaj Salehi fort. »Sie haben meine Hände und Beine gebrochen. Sie schlugen in mein Gesicht und auf den Kopf ein. Zuerst versuchte ich, die Schläge mit den Händen abzuwehren, aber sie brachen mir die Finger.« Es sei nicht so toll, davon zu erzählen, sagt er, deswegen bricht er diesen Teil schnell ab. Aber die Folter habe sich über eine lange Zeit erstreckt, so Toomaj. »Einer der anderen politischen Gefangenen sagte zu mir, dass die Spritze, die sie mir in den Nacken gesetzt hatten, wahrscheinlich Adrenalin war. Damit du nicht in Ohnmacht fällst und die ganze Zeit während der Folter bei Bewusstsein bist. Damit du den Schmerz bis in seine Spitzen spürst.« Toomaj Salehi spricht, als ob er von einem Film erzählt. Er ist nicht emotional, er ist nicht wehleidig. Auf Englisch würde man sagen: *matter of factly*. So wie es eben war.

Toomaj Salehi berichtet wie so viele vor ihm, dass das Regime seine eigenen Gesetze bricht. Seine Inhaftierung war widerrechtlich, so erzählt er. Das hätten er und seine Familie den Regimekräften vorgehalten. »Als wir mit ihnen über ihre eigenen Gesetze sprachen, lachten sie und sagten: Was redest du? Was ist das Gesetz? Wir machen, was wir wollen.« Am Tag seiner Freilassung wurde er noch mal zu seinen Peinigern gebracht. Sie wollten, dass er ihnen die Kontrolle über seine Social Media Accounts gibt. Er wolle jetzt nicht eine ganze Geschichte erzählen, sagt Toomaj Salehi und lächelt kurz. Jedenfalls hätten sie ein paar Stunden miteinander »geredet«, und Toomaj beharrte darauf, dass sie ihn dann eben im Gefängnis behalten müssen. Er würde ihnen nicht die Kontrolle über seine Accounts geben. Beim Betrachten des Videos fällt in diesem Moment auf, wie kurz ein 15-minütiges Video ist angesichts dessen, was er in mehr als einem Jahr Gefängnis erlebt haben muss. Es kann nicht annähernd das zeigen, was ein Mensch in den Klauen dieser Verbrecher auch nur an einem einzigen Tag erfährt. Aber man spürt, dass Toomaj Salehi nicht sein Leid in den Vordergrund stellen will. Er will Zeugnis ablegen.

Als er berichtet, dass er sich jetzt um seine Gesundheit kümmern werde, um die gebrochenen Knochen, um seine Zähne, sagt er: »Ich hoffe, ich belaste euch nicht, indem ich darüber spreche.« Er lächelt. »Knochen heilen.« In dieser oder in der darauffolgenden Woche werde er an Beinen und Armen operiert, »um zu der Arbeit zurückkehren zu können, die ich machen möchte.« Er lacht. Weil er weiß, dass jene Regimekräfte, die dieses Video anschauen, genau wissen, was er meint.

Er dankt den Menschen nach diesen Ausführungen noch mal für ihre Hilfe und für »euer warmes Herz«. »Ich hoffe, dass gute Tage auf uns warten. Auch wenn es vielleicht dauert. Aber ich habe Vertrauen, dass wir es erreichen werden.« Er lacht wieder. »Und ich glaube, dass wir einen sehr guten und großartigen Iran erschaffen können. Danke, Leute. Ich liebe euch sehr. Entschuldigt jede Traurigkeit, die ich verursacht habe.« Am Ende zählt er auf, welche Verbrechen das Regime gegen politische Gefangene begeht. Er berichtet von der psychischen Folter, die er erlebt hat.

Nicht einmal zwei Wochen später wird Toomaj Salehi wieder inhaftiert. Das Regime wollte ihn dazu bringen, dass er stumm bleibt. All die Folter, die körperliche, die mentale, die Schmutzkampagnen sollten bewirken, dass er stumm bleibt. Er blieb es nicht. Er erzählte der Welt von den Verbrechen in der Islamischen Republik. Bevor er sich operieren lassen konnte, hatte er seine Freiheit wieder verloren.

Am 24. April 2024 verurteilte ihn das iranische Regime

zum Tode. Wegen »Verdorbenheit auf Erden«. In der ganzen Welt gingen Menschen für Toomaj Salehi auf die Straßen. Um für den Sohn der Nation zu kämpfen. Sollte das Regime ihn ermorden – die Seele des Landes würde ein Stück mit ihm sterben.

Seit dem 16. September 2022 hat das Regime alles unternommen, um die Frauen des Landes wieder unter den Hijab zu zwingen. Im Sommer 2023 kehrte die verhasste Sittenpolizei wieder auf die Straßen zurück. Die Behörden ließen die Schriftzüge auf den weißen Vans übermalen, die »Polizist*innen« trugen keine offizielle Kleidung. Sie sollten ihre Arbeit tun, sie sollten Gewalt, Angst und Schrecken verbreiten, ohne dabei als Sittenpolizei erkennbar zu sein.

Dieses Theater spielte das Regime nicht nur für die Bevölkerung, um keine weiteren Proteste zu provozieren, sondern auch für westliche Staaten. Die Machthaber wollten es westlichen Regierungen leichter machen, weiter mit der Islamischen Republik zu verhandeln. Mit Erfolg: Im Laufe des Jahres 2023 gelang es der iranischen Führung, all ihre Verbrechen auf der internationalen Bühne vergessen zu machen. Wenige Tage nach dem ersten Todestag von Jina Amini, am 20. September 2023, traf der EU-Außenbeauftragte Josep Borrell den iranischen Außenminister Hossein Amir Abdollahian in New York. Abdollahian ist einer der Hauptverantwortlichen für die Menschenrechtsverbrechen in der Islamischen Republik. Laut eigenen Aussagen Borrells ging es in dem Gespräch um drei Punkte: Um die »willkürlichen Festnahmen« von EU-Bürger*innen im Iran; um eine diplomatische Lösung für das Atomabkommen, den JCPoA; um die militärische Zusammenarbeit zwischen Iran und Russland. Der Außenbeauftragte für die EU sprach das Thema Menschenrechte nicht an. Er gab nicht einmal vor, dass ihn die Lage der Frauen, die zu diesem Zeitpunkt seit einem Jahr auf den Straßen ihr Leben riskierten, um ihre Freiheit zu erkämpfen, die Lage der politischen Gefangenen, die Lage der Menschen, auch nur annähernd interessierten. Das iranische Regime schlachtete dieses Treffen genüsslich aus. Es verbreitete auf Webseiten, im Staatsfernsehen, auf allen Propagandakanälen das Foto, auf dem Amir Abdollahian und Borrell Hände schütteln. Auf dem Gesicht von Amir Abdollahian liegt ein zufriedenes Lächeln. Er weiß, dass dieser Moment propagandistisches Gold ist – und vor allem ein Signal der internationalen Gemeinschaft an die iranische Führung: Ihr könnt Menschenrechtsverbrechen begehen, wie ihr wollt. Es wird von unserer Seite keine Konsequenzen geben. Ein klareres Zeichen der Ermutigung hätte es für die Mörder nicht geben können.

Negin ist 38 Jahre alt. Sie lebt in Teheran und gehört zu den Frauen, die seit September 2022 kein Kopftuch mehr tragen, wenn sie das Haus verlassen. Auch als die Sittenpolizei im Sommer 2023 auf die Straßen zurückkehrte, verweigerte sie sich wie alle ihre Freundinnen weiter der Zwangsverschleierung. Die Gewalt habe mit der Zeit immer mehr zugenommen, erzählt sie. Wer im Auto kein Kopftuch aufzieht, bekommt immer eine Strafe, erzählt sie. »Sie tracken die Autokennzeichen und du hast keine Chance, der Strafe zu entkommen«, erzählt sie. Die Strafe beinhaltet nicht nur ein hohes Bußgeld. Den Frauen wird auch das Auto weggenommen. Also trägt Negin das Kopftuch nur noch im Auto. Sie wurde schon mehrmals ohne Kopftuch erwischt. Einmal kam die Polizei zu ihr und ihren Eltern nach Hause. Die Polizei wollte über ihre Familie Druck auf sie ausüben. Danach, erzählt sie, habe ihr alter Vater sie gebeten, sich wieder an die Verschleierungsregeln zu halten. Zu groß seine Angst, dass ihr etwas passieren könnte. Negin trägt bis heute in der Öffentlichkeit kein Kopftuch. Woher nimmt sie diese Kraft? »Wir haben keine Wahl, Gilda«, sagt sie.

Und so setzen Negin und viele andere Frauen im ganzen Land weiterhin ihre Kopftücher nicht auf. Unzählige wurden wieder verschleppt, inhaftiert, gefoltert – und getötet. Eine von ihnen war Armita Garavand. Das 16-jährige Mädchen war Anfang Oktober 2023 mit ihren Freundinnen in der Teheraner U-Bahn unterwegs, ohne Kopftuch. In der U-Bahn wurde sie von Sittenwächterinnen misshandelt, geschlagen und erlitt einen Schlag an den Kopf; sie fiel ins Koma. Ende Oktober verstarb sie. »Man hat sie vergessen«, sagt Negin. »Nach dem 7. Oktober lag die Aufmerksamkeit nur noch auf Israel und Gaza. Das Regime macht im Land, was es will, ohne dass es jemanden interessiert.« Dabei erinnert der Tod von Armita Garavand an die Ermordung von Jina Amini. Aber im Herbst 2023 war die Gewaltschwelle im gesamten Land so niedrig, dass jeder Protest an Selbstmord gegrenzt hätte. Die Machthaber waren entschlossen, die Menschen zu brechen. Ihren Geist, ihren Willen, ihre Körper.

Im Frühjahr 2024 verdichteten sich die Zeichen, dass Khamenei und seine Schergen die Hijab-Frage endgültig lösen wollen. Khamenei sprach immer öfter von der Bedeutung des Hijab für das Land. In einer Rede Anfang April sagte er: »Ich bin mir sicher, dass die Frauen unseres Landes, auch diejenigen, die in Bezug auf das Kopftuch ein wenig ungehorsam sind, dem Islam und dem Regime verbunden sind«, sagte er zu Regimetreuen und Offiziellen in Teheran. »Sie müssen diese Frage des Kopftuchs beachten. Jeder muss sich daran halten.«

So wurde am 12. April 2024 die Operation »Noor«

(»Licht«) verkündet: Ab sofort werde die Verschleierungspflicht von der Sittenpolizei – die seitdem wieder unter ihrem eigenen Namen ihr Unwesen treibt – »ausnahmslos« und mit »größerer Ernsthaftigkeit« durchgesetzt. Verstöße gegen die »Sitten« würden hart geahndet, so hieß es in einem vom Staat veröffentlichten Video.

Diese Ankündigung machte das Regime einen Tag vor seinem Drohnen- und Raketenangriff auf Israel; der erste direkte Angriff von iranischem auf israelischen Boden. Das Regime riskierte damit eine Eskalation des Konflikts in der Region. Für viele Menschen im Iran bedeutete dieser Angriff aber vor allem eins: eine Gewalteskalation im Land, während die Welt einen möglichen großen Krieg fürchtete. Und sie hatten recht. Die bewaffneten Kräfte des Staats und die Sittenpolizei machten es Frauen fast unmöglich, der Gewalt zu entkommen. Wieder gab es in den Sozialen Medien eine Fülle an Videos von Frauen, die geschlagen und an den Haaren in Busse gezerrt werden; von Menschen, die versuchen, Frauen aus den Händen der Regimekräfte zu befreien; Gewalt gegen Frauen überall. Im Netz kursierte der Hashtag #WarAgainstWomen. Die Washington Post zitierte den 24-jährigen Parsa, einen Mann aus Teheran, der aus seinem Büro beobachtete, wie Beamte eine Frau angriffen. »Vor dieser aktuellen Welle wurde jemand, die kein Kopftuch trug oder ein kurzes Kleid anhatte, nur mündlich ermahnt. Doch diesmal ist es völlig anders«, so Parsa. Er versuchte, der Frau zu helfen; aber Regimekräfte in Zivil übermannten ihn und schlugen ihn. Es eilten immer mehr Menschen herbei, um den beiden zu helfen. Als die Menschentraube zu groß wurde, ließen die Regimekräfte sowohl von der Frau als auch von Parsa ab. Einer der Beamten rief: »Lasst sie gehen, macht nur Fotos von ihnen«, erinnert sich Parsa. Auch eine iranische Frauenaktivistin sagt anonym: »Es ist schlimmer geworden als vor dem Tod von Jina Amini.«

Was ist Hoffnung? Hoffnung ist innerer Widerstand gegen das Heute. Ein Hoffen auf etwas, das die Gegenwart besser macht. Nun leben wir aber immer in der Gegenwart, nicht in der Zukunft. Wir können nur in der Gegenwart etwas verändern, um die Zukunft besser zu machen. Wenn Hoffnung passiv ist, ist sie wertlos. Hoffnung muss tun bedeuten, nicht warten. Die Menschen im Iran tun bis heute alles, um die Zukunft des Landes besser zu machen; sie werden getötet, sie werden inhaftiert, sie werden gefoltert, misshandelt, vergewaltigt, unterdrückt. Sie leisten trotz allem Widerstand. All das für ein freies Leben. Sie sind dabei von der Welt alleingelassen, verraten worden. Darf man sie nach Hoffnung fragen?

»Ich weiß, dass dieses Regime fallen wird«, sagt Negin. »Es wird noch einen Atemzug in der Geschichte der Menschheit dauern.« Und dann: »Ich weiß nur nicht, ob ich das Ende dieses Atemzugs noch erleben werde.«

QUELLEN:

Shayan Sardarizadeh, Niko Kelbakiani, William McLennan, Jana Tauschinski, Joshua Cheetham & Kayleen Devlin: »Are Iranian schoolgirls being poisoned by toxic gas?«, BBC, 3.3.2023: https://www.bbc.com/news/world-middle-east-64829798

Teseo La Marca: »Anschläge auf iranische Schülerinnen. Giftrache der Göttesfürchtigen«, taz, 11.3.2023: https://taz.de/Anschlaege-auf-iranische-Schuelerinnen/!5918438/

Amnesty International: »Iran executes 853 people in eight-year high amid relentless repression and renewed ›war on drugs‹«, 4.4.2024: https://www.amnesty.org/en/latest/news/2024/04/iran-executes-853-people-in-eight-year-high-amid-relentless-repression-and-renewed-war-on-drugs/

Tehran Times: »Iran FM, EU Borrell meet in New York«, 20.9.2023: https://www.tehrantimes.com/news/489249/Iran-FM-EU-Borrell-meet-in-New-York

The Guardian: »Iranian teenager dies after alleged hijab encounter with officers, reports say«, 28. 10. 2023: https://www.theguardian.com/world/2023/oct/28/iranian-teenager-armita-geravand-dies-after-alleged-hijab-encounter-with-officers-reports-say
Rede von Khamenei im April 2023: https://www.youtube.com/watch?app=desktop&v=R_Gxsq9nW9k
Susan George, Nico Tabrizy & Jonathan Baran: »Iran expands public crackdown on women and girls, sparking public anger«, The Washington Post, 24. 4. 2024: https://www.washingtonpost.com/world/2024/04/25/iran-women-crackdown-morality-police/

DANK

Ich möchte Dankbarkeit ausdrücken, in einem Moment, in dem im Iran jeden Tag weiterhin Menschen unter diesem Regime leben. In einem Moment, in dem so viele dieser Menschen kämpfen, um das zu haben, was für uns normal ist: Freiheit. Denn Dankbarkeit entfaltet ihre stärkste Kraft in einem Moment, in dem man glaubt, es gäbe keinen Grund, dankbar zu sein. Diesen Gedanken hatte ich, als ich Anfang Januar 2023 dem Vater von Hamidreza Rouhi zuhörte. Hamidreza Rouhi war 19 Jahre alt, er hatte gerade begonnen zu studieren. Am 17. November 2022 wurde er in Teheran von Regimekräften erschossen. Fotos von ihm, wie er lachte, schelmisch, jugendlich, waren überall im Netz zu sehen. Ende Dezember wurde sein 40. Todestag begangen; er wurde zu einem großen Protest. Kurz darauf veröffentlichte sein Vater ein Video. Er sitzt auf einem Stuhl, hinter ihm Blumen und ein gemaltes Porträt seines Sohnes. Der Vater liest seinem Jungen einen Brief vor. »Wir und alle patriotischen Iraner sind stolz auf deinen Mut und auf deine Tapferkeit.« Und: »Im Namen des Gottes, der nach jeder Dunkelheit Licht erschafft.«

Es sind solche Geschichten, die mir den Mut gegeben haben, dieses Buch zu schreiben. Dieses Buch erscheint in der Mitte eines Prozesses, von dem niemand weiß, wie lange er dauert und wohin er führt. Es ist ein Wagnis, dachte ich zu Beginn des Schreibens im Dezember 2022, denn Revolutionen führen oft genug vom Regen in die

Traufe, das wissen die Menschen im Iran nur allzu gut. Ich bin dankbar, dass ich die Geschichten dieser Menschen aufschreiben durfte, weil ich glaube, dass sie es wert sind, gehört zu werden.

Ich danke dem S. Fischer Verlag, der die Idee für dieses Buch hatte, und der alle Hebel in Bewegung gesetzt hat, damit wir dieses Projekt ermöglichen. Ich danke meiner Lektorin Ulrike Holler, die Tag und Nacht im Einsatz war, über Weihnachten, an Silvester, zu den unmöglichsten Stunden, und die nie »nein« zu irgendeiner meiner Ideen sagte, die mitgefühlt und mitgelitten hat. Ohne sie wäre dieses Buch nie entstanden. Ich danke Jutta Himmelreich und Bianca Gackstatter, die in kürzester Zeit Texte übersetzt haben, und die den Ton so einfühlsam getroffen haben.

Ich danke meinen Kolleg*innen bei ISD Germany, die seit Beginn der Proteste im Iran stets voller Mitgefühl und Solidarität waren und meine Arbeit immer unterstützen.

Ich bin dankbar für meine Eltern, die mir beigebracht haben, dass Mitgefühl und Liebe nie im Widerspruch zu politischem Denken stehen, und für Sahba, dessen kreativer Geist mir, seit wir klein waren, Inspiration und Ansporn ist. Ich danke Mina joon, von der ich so viel über den Iran lerne, und ohne deren Klugheit und Humor ich nie unbeschadet durch diese intensive Zeit der Protestbewegung gekommen wäre. Ich bin dankbar für Franzi, Sham, Sahar, Ebru, Malin, Sylvie-Anne, Alex, Bijan, Floyd, Claudia, Mario, Shahrzad, Lena, Sarah, Rebecca, Anna-Lena, die immer in Freundschaft und Liebe da sind, auch in diesen schwierigen Zeiten. Ohne sie wäre alles nichts. Ich bin dankbar für Bernadette, die am Anfang jeder Reise steht, die mich leitet und lehrt, jeden Tag.

LISTE DER TODESOPFER

Während ich für dieses Buch die Geschichten aus dieser Protestbewegung recherchierte, war es, als nähme die Flut an Namen kein Ende; von Inhaftierten, von Getöteten, von Gewaltopfern. Anfang 2023 waren seit Beginn der Proteste mehr als 19.000 Menschen inhaftiert, mehr als 500 Menschen hat das Regime getötet. Ich kann nur die Geschichten eines Bruchteils dieser Menschen erzählen. Die Namen der Getöteten aber, dachte ich, will und kann ich hier aufschreiben. Yasmin Fattahiamin hat die Liste erstellt und aus verschiedenen Quellen zusammengesucht; ich habe sie ergänzt und editiert. Wir haben die Namen der Getöteten bis zum 7. Januar 2023 aufgelistet.

Es sind vor allem Menschenrechtsorganisationen und Exil-Medien, die die Namen der Todesopfer recherchiert und dokumentiert haben. Viele dieser Opfer, das zeigt die Liste, sind sehr jung. Besonders viele in ihrer frühen Adoleszenz, viele sogar minderjährig. Diese Liste zeigt auch, dass es überdurchschnittlich viele Getötete aus Sistan Belutschistan und aus Kurdistan gibt.

Das Problem mit der Dokumentation aus Sistan Belutschistan ist es, dass sehr viele Menschen keine Ausweispapiere haben, die Identifikation ist somit noch schwieriger. Die Menschenrechtsorganisation Hal Vash liefert Informationen aus Sistan Belutschistan – die ich aber oft nicht an anderer Stelle zusätzlich verifizieren konnte, weil aus der Region sehr wenige Informationen nach außen dringen.

Somit stand ich vor der Entscheidung, ob ich die Namen, die Hal Vash recherchiert hat, hier nenne. Ich habe mich dafür entschieden. Aufgrund der Armut und der Unterdrückung durch das Regime wurden die Opfer aus diesem Teil des Landes zu lange nicht wahrgenommen, zu lange vergessen. Das möchte ich nicht tun.

Die Quelle steht hinter den jeweiligen Namen; bei vielen der Gelisteten ist der Verifizierungsvorgang von Seiten der Menschenrechtsorganisation HRANA noch nicht abgeschlossen. Das spricht weniger dafür, dass die Informationen nicht stimmen, sondern hat vielmehr damit zu tun, dass die Verifizierung oft schwierig ist. Einmal wegen der Armut in manchen Regionen (und damit der schlechten Erreichbarkeit der Angehörigen), aber auch, weil das iranische Regime alles daran setzt, Beweise verschwinden zu lassen. Bei manchen Opfern, bei denen es zum Beispiel keine Papiere gibt, fehlt das Alter.

Diese Liste ist, das kann ich wohl sicher sagen, nicht vollständig. Aber so vollständig wie möglich.

HRANA = Human Rights Activists News Agency; KHRN = Kurdistan Human Rights Network; Kurdpa = Kurdistan Press Agency; AI = Amnesty International; IHR = Iran Human Rights

1 Jina Mahsa Amini (22) † 16.9.22, Teheran, in Haft gestorben
2 Foad Ghadimi (39) † 18.9.22, Divandarreh, erschossen (KHRN)
3 Reza Lotfi (~25) † 19.9.22, Dehgolan, erschossen (HRANA)
4 Mohsen Mohammadi (28) † 19.9.22, Divandarreh, erschossen (HRANA)
5 Hajar Abbasi (~70) † 19.9.22, Mahabad, erschossen (HRANA)
6 Fardin Bakhtiari † 19.9.22, Sanandaj, erschossen (IranWire)
7 Fereydoun Mahmoudi (32) † 19.9.22, Saqqez, erschossen (HRANA)
8 Aysan Madan pasand † 19.9.22, Tabriz, erschlagen (HRANA)
9 Iman Behzadpour (25) † 19.9.22, Teheran, erschossen (HRANA)
10 Farjad Darvishi (23) † 20.9.22, Urmia, erschossen (HRANA)
11 Mino Majidi (62) † 20.9.22, Kermanshah, erschossen (HRANA)
12 Reza Shahparnia (20) † 20.9.22, Kermanshah, erschossen (Iran Wire)

13 Zakaria Khayal (Soleimani) (16) † 20.9.22, Piranshahr, erschossen (HRANA)
14 Mohsen Mohammadi Kochaksaraei (37) † 20.9.22, Qaemshahr, erschossen (HRANA)
15 Farzin Lotfi (35) † 20.9.22, Rezvanshahr, erschossen (IranWire)
16 Sasan Bagheri † 20.9.22, Rezvanshahr, erschossen (HRANA)
17 Nika Shakarami (16) † 20.9.22, Teheran, Todesursache ungeklärt (IranWire)
18 Mohammad Hassan Torkaman (27) † 21.9.22, Babol, erschossen (IranWire)
19 Danesh Rahnama (25) † 21.9.22, Urmia, erschossen (HRANA)
20 Mohammad Falah (33) † 21.9.22, Amol, erschossen (HRANA)
21 Erfan Rezaei Navai (21) † 21.9.22, Amol, erschossen (HRANA)
22 Ghazaleh Chalavi (32) † 21.9.22, Amol, erschossen (IranWire)
23 Milad Zare (25) † 21.9.22, Babol, Todesursache ungeklärt (HRANA)
24 Abolfazl Mehdipour Roshan (~20) † 21.9.22, Babol, erschossen (HRANA)
25 Mohammad Hasan Turkaman (27) † 21.9.22, Babol, erschossen (HRANA)
26 Amir Mohammad Nowrozi (16) † 21.9.22, Bandar Anzali, erschossen (IranWire)
27 Amir Ali (Anoushirvan) Fuladi (16) † 21.9.22, Eslamabad-e-Gharb, erschossen (Kurdpa)
28 Saeed Mohammadi (21) † 21.9.22, Eslamabad-e-Gharb, erschossen (Kurdpa)
29 Iman Mohammadi (~30) † 21.9.22, Eslamabad-e-Gharb, erschossen (Kurdpa)
30 Kanan Aghaei (20) † 21.9.22, Karaj,erschossen (HRANA)
31 Rozbeh Khadamiyan (31) † 21.9.22, Karaj, erschossen (HRANA)
32 Hadis Najafi (20) † 21.9.22, Karaj, erschossen (IranWire)
33 Amir Hossein Basati (15) † 21.9.22, Kermanshah, erschossen (Kurdpa)
34 Seyyed Abbas Mirmousavi † 21.9.22, Langrud, erschossen (HRANA)
35 Arash Pahlavan (27) † 21.9.22, Mashhad, erschossen (HRANA)
36 Mehrzad Avazpour Kakrodi (Behnam Rad) † 21.9.22, Nowshahr, erschossen (AI)
37 Mohsen Mal Mir † 21.9.22, Nowshahr, erschossen (HRANA)
38 Amirhossein Shams Nateri † 21.9.22, Nowshahr, erschossen (HRANA)
39 Hanane Kiakajuri (23) † 21.9.22, Nowshahr, erschossen (IranWire)
40 Milan Haghighi (21) † 21.9.22, Oshnavieh, erschossen (HRANA)
41 Amin Maarofi (16) † 21.9.22, Oshnavieh, erschossen (HRANA)
42 Sadruddin Litani (27) † 21.9.22, Oshnavieh, erschossen (IranWire)
43 Abulfazl Baho (17) † 21.9.22, Qaemshahr, erschossen (HRANA)
44 Rahim Kalij (25) † 21.9.22, Qaemshahr, erschossen (HRANA)

45 Alireza Fathi (26) † 21.9.22, Qazvin, erschossen (HRANA)
46 Mehdi Babr Nejad (22) † 21.9.22, Quchan, erschossen (1500tasvir)
47 Amir Hossein Mahdavi † 21.9.22, Rasht, körperl. Misshandlung (HRANA)
48 Mohammadreza Sarvari (14) † 21.9.22, Rey, erschossen (HRANA)
49 Yasin Jamalzadeh (29) † 21.9.22, Rezvanshahr, erschossen (IranWire)
50 Mohsen Kaysari (32) † 21.9.22, Ilam, erschossen (IranWire)
51 Abdullah Mahmoudpour (17) †21.9.22, Urmia, erschossen (IranWire)
52 Roshana Ahmadi † 21.9.22, Bukan, erschossen (HRANA)
53 Erfan Khazai (30) † 21.9.22, Shahriar, erschossen (HRANA)
54 Mohammad Reza Eskandari (25) † 21.9.22, Varamin, erschossen (IranWire)
55 Seyyed Mehdi Mousavi Niko (16) † 21.9.22, Zanjan, erschossen (IranWire)
56 Mehrab Dolat Panah † 21.9.22, Talesh, erschossen (HRANA)
57 Behnam Layegh por (37) † 21.9.22, Rasht, erschossen (IranWire)
58 Ali Mozzafari (17) † 21.9.22, Quchan, erschossen (IranWire)
59 Omid Barzegar † 21.9.22, Teheran, erschossen (HRANA)
60 Mohammad Amin Takeli † 21.9.22, Teheran, von Tränengasgranate getroffen (HRANA)
61 Hadis Abdi (16) † 21.9.22, Urmia, körperl. Misshandlung (HRANA)
62 Matin Abdullahpour (16) † 21.9.22, Urmia, Todesursache ungeklärt (IranWire)
63 Mohsen Pazouki (22) † 21.9.22, Varamin, erschossen (HRANA)
64 Mehrdad Ghorbani (18) † 21.9.22, Zanjan, erschossen (HRANA)
65 Mehrab Najafi † 21.9.22, Zarinshahr, Todesursache ungeklärt (HRANA)
66 Seyyed Sina Loh Mousavi (~20) † 21.9.22, Amol, erschossen (HRANA)
67 Pedram Azarnoush (16), † 22.9.22, Kohgiluye und Boyer Ahmad (Provinz), erschossen (IranWire)
68 Shirin Alizadeh (35) † 22.9.22, Chalus, erschossen (HRANA)
69 Esmail Heydari (18) † 22.9.22, Chalus, Todesursache ungeklärt (HRANA)
70 Pedram Azarnoosh (18) † 22.9.22, Dehdasht, erschossen (HRANA)
71 Mehrdad Behnam Asl (27) † 22.9.22, Dehdasht, erschossen (HRANA)
72 Arvin Malmali Golzari (~18) † 22.9.22, Fuladshahr, Todesursache ungeklärt (HRANA)
73 Mahsa Mogoyi (18) † 22.9.22, Fuladshahr, erschossen (HRANA)
74 Ahmadreza Gholji (17) † 22.9.22, Hamedan, Todesursache ungeklärt (HRANA)
75 Mehdi Leilazi † 22.9.22, Karaj, erschossen (HRANA)

76 Mehrdad Avazpour † 22.9.22, Nowshahr, erschossen (HRANA)
77 Mohammad Zarei † 22.9.22, Qarchak, erschossen (HRANA)
78 Javad Heydari (39) † 22.9.22, Qazvin, erschossen (HRANA)
79 Maziar Salmanian † 22.9.22, Rasht, Todesursache ungeklärt (HRANA)
80 Mohammad Zamani (16) † 22.9.22, Teheran, Todesursache ungeklärt (HRANA)
81 Sasan Ghorbani (32) † 22.9.22, Rezvanshahr, erschossen (IranWire)
82 Mohammad Hosseini Khah (~20) † 22.9.22, Sari, erschossen (HRANA)
83 Mustafa Shamlou (21) 22.9.22, Teheran, Todesursache ungeklärt (HRANA)
84 Setareh Tajik (17) † 22.9.22, Teheran, körperl. Misshandlung (HRANA)
85 Seyyedeh Amene Vahdat Hosseini † 23.9.22, Karaj, Todesursache ungeklärt (HRANA)
86 Hadiye Naimani (25) † 23.9.22, Nowshahr, erschossen (HRANA)
87 Parsa Rezadoost (17) † 23.9.22, Hashtgerd, erschossen (IranWire)
88 Seyyed Alireza Hosseini (26) † 23.9.22, Teheran, erschossen (HRANA)
89 Ehsan Alibazi (16) † 23.9.22, Qods, erschossen (HRANA)
90 Javad Khansari (36) † 23.9.22, Teheran, Todesursache unbekannt (HRANA)
91 Mohammad Javad Zahedi Saravi (20) † 23.9.22, Sari, erschossen (HRANA)
92 Hamid Foulavand † 23.9.22, Varamin, erschossen (HRANA)
93 Mahmoud Keshvari (35) † 23.9.22, Karaj, Todesursache ungeklärt (HRANA)
94 Pooya (Ali) Ahmadpour Pasikhani (17) † 23.9.22, Rasht, erschossen (HRANA)
95 Sarina Ismailzadeh (16) † 23.9.22, Karaj, Todesursache ungeklärt (IranWire)
96 Mohammad Hossein Sarvi † 24.9.22, Garmsar, Todesursache ungeklärt (IranWire)
97 Morteza Nowrozi (22) † 24.9.22, Langrud, erschossen (HRANA)
98 Mehdi Asgari (25) † 24.9.22, Garmsar, erschossen (IranWire)
99 Hossein Ali Kia Kajuri (23) † 24.9.22, Nowshahr, erschossen (IranWire)
100 Siavash Mahmoudi (16) † 25.9.22, Teheran, erschossen (IranWire)
101 Mohammad Jameh Bozorg † 25.9.22, Karaj, erschossen (BBC)
102 Mohammad Hossein Marevatti (18) † 25.9.22, Varamin, erschossen (HRANA)
103 Abdolsalam Ghader Golvani (32) † 26.9.22, Oshnavieh, Todesursache ungeklärt (Kurdpa)
104 Amirreza Naderzadeh (19) † 28.9.22, Nowshahr, Todesursache ungeklärt (HRANA)

105 Amir Mahdi Farokhipour (17) † 28. 9. 22, Teheran, Todesursache ungeklärt (HRANA)
106 Amir Mehdi Farrokhipour (17) † 28. 9. 22, Teheran, erschossen (IranWire)
107 Samad Barghinia (52) † 29. 9. 22, Piranshahr, erschossen (Kurdpa)
108 Erfan Nazarbeigi † 29. 9. 22, Teheran, Todesursache ungeklärt (HRANA)
109 Hamid Sanei Pour (30) † 29. 9. 22, Hamedan, erschossen (HRANA)
110 Saman Ghadirpour (37) † 29. 9. 22, Teheran, Folter (HRANA)
111 Morteza Soltanian (34) † 29. 9. 22, Teheran, Folter (HRANA)
112 Esmaeil Abil † 30. 9. 22, Zahedan, Todesursache ungeklärt (Hal Vash)
113 Abubakr Alizehi (25) † 30. 9. 22, Zahedan, erschossen (Hal Vash)
114 Lal Mohammad Anshani † 30. 9. 22, Zahedan, Todesursache ungeklärt (HRANA)
115 Mehdi Anshini † 30. 9. 22, Zahedan, Todesursache ungeklärt (HRANA)
116 Lal Mohammad Anshini † 30. 9. 22, Zahedan, Todesursache ungeklärt (Hal Vash)
117 Balal Anshini † 30. 9. 22, Zahedan, Todesursache ungeklärt (HRANA)
118 Soleiman Arab † 30. 9. 22, Zahedan, Todesursache ungeklärt (Hal Vash)
119 Abdolrahman Baluchikhah † 30. 9. 22, Zahedan, erschossen (IranWire)
120 Amin Gale Bache † 30. 9. 22, Zahedan, erschossen (HRANA)
121 Danial Shah Bakhsh (11) † 30. 9. 22, Zahedan, erschossen (Hal Vash)
122 Yaser Shah Bakhsh † 30. 9. 22, Zahedan, Todesursache ungeklärt (Hal Vash)
123 Omran Shah Bakhsh † 30. 9. 22, Zahedan, Todesursache ungeklärt (HRANA)
124 Farzad Shah Bakhsh † 30. 9. 22, Zahedan, erschossen (Hal Vash)
125 Ahmad Shah Bakhsh † 30. 9. 22, Zahedan, Todesursache ungeklärt (HRANA)
126 Abdul Malek Shah Bakhsh † 30. 9. 22, Zahedan, Todesursache ungeklärt (HRANA)
127 Mohioddin Shah Bakhsh † 30. 9. 22, Zahedan, Todesursache ungeklärt (HRANA)
128 Majid Balochzehi Shah Bakhsh † 30. 9. 22, Zahedan, Todesursache ungeklärt (HRANA)
129 Ali Akbar Halgheh Begoosh † 30. 9. 22, Zahedan, Todesursache ungeklärt (HRANA)
130 Mostafa Berichi (24) † 30. 9. 22, Zahedan, erschossen (Hal Vash)
131 Mahmoud Brahui (18) † 30. 9. 22, Zahedan, Todesursache ungeklärt (HRANA)
132 Ali Akbar Brahoei † 30. 9. 22, Zahedan, Todesursache ungeklärt (Hal Vash; nicht bestätigt)

133 Ali Brahoei (14) † 30.9.22, Zahedan, erschossen (Hal Vash)
134 Mohammad Brahoei † 30.9.22, Zahedan, Todesursache ungeklärt (Hal Vash)
135 Abdul Samad Brahoei (eydozehi) † 30.9.22, Zahedan, Todesursache ungeklärt (Hal Vash)
136 Abdul Ghafoor Dehmordeh † 30.9.22, Zahedan, Todesursache ungeklärt (Hal Vash)
137 Amir Mohammad Gamshadzehi † 30.9.22, Zahedan, Todesursache ungeklärt (HRANA)
138 Mohammad Ali Gamshadzehi (18) † 30.9.22, Zahedan, Todesursache ungeklärt (IranWire)
139 Mohammad Amin Gamshad Zehi (17) † 30.9.22, Zahedan, Todesursache ungeklärt (Hal Vash)
140 Salahedin Gamshadzehi (27) † 30.9.22, Zahedan, erschossen (Hal Vash)
141 Mohsen Gamshadzehi † 30.9.22, Zahedan, Todesursache ungeklärt (Hal Vash)
142 Ebrahim Gargij † 30.9.22, Zahedan, Todesursache ungeklärt (HRANA)
143 Saeed Gargij † 30.9.22, Zahedan, Todesursache ungeklärt (HRANA)
144 Aminollah Ghaljaei † 30.9.22, Zahedan,erschossen (IranWire)
145 Mohammad Ghaljaee † 30.9.22, Zahedan (IranWire)
146 Jalil Ghanbarzehi † 30.9.22, Zahedan, Todesursache ungeklärt (Hal Vash)
147 Matin Ghanbarzehi (18) † 30.9.22, Zahedan, erschossen (Hal Vash)
148 Mohammad Gholjaei † 30.9.22, Zahedan, Todesursache ungeklärt (HRANA)
149 Aminullah Gholjaei † 30.9.22, Zahedan, Todesursache ungeklärt (HRANA)
150 Samer Hashemzehi (16) † 30.9.22, Zahedan, erschossen (Hal Vash)
151 Sami Hashemzehi (33) † 30.9.22, Zahedan, Todesursache ungeklärt (HRANA)
152 Azizollah Kebdani † 30.9.22, Zahedan, Todesursache ungeklärt (Hal Vash)
153 Abdul Rahman Baluchi Khah † 30.9.22, Zahedan, Todesursache ungeklärt (HRANA)
154 Nematollah Kabdani † 30.9.22, Zahedan, erschossen (Hal Vash)
155 Sadis Keshani (14) † 30.9.22, Zahedan, Todesursache ungeklärt (Hal Vash)
156 Jalil Mohammadzehi † 30.9.22, Zahedan, Todesursache ungeklärt (HRANA)
157 Abubakr Nahtani † 30.9.22, Zahedan, erschossen (HRANA)
158 Musa Nahtani (Anshini) † 30.9.22, Zahedan, Todesursache ungeklärt (Hal Vash)
159 Mohammad Sedigh (Rafe) Naroei (23) † 30.9.22, Zahedan, erschossen (Hal Vash)

160 Hamzeh Naroei † 30.9.22, Zahedan, erschossen (Hal Vash)
161 Hamid Naroei (?.) † 30.9.22, Zahedan, Todesursache ungeklärt (Hal Vash)
162 Hamzeh Naroei (26) † 30.9.22, Zahedan, Todesursache ungeklärt (HRANA)
163 Ali Agheli (Naroei) (28) † 30.9.22, Zahedan, Todesursache ungeklärt (Hal Vash)
164 Yunes Naroei † 30.9.22, Zahedan, Todesursache ungeklärt (Hal Vash; nicht bestätigt)
165 Hasti Naroei (6) † 30.9.22, Zahedan, erstickte, nachdem sie von Tränengasgranate getroffen wurde (Hal Vash)
166 Abdollah Naroei † 30.9.22, Zahedan, Todesursache ungeklärt (Hal Vash)
167 Hamid Naroei † 30.9.22, Zahedan, Todesursache ungeklärt (HRANA)
168 Musa Doira (Naroei) (18) † 30.9.22, Zahedan, erschossen (Hal Vash)
169 Abdul Vahid Tohid Nia † 30.9.22, Zahedan, erschossen (Hal Vash)
170 Abdul Ghafoor Noor brahoei (39) † 30.9.22, Zahedan, erschossen (Hal Vash)
171 Gholam Nabi Notizehi † 30.9.22, Zahedan, Todesursache ungeklärt (Baloch Activists Campaign)
172 Javad Poosheh (11) † 30.9.22, Zahedan, erschossen (Hal Vash)
173 Abdulmanan Rakhshani † 30.9.22, Zahedan, Todesursache ungeklärt (Hal Vash)
174 Mohammad Rakhshani (12) † 30.9.22, Zahedan, erschossen (Hal Vash)
175 Jalil Rakhshani (~20) † 30.9.22, Zahedan, erschossen (Hal Vash)
176 Mansour Rakhshani (23) † 30.9.22, Zahedan, Todesursache ungeklärt (HRANA)
177 Mohammad Farogh Rakhshani † 30.9.22, Zahedan, Todesursache ungeklärt (HRANA)
178 Balal Rakhshani † 30.9.22, Zahedan, erschossen (HRANA)
179 Abdul Jalil Rakhshani (20) † 30.9.22, Zahedan, erschossen (HRANA)
180 Heydar Naroei Rashid † 30.9.22, Zahedan, Todesursache ungeklärt (HRANA)
181 Mohammad Rigi † 30.9.22, Zahedan, Todesursache ungeklärt (HRANA)
182 Gangozehi Rigi) † 30.9.22, Zahedan, Todesursache ungeklärt (HRANA)
183 Behzad Rigi (30) † 30.9.22, Zahedan, erschossen (Hal Vash)
184 Amirhossein Parnian (Mirkazehi Rigi) (19) † 30.9.22, Zahedan, erschossen (Hal Vash)
185 Omid Safarzehi (17) † 30.9.22, Zahedan, erschossen (Hal Vash)
186 Omid Sarani (13) † 30.9.22, Zahedan,erschossen (Hal Vash)
187 Ahmad Sarani (Jama Alizehi) (26) † 30.9.22, Zahedan, erschossen (Hal Vash)

188 Ahmad Sargolzaei † 30. 9. 22, Zahedan, Todesursache ungeklärt (HRANA)
189 Yaser Shahouzehi (16) † 30. 9. 22, Zahedan, erschossen (Hal Vash)
190 Mohammad Omar Shahnavazi † 30. 9. 22, Zahedan, erschossen (HRANA)
191 Abdul Khalegh (Omar) Shahnavazi (35) † 30. 9. 22, Zahedan, erschossen (Hal Vash)
192 Amirhamzeh Shahnavazi † 30. 9. 22, Zahedan, Todesursache ungeklärt (HRANA)
193 Mahmoud Shahnavazi † 30. 9. 22, Zahedan, Todesursache ungeklärt (HRANA)
194 Abdul Majid Rigi (Shahouzehi) (27) † 30. 9. 22, Zahedan, erschossen (HRANA)
195 Omid Shahnavazi † 30. 9. 22, Zahedan, Todesursache ungeklärt (HRANA)
196 Mohammad Eghbal Nayeb Zehi Shahnavazi (16) † 30. 9. 22, Zahedan, erschossen (Hal Vash)
197 Jaber Shirouzehi (12) † 30. 9. 22, Zahedan, erschossen (HRANA)
198 Najmeddin Tajik † 30. 9. 22, Zahedan, Todesursache ungeklärt (Hal Vash)
199 Khalil Ghanbarzahi tanha † 30. 9. 22, Zahedan, Todesursache ungeklärt (HRANA)
200 Mohammad Reza Adib Totazehi (25) † 30. 9. 22, Zahedan, Todesursache ungeklärt (Hal Vash)
201 Abdul Samad Sabeti zadeh (Shahouzehi) (27) † 30. 9. 22, Zahedan, erschossen (Hal Vash)
202 Lal Mohammad Ali Zehi † 30. 9. 22, Zahedan, erschossen (HRANA)
203 Hamid Isa Zehi † 30. 9. 22, Zahedan, Todesursache ungeklärt (HRANA)
204 Omran Hassan Zehi (18) † 30. 9. 22, Zahedan, erschossen (Hal Vash)
205 Omid Sarani (~12) † 30. 9. 22, Zahedan, erschossen (HRANA)
206 Mohammad Ali Ismaeil Zehi † 30. 9. 22, Zahedan, Todesursache ungeklärt (HRANA)
207 Abdullah Shahbakhsh † 30. 9. 22, Zahedan, erschossen (IranWire)
208 Jamal Abdul Naser † 30. 9. 22, Zahedan, erschossen (IranWire)
209 Mahoddin Shirouzehi † 30. 9. 22, Zahedan, erschossen (IranWire)
210 Poya Rajab Nia (24) † 1. 10. 22, Babolsar, Todesursache ungeklärt (HRANA)
211 Mokhtar Ahmadi (19) † 1. 10. 22, Marivan, erschossen (IranWire)
212 Ali Akbar Rabiei (40) † 02. 10. 22, Isfahan, erschossen (HRANA)
213 Ehsan Khan Mohammadi (29) † 01. 10. 22, Teheran, erschossen (HRANA)
214 Kamran Shahbazi (~35) † 2. 10. 22, Karaj, erschlagen (HRANA)
215 Khodanoor Lajei (27) † 2. 10. 22, Zahedan, erschossen (IranWire)
216 Salman Maleki (25) † 2. 10. 22, Zahedan, erschossen (Hal Vash)

217 Arman Hassan Zehi † 2. 10. 22, Zahedan, Todesursache ungeklärt (HRANA)
218 Morteza Hassan Zehi † 2. 10. 22, Zahedan, Todesursache ungeklärt (HRANA)
219 Zulfaghar Hasan Zehi † 2. 10. 22, Zahedan, Todesursache ungeklärt (HRANA)
220 Mahmoud Hassan Zehi † 2. 10. 22, Zahedan, Todesursache ungeklärt (HRANA)
221 (Vorname unbekannt) Mirshekar (2) † 3. 10. 22, Zahedan, Todesursache ungeklärt (HRANA)
222 Nima Shafagh Dost (16) † 05. 10. 22, Urmia, erschossen (IranWire)
223 Emad Heydari (31) † 06. 10. 22, Ahvaz, in Haft gestorben (HRANA)
224 Amir Mahdi Hasani (23) † 7. 10. 22, Quchan, verbrannt (HRANA)
225 Sepehr Sharifi Torghabe (20) † 7. 10. 22, Teheran, erschossen (HRANA)
226 Negin Salehi (26) † 8. 10. 22, Teheran, erschlagen (HRANA)
227 Mohammad Amini (~33) † 8. 10. 22, Sanandaj, erschossen (Kurdpa)
228 Dariush Alizadeh † 8. 10. 22, Sanandaj, erschossen (IHR)
229 Peyman Manbari (29) † 8. 10. 22, Sanandaj, erschossen (Kurdpa)
230 Mohsen Mousavi (32) † 08. 10. 22, Teheran, körperl. Misshandlung (HRANA)
231 Yahya Rahimi (Sarab Shahrak) † 8. 10. 22, Sanandaj, erschossen (IranWire)
232 Aynaz Javaheri (15) † 8. 10. 22, Kermanshah, Todesursache ungeklärt (HRANA)
233 Seyyed Ahmad Shokrollahi (24) † 09. 10. 22, Isfahan, erschossen (HRANA)
234 Aref Gholampour † 09. 10. 22, Lasht-e Nesha, erschossen (HRANA)
235 Arian Moridi (~20) † 9. 10. 22, Salas Babajani, erschossen (HRANA)
236 Esmail Dezvar † 09. 10. 22, Saqqez, in Haft gestorben (HRANA)
237 Esmaeil Dezvar † 10. 10. 22, Saqqez, Folter (HRANA)
238 Farzin Farrokhi † 10. 10. 22, Saqqez, erschossen (HRANA)
239 Elahe Saeeidi (18) † 10. 10. 22, Saqqez, Todesursache ungeklärt (HRANA)
240 Abolfazl Adinezadeh (17) †12. 10. 22, Mashhad, erschossen (BBC)
241 Mehregan Zahmatkesh † 12. 10. 22, Rasht, Todesursache ungeklärt (HRANA)
242 Asra Panahi Khangah (15) † 12. 10. 22, Ardabil, erschlagen (HRANA)
243 Kamal Feghhi (46) † 12. 10. 22, Bukan, erschossen (Kurdpa)
244 Nagin Abdul Maleki (21) † 12. 10. 22, Hamedan, erschlagen (HRANA)
245 Sina Naderi (23) † 12. 10. 22, Kermanshah, erschossen (Kurdpa)

246 Armin Sayadi (17) † 12. 10. 22, Kermanshah, erschossen (Kurdpa)
247 Farzaneh Kazemi † 12. 10. 22, Qazvin, erschossen (HRANA)
248 Mohammad Rasul Momenizadeh (23) † 12. 10. 22, Rasht, erschossen (HRANA)
249 Seyyed Mohammad Hosseini † 12. 10. 22, Saqqez, vom Auto überfahren (KHRN)
250 Aziz Moradi (~50) † 12. 10. 22, Sanandaj, erschossen (Kurdpa)
251 Hamed Baji Zehi (Brahoei) † 17. 10. 22, Zahedan, in Haft getötet (HRANA)
252 Mohammad Abdollahi (36) † 17. 10. 22, Ilam, Folter (IranWire)
253 Seyyed Alireza Hosseini (23) † 19. 10. 22, Teheran, erschossen (HRANA)
254 Esmail Shanbedi (29) † 19. 10. 22, Shiraz, nach körperl. Misshandlung erschossen (HRANA)
255 Ramin Karami (31) † 20. 10. 22, Kermanshah, erschossen (KHRN)
256 Ramin Fatehi (~50) † 21. 10. 22, Sanandaj, Folter (KHRN)
257 Sina Malayeri (~34) † 22. 10. 22, erschlagen (HRANA)
258 Mohammad Khajavi (38) † 22. 10. 22, Dezful, erschossen (HRANA)
259 Arnika Ghaem Maghami (17) † 22. 10. 22, Teheran, erschlagen (HRANA)
260 Sadaf Movahedi (17) † 24. 10. 22, Teheran, erschlagen (HRANA)
261 Navid Badpa (23) † 24. 10. 22., Teheran, erschlagen (HRANA)
262 Ebrahim Mirzaei (42) † 25. 10. 22, Sanandaj, von Tränengasgranate getroffen (Hengaw)
263 Parmis Homnava (~14) † 25. 10. 22, Iranshahr, erschlagen (HRANA)
264 Mohammad Keyvan Darvishi (42) † 26. 10. 22, Sanandaj, erschossen (HRANA)
265 Hadi Hagh shenas † 26. 10. 22, Isfahan, Todesursache ungeklärt (HRANA)
266 Hamidreza Malmir † 26. 10. 22, Malard, Todesursache ungeklärt (HRANA)
267 Behnaz Afshari (~20) † 26. 10. 22, Pakdasht, Todesursache ungeklärt (HRANA)
268 Seyyed Ali Seyyedi (25) † 26. 10. 22, Parand, erschossen (HRANA)
269 Mohammad Lotf Elahi † 26. 10. 22, Sanandaj, erschossen (HRANA)
270 Mehrshad Shahidinejhad Monfared Teherani (19) † 26. 10. 22, Arak, erschlagen (HRANA)
271 Esmaeil (Semko) Molodi (35) † 26. 10. 22, Mahabad, erschossen (Kurdpa)
272 Afshin Aasham (28) † 26. 10. 22, Qasreshirin, erschossen (Kurdpa)
273 Maedeh Javanfar (28) † 26. 10. 22, Rasht, Todesursache ungeklärt (HRANA)
274 Mohammad Shariati (25) † 26. 10. 22, Sanandaj, erschossen (Kurdpa)
275 Parisa Bahmani †26. 10. 22., Teheran, erschossen (IHR)

276 Sarina Saedi (16) † 27. 10. 22, Sanandaj, erschlagen (Kurdpa)
277 Fereydoun Faraji (28) † 27. 10. 22, Baneh, erschossen (Kurdpa)
278 Motaleb Saeed Peiro (40) † 27. 10. 22, Baneh, erschossen (Kurdpa)
279 Morteza (Nachname unbekannt) (14) † 27. 10. 22, Jam, erschossen (HRANA)
280 Zaniar Abubakri † 27. 10. 22, Mahabad, erschossen (Kurdpa)
281 Shahu Khezri † 27. 10. 22, Mahabad, erschossen (Kurdpa)
282 Kobra Sheikh Sagha (Sheikhi) (52) † 27. 10. 22, Mahabad, erschossen (Kurdpa)
283 Fereshte Ahmadi (33) † 27. 10. 22, Mahabad, erschossen (Kurdpa)
284 Adel Kochakzaei (Berichi) (15) † 28. 10. 22, Zahedan, erschossen (Hal Vash)
285 Omid Naroei (15) † 28. 10. 22, Zahedan, erschossen (Hal Vash)
286 Masoud Ahmadzadeh † 28. 10. 22, Mahabad, erschossen (Kurdpa)
287 Dastan Rasol † 28. 10. 22, Baneh, erschossen (HRANA)
288 Fardin Abdkhoda † 30. 10. 22, Saghez, erschossen (HRANA)
289 Kumar Daroftadeh (16) † 30. 10. 22, Piranshahr, erschossen (Kurdpa)
290 Diana Mahmoudi (~8) † 30. 10. 22, Piranshahr, erschossen (HRANA)
291 Mohammad Saremi † 31. 10. 22, Borujerd, erschossen (HRANA)
292 Yousef Raisi † 31. 10. 22, Lashar, Folter (HRANA)
593 Mansour Hormozi (24) † 31. 10. 22, Zahedan, erschossen (Hal Vash)
294 Nasim Sedghi (23) † 01. 11. 22, Urmia, erschossen (IranWire)
295 Mohammad Hossein Faraji † 1. 11. 22, Teheran, erschossen (HRANA)
296 Mohammadreza Bali Lashek (Lasheki) † 2. 11. 22, Nowshahr, von Tränengasgranate getroffen (HRANA)
297 Momen Zand Karimi (18) † 02. 11. 22, Sanandaj, erschossen (Kurdpa)
298 Milad Zamani (31) † 2. 11. 22, Karaj, erschlagen (HRANA)
299 Darya Nazmdeh (27) † 3/4. 11. 22, Karaj, vermutlich erschlagen (IranWire)
300 Mohammad Amin Hashmatian † 3. 11. 22, Karaj, Todesursache ungeklärt (HRANA)
301 Mehran Shekari (Noei) † 3. 11. 22, Karaj, Todesursache ungeklärt (HRANA)
302 Nima Noori (18) † 3. 11. 22, Karaj, erschossen (HRANA)
303 Erfan Zamani (~23) † 3. 11. 22, Lahijan, erschossen (HRANA)
304 Yaser Naroei (25) † 3. 11. 22, Zahedan, erschossen (HRANA)
305 Ali Rozbahani (~34) † 04. 11. 22, Teheran, erschossen (HRANA)
306 Yaser Bahador Zehi (17) † 4. 11. 22, Khash, Infolge der Schießerei von IRGC (Hal Vash)
307 Mohammad Shah Bakhsh (Mirbaluch Zehi) † 4. 11. 22, Khash, erschossen (HRANA)

308 Sadegh Aramesh (Brahoei) † 4. 11. 22, Khash, erschossen (HRANA)
309 Azim Mahmoudzehi (37) † 4. 11. 22, Khash, erschossen (Baluch Activists Campaign)
310 Mobin Mirkazehi (14) † 4. 11. 22, Khash, erschossen (HRANA)
311 Ali Kurd Kulahouri (Moradzehi) (25) † 4. 11. 22, Khash, erschossen (Hal Vash)
312 Younes Salahshuran (Mirbaluch Zehi) † 4. 11. 22, Khash, Todesursache ungeklärt (HRANA)
313 Kambiz Rigi † 4. 11. 22, Khash, erschossen (HRANA)
314 Rahim Dad Shahlibar † 4. 11. 22, Khash, Todesursache ungeklärt (HRANA)
315 Abdul Malek Shahnavazi (Kamal Khan Zehi) † 4. 11. 22, Khash, vermutlich erschossen (HRANA)
316 Saeed Sohrab Zehi † 4. 11. 22, Khash, erschossen (HRANA)
317 Nasrin Ghaderi (38) 04. 11. 22, Teheran, erschlagen (HRANA)
318 Abbas Shafiei (43) † 5. 11. 22, Kamalshahr, erschossen (BBC)
319 Mohammad Ghaemi Far (18) † 6. 11. 22, Dezful, erschossen (HRANA)
320 Mohammad Hossein Salari † 6. 11. 22, Mahshahr, erschossen (HRANA)
321 Komeil Amir Khanlo (27) † 8. 11. 22, Karaj, erschossen (HRANA)
322 Mohammad Reza Ferdowsi (24) † 8. 11. 22, Qarchak, Selbstverbrennung (HRANA)
323 Alireza Karimi (20) † 9. 11. 22, Arak, erschlagen (HRANA)
324 Sam (Sephehr) Biranvand (20) † 9. 11. 22, Khorramabad, erschossen (HRANA)
325 Fayegh mam ghaderi (37) † 9. 11. 22, Mahabad, erschossen (Kurdpa)
326 Ardalan Ghasemi (48) † 10. 11. 22, Kermanshah, erschossen (HRANA)
327 Mohammad Hossein Hajiani (~27) † 11. 11. 22, Bushehr, erschlagen (HRANA)
328 Saman Rahmani (28) † 11. 11. 22, Teheran, erschlagen (Hengaw)
329 Hemin Hamzeh (30) † 11. 11. 22, Sardasht, erschossen (KHRN)
330 Yalda Aghafazli (19), † 11. 11. 22, Teheran, vermeintlicher Suizid nach Haftentlassung (IHR)
331 Hamid Goli (46) † 13. 11. 22, Teheran, körperl. Misshandlung (Kurdpa)
332 Saeed Asadi (~23) † 15. 11. 22, Bojnurd, erschossen (HRANA)
333 Saman Ghader Beigi (33) † 15. 11. 22, Bukan, erschossen (Kurdpa)
334 Fuad Mohammadi (~38) † 15. 11. 22, Kamyaran, erschossen (Kurdpa)
335 Isa Bigleri (39) † 15. 11. 22, Sanandaj, erschossen (Kurdpa)
336 Zaniar Allah Moradi (26) † 15. 11. 22, Sanandaj, erschossen (HRANA)
337 Omid Moeidi (19) † 15. 11. 22, Shiraz, Todesursache ungeklärt (HRANA)

338 Seyyed Ali Araghi (22) † 15. 11. 22, Tabriz, erschlagen (HRANA)
339 Milad Saeidi (16) † 15. 11. 22, Tonekabon, erschossen (HRANA)
340 Edris Gharib Zadeh (38) † 16. 11. 22, Bandar Abbas, in Haft gestorben (HRANA)
341 Alireza Shojaei (24) † 16. 11. 22, Behbahan, erschossen (HRANA)
342 Mohammad Hassan Zadeh (28) † 16. 11. 22, Bukan, erschossen (Kurdpa)
343 Salar Mojaver (30) † 16. 11. 22, Bukan, erschossen (Kurdpa)
344 Asad Rahimi (30) † 16. 11. 22, Bukan, erschossen (Kurdpa)
345 Amir Hossein (Amir Mohammad) Daliri Langroudi † 16. 11. 22, Langrud, Todesursache ungeklärt (HRANA)
346 Sepehr Maghsoodi (14) † 16. 11. 22, Izeh, erschossen (HRANA)
347 Ali Moulai (23) † 16. 11. 22, Izeh, erschossen (IRNA)
348 Ashraf Nikbakht (45) † 16. 11. 22, Izeh, Todesursache ungeklärt (IRNA)
349 Artin Rahmani Piyani (13) † 16. 11. 22, Izeh, Todesursache ungeklärt (IRNA)
350 Kian Pirfalak (10) † 16. 11. 22, Izeh, erschossen (HRANA)
351 Milad Saeedian Joo (27) † 16. 11. 22, Izeh, erschossen (HRANA)
352 Reza Shariati (25) † 16. 11. 22, Izeh, Todesursache ungeklärt (IRNA)
353 Borhan Karami (30) † 16. 11. 22, Kamyaran, erschossen (HRANA)
354 Javad Rezaei (50) † 16. 11. 22, Lahijan, Todesursache ungeklärt (HRANA)
355 Farhad Khosravi (35) † 16. 11. 22, Sanandaj, erschossen (Kurdpa)
356 Danial Pabandi (17) † 16. 11. 22, Saqez, erschossen (Kurdpa)
357 Ali Abbasi (~23) † 16. 11. 22, Semirom, Todesursache ungeklärt (HRANA)
358 Milad Asefi (32) † 16. 11. 22, Semirom, Todesursache ungeklärt (HRANA)
359 Sajad Rashidi † 16. 11. 22, Semirom, Todesursache ungeklärt (HRANA)
360 Mohammad Soltani † 16. 11. 22, Semirom, Todesursache ungeklärt (HRANA)
361 Mohammad Barzegar † 16. 11. 22, Shiraz, erschossen (HRANA)
362 Sajad Ghaemi Bahman Biglo (30) † 16. 11. 22, Shiraz, erschossen (HRANA)
363 Samaneh Niknam (36) † 16. 11. 22, Shiraz, erschossen (HRANA)
364 Aylar Haghi (23) † 16. 11. 22, Tabriz, Todesursache unklar (HRANA)
365 Asghar Aghaei † 16. 11. 22, Teheran, erschossen (HRANA)
366 Asghar Hazhir Lotf (39) † 16. 11. 22, Teheran, erschossen (HRANA)
367 Arshia Soltanieh (12) † 16. 11. 22, Zanjan, erschossen (HRANA)
368 Asoo Ghaderi † 17. 11. 22, Baneh, erschossen (BBC)
369 Morad Bahramian † 17. 11. 22, Semirom, Todesursache ungeklärt (IHR)
370 Moslem Hoshangi † 17. 11. 22, Semirom, Todesursache ungeklärt (IHR)

371 Amjad Enayati (18) † 17. 11. 22, Bukan, erschossen (Kurdpa)
372 Hiva Jan Jan (Janan) † 17. 11. 22, Bukan, erschossen (Kurdpa)
373 Hajhar Mam Khosravi (~21) † 17. 11. 22, Bukan, erschossen (HRANA)
374 Ghafoor Molodi (~65) † 17. 11. 22, Bukan, erschossen (Kurdpa)
375 Mostafa Shabani † 17. 11. 22, Bukan, erschossen HRANA)
376 Hamed Molai (~35) † 17. 11. 22, Dashti, erschossen (HRANA)
377 Azad Hossein Pouri † 17. 11. 22, Mahabad, erschossen (Kurdpa)
378 Hamed Sedighi (~20) † 17. 11. 22, Qeshm, erschossen (IranWire)
379 Shahu Bahmani (24) † 17. 11. 22, Sanandaj, erschossen (Kurdpa)
380 Aram Habibi † 17. 11. 22, Sanandaj, erschossen (Kurdpa)
381 Abdulrahman Bakhtiari (66) † 17. 11. 22, Saqez, erschossen (Kurdpa)
382 Yousef Ghanbarzadegan Darabi † 17. 11. 22, Shiraz, erschossen (HRANA)
383 Omid Hasani (22) † 17. 11. 22, Sanandaj, Folter (Hengaw)
384 Hamidreza Rouhi (19) † 17. 11. 22, Teheran, erschossen (HRANA)
385 Milad Marofi (23) † 18. 11. 22, Bukan, erschossen (Kurdpa)
386 Shahryar Mohammadi (~30) † 18. 11. 22, Bukan, erschossen (Kurdpa)
387 Shirko Soltani (25) † 18. 11. 22, Bukan, Todesursache ungeklärt (HRANA)
388 Seyyed Javad Mosavi (38) † 18. 11. 22, Isfahan, erschossen (HRANA)
389 Kamal Ahmedpour † 18. 11. 22, Mahabad, erschossen (Kurdpa)
390 Mohammad Ahmadi Gagesh (43) † 18. 11. 22, Mahabad, erschossen (Kurdpa)
391 Rasul Ghafouri † 18. 11. 22, Mahabad, Todesursache ungeklärt (HRANA)
392 Moin Ghasem Pour † 18. 11. 22, Mashhad, erschlagen (HRANA)
393 Mehran Rahmani † 18. 11. 22, Mahabad, erschossen (Kurdpa)
394 Amir Farasati shad † 18. 11. 22, Piranshahr, erschossen (Kurdpa)
395 Habibollah Fathi (~50) † 19. 11. 22, Divandarreh, erschossen (Kurdpa)
396 Fuad Savari † 19. 11. 22, Divandarreh, erschossen (Kurdpa)
397 Arman Emadi (27) † 19. 11. 22, Marvdasht, erschossen (HRANA)
398 Hossein Abd Panah (70) † 19. 11. 22, Sanandaj, erschossen (HRANA)
399 Negin Radfar (22) † 19. 11. 22, Sanandaj, erschossen (HRANA)
400 Hosein Shirazipour (39) † 19. 11. 22, Shiraz, erschossen (HRANA)
401 Mehran Basir Tavana (29) † 19. 11. 22, Someh sara, erschossen (HRANA)
402 Shoaib Heydari † 19. 11. 22, Teheran, Todesursache ungeklärt (HRANA)
403 Farshid Mousavi (24) † 20. 11. 22, Amol, erschlagen (HRANA)
404 Soleiman Shukri Yasikandi (22) † 20. 11. 22, Bukan, erschossen (Kurdpa)
405 Mohsen Niazi (25) † 20. 11. 22, Dehgolan, erschossen (Kurdpa)

406 Erfan Kakaei (~50) † 20. 11. 22, Javanrud, erschossen (Kurdpa)
407 Loghman Kakai † 20. 11. 22, Javanrud, erschossen (HRANA)
408 Bahaoddin Veisi (16) † 20. 11. 22, Javanrud, erschossen (Kurdpa)
409 Sattar Rahimi † 20. 11. 22, Marivan, erschossen (HRANA)
410 Taher Azizi (30) † 20. 11. 22, Piranshahr, erschossen (Kurdpa)
411 Karvan Ghader Shokri (16) † 20. 11. 22, Piranshahr, erschossen (Kurdpa)
412 Jalal Ghorbani Kotal (~55) † 20. 11. 22, Piranshahr, erschossen (HRANA)
413 Heydar Mahali † 20. 11. 22, Piranshahr, erschossen (HRANA)
414 Reza Sharafi † 20. 11. 22, Sisakht, Folter (HRANA)
415 Esmaeil Gol Anbar † 21. 11. 22, Javanrud, erschossen (Kurdpa)
416 Jamal Azami † 21. 11. 22, Javanrud, erschossen (Kurdpa)
417 Tahsin Miri (~45) † 21. 11. 22, Javanrud, erschossen (Kurdpa)
418 Johar Fattahi Miraki † 21. 11. 22, Javanrud, erschossen (IranWire)
419 Masoud Teymuri † 21. 11. 22, Javanrud, erschossen (Kurdpa)
420 Aram Majd † 21. 11. 22, Qaemshahr, erschossen (HRANA)
421 Sa'di Shahrokhi Pour (~40) † 22. 11. 22, Bukan, erschossen (HRANA)
422 Mehdi Kaboli Kafshgiri (15) † 22. 11. 22, Gorgan, Folter (HRANA)
423 Kourosh Pazhekh (20) † 22. 11. 22, Kermanshah, Folter (HRANA)
424 Ribaz Salehi Vand † 22. 11. 22, Mahabad, erschossen (HRANA)
425 Mohammad Hossein Kamandlou (17) † 22. 11. 22, Teheran, erschossen (HRANA)
426 Amir Javad Asadzadeh (36) † 22/23. 11. 22, Mashhad, in Haft gestorben (France24)
427 Ali Akbar Heydar Zadeh † 23. 11. 22, Kashmar, erschossen (HRANA)
428 Mohammad Khalili (21) † 23. 11. 22, Mashhad, Todesursache ungeklärt (HRANA)
429 Hayman Aman (26) † 23. 11. 22, Bukan, Folter (Kurdpa)
430 Shomal Khadiripour (32) † 24. 11. 22, Mahabad, erschossen (HRANA)
431 Jabar Farghizadeh (36) † 24. 11. 22, Marivan, erschossen (HRANA)
432 Sanaz Keshavarz † 26. 11. 22, Karaj, erschossen (HRANA)
433 Atefeh Na'ami (37) † 26. 11. 22, mutmaßlicher Mord als Suizid kaschiert (IHR)
434 Hasan Naseri khor † 26. 11. 22, Mashhad, in Haft gestorben / Folter (HRANA)
435 Reza Kazemi (16) † 27. 11. 22, Kamyaran, erschossen (HRANA)
436 Shuresh Niknam (34) † 27. 11. 22, Mahabad, erschossen (HRANA)
437 Arshia Imamgholi Zadeh Alamdari (16) † 28. 11. 22, vermeintlicher Suizid nach Haftentlassung (IranWire/IHR)
438 Masuod Dolat Shahi (38) † 28. 11. 22, Teheran, erschossen (HRANA)
439 Amin Khanlou (16) † 28. 11. 22, Teheran, Folter (HRANA)
440 Ebrahim Sharifi (29) † 29. 11. 22, Bukan, erschossen (HRANA)

441 Mona Khamani † 29. 11. 22, Rasht, Todesursache ungeklärt (HRANA)
442 Farzin Maroufi † 29. 11. 22, Teheran, erschossen (IranWire)
443 Mehran Samak (27) † 30. 11. 22, Bandar Anzali, erschossen (IHR)
444 Avat Ghader Pour (20) † 30. 11. 22, Bukan, erschossen (HRANA)
445 Ehsan Ghasemi Fard † 30. 11. 22, Karaj, körperl. Misshandlung (HRANA)
446 Rohollah Abedini † 1. 12. 22, Teheran, erschossen (HRANA)
447 Amir Mohammad (Iliad) Rahmani Pour (16) † 4. 12. 22, Firouz Abad, Folter (HRANA)
448 Reza Dehbovid (29) † 4. 12. 22, Sari, Folter (HRANA)
449 Mehdi Eydivandi † 4. 12. 22, Yazdanshahr, erschossen (HRANA)
450 Sepehr Azami (24) † 6. 12. 22, Karaj, erschossen (HRANA)
451 Younes Fazel beigi † 7. 12. 22, Kermanshah, körperl. Misshandlung (HRANA)
452 Hooman Abdollahi (21) † 7. 12. 22, Sanandaj, erschossen (HRANA)
453 Shadman Ahmadi † 8. 12. 22, Dehgolan, Folter (IranWire)
454 Shahryar Adeli † 8. 12. 22, Sardasht, Folter (IranWire)
455 Mohsen Shekari (23) † 8. 12. 22, Teheran, hingerichtet (IranWire)
456 Abbas Mansouri (19) † 9./10. 12. 22, Shush, vermeintlicher Suizid nach Haftentlassung (IHR)
457 Majidreza Rahnavard (23) † 12. 12. 22, Mashhad, hingerichtet (IranWire)
458 Ahmad Goudarzi, † 12. 12. 22, Karaj, Folter (Iran Journal)
459 Ayda Rostami (36) † 12. 12. 22, Teheran, erschlagen (BBC)
460 Mohammad Haji Rasulpour † 19. 12. 22, Bukan, Folter (IranWire)
461 Mohammad Mehdi Karami (22) † 7. 1. 23, Karaj, hingerichtet (IHR)
462 Seyyed Mohammad Hosseini (36) † 7. 1. 23, Karaj, hingerichtet (IHR)
463 Vahid Shirdel Zehi (28) † 7. 1. 23, Golshan, erschossen (Hal Vash)
464 Mehrshad Talatof (22) † unbek., Bampur, Todesursache ungeklärt (HRANA)
465 Helen Ahmadi (7) † unbek., Bukan, erschossen (HRANA)
466 Hamed Salahshur (25) † unbek., Izeh, Folter (HRANA)
467 Mohammad Reza Ghorbani † unbek., Karaj, Folter (HRANA)
468 Mehdi Hazrati (17) † unbek., Karaj, Todesursache ungeklärt (HRANA)
469 Saeed Iranmanesh † unbek., Kerman, erschossen (HRANA)
470 Mehdi Farahani (~17) † unbek., Khorramshahr, Todesursache ungeklärt (HRANA)
471 Abulfazl Akbari Dosot † unbek., Langarud, erschossen (HRANA)
472 Hamid Nastar Jahan † unbek., Mashhad, Folter (HRANA)
473 Esmaeil Sattari (28) † unbek., Mashhad, Folter (HRANA)
474 Maryam Ghorbani Pour † unbek., Shahrekord, körperl. Misshandlung (HRANA)
475 Yazdan Aghajani (38) † unbek., Shahriar, Todesursache ungeklärt (HRANA)

476 Mariya (Mahsa) Ghavasiye (24) † unbek., Shiraz, Todesursache ungeklärt (HRANA)
477 Milad Khoshkam (27) † unbek., Shiraz, in Haft gestorben (HRANA)
478 Rashid Rashidi † unbek., Shushtar, erschossen (HRANA)
479 Morteza Shirmohammadi † unbek., Tabriz, Todesursache ungeklärt (HRANA)
480 Ali Abiyar (17) † unbek., Takab, Todesursache ungeklärt (HRANA)
481 Meghdad Azizi † unbek., Teheran, Todesursache ungeklärt (HRANA)
482 Reza Esmaeilzadeh (~30) † unbek., Teheran, erschossen (HRANA)
483 Mehdi Heydari † unbek., Teheran, erschossen (HRANA)
484 Milad Javidpour † unbek., Teheran, Todesursache ungeklärt (HRANA)
485 Bahar Khorshidi † unbek., Teheran, Todesursache ungeklärt (HRANA)
486 Mohammad Moradi † unbek., Teheran, Todesursache ungeklärt (HRANA)
487 Rasul Haddadi (~60) † unbek., Zanjan, erschossen (HRANA)
488 Vahid Khani † unbek., Zarinshahr, Todesursache ungeklärt (HRANA)
489 Afshin Shahamat † unbekannt, Teheran, Todesursache ungeklärt (HRANA)